教育部人文社会科学重点研究基地成果
中国语言文学国家"双一流"建设学科成果

汉语方言语法研究丛书

顾问 邢福义 张振兴

主编 汪国胜

汉语方言被动范畴比较研究

贾迪扉◎著

中国社会科学出版社

图书在版编目（CIP）数据

汉语方言被动范畴比较研究 / 贾迪扉著 . —北京：中国社会科学出版社，2023.6

（汉语方言语法研究丛书）

ISBN 978-7-5227-1543-8

Ⅰ.①汉⋯　Ⅱ.①贾⋯　Ⅲ.①汉语方言—方言研究　Ⅳ.①H17

中国国家版本馆 CIP 数据核字（2023）第 040836 号

出 版 人	赵剑英
责任编辑	张　林
特约编辑	乔盖乔
责任校对	王　龙
责任印制	戴　宽

出　　版	中国社会科学出版社
社　　址	北京鼓楼西大街甲 158 号
邮　　编	100720
网　　址	http：//www.csspw.cn
发 行 部	010-84083685
门 市 部	010-84029450
经　　销	新华书店及其他书店

印刷装订	北京君升印刷有限公司
版　　次	2023 年 6 月第 1 版
印　　次	2023 年 6 月第 1 次印刷

开　　本	710×1000　1/16
印　　张	17
字　　数	274 千字
定　　价	99.00 元

凡购买中国社会科学出版社图书，如有质量问题请与本社营销中心联系调换
电话：010-84083683
版权所有　侵权必究

总　　序

20世纪80年代以来，随着汉语方言研究的拓展和深化，方言语法的研究越来越受到学界的关注和重视。这一方面是方言语法客观上存在着不同程度的不容小视的差异，另一方面是共同语（普通话）语法和历史语法的深入研究需要方言语法研究的支持。

过去人们一般认为，跟方言语音和词汇比较而言，方言语法的差异很小。这是一种误解，它让人忽略了对方言语法事实的细致观察。实际上，在南方方言，语法上的差异还是不小的，至少不像过去人们想象的那么小。当然，这些差异大多是表现在一些细节上，但就是这样一些细节，从一个侧面鲜明地映射出方言的特点和个性。比如，湖北大冶方言的情意变调，[1] 青海西宁方言的左向否定，[2] 南方方言的是非型正反问句，[3] 等等，这些方言语法的特异表现，既显示出汉语方言语法的丰富性和复杂性，也可以提升我们对整体汉语语法的全面认识。

共同语语法和方言语法都是对历史语法的继承和发展，它们密切联系，又相互区别。作为整体汉语语法的一个方面，无论是共同语语法还是历史语法，有的问题光从本身来看，可能看不清楚，如果能将视线投向方言，则可从方言中获得启发，找到问题解决的线索和证据。朱德熙和邢福义等先生关于汉语方言语法的许多研究就是明证。[4] 由此可见方言语法对于共同语语法和历史语法研究的重要价值。

---

[1] 汪国胜：《大冶话的情意变调》，《中国语文》1996年第5期。
[2] 汪国胜：《从语法角度看〈现代汉语方言大词典〉》，《方言》2003年第4期。
[3] 汪国胜、李曌：《汉语方言的是非型正反问句》，《方言》2019年第1期。
[4] 朱德熙：《从历史和方言看状态形容词的名词化》，《方言》1993年第2期；邢福义：《"起去"的普方古检视》，《方言》2002年第2期。

本《丛书》由教育部人文社会科学重点研究基地华中师范大学"语言与语言教育研究中心"筹划实施并组织编纂，主要收录两方面的成果：一是单点方言语法的专题研究（甲类），如《武汉方言语法研究》；二是方言语法的专题比较研究（乙类），如《汉语方言疑问范畴比较研究》。其中有的是国家或教育部社科基金项目的结项成果，有的是作者多年潜心研究的学术结晶，有的是博士学位论文。就两类成果而言，应该说，当前更需要的是甲类成果。只有把单点方言语法研究的工作做扎实了，调查的方言点足够多了，考察足够深了，有了更多的甲类成果的积累，才能更好地开展广泛的方言语法的比较研究，才能逐步揭示汉语方言语法及整体汉语语法的基本面貌。

出版本《丛书》，一方面是想较为集中地反映汉语方言语法的研究成果，助推方言语法研究；另一方面是想为将来汉语方言语法的系统描写做点基础性的工作。《丛书》能够顺利面世，得力于中国社会科学出版社张林编辑的全心支持，在此表示衷心的感谢。《丛书》难免存在这样或那样的问题，盼能得到读者朋友的批评指正。

汪国胜

2021 年 5 月 1 日

目　　录

第一章　绪论 …………………………………………………… (1)
第一节　选题背景与研究目标 ………………………………… (1)
　　一　选题背景 ………………………………………………… (1)
　　二　研究目标 ………………………………………………… (2)
第二节　考察范围与考察角度 ………………………………… (3)
　　一　横向考察 ………………………………………………… (3)
　　二　纵向考察 ………………………………………………… (4)
第三节　研究现状 ……………………………………………… (5)
　　一　被动句相关主题研究统计与分析 ……………………… (5)
　　二　汉语共同语被动句研究现状 …………………………… (7)
　　三　汉语方言被动句研究现状 ……………………………… (22)
第四节　基本思路与研究方法 ………………………………… (29)
　　一　基本思路 ………………………………………………… (29)
　　二　相关理论 ………………………………………………… (30)
　　三　研究方法 ………………………………………………… (31)
第五节　语料来源与相关说明 ………………………………… (32)

第二章　被动式概说 …………………………………………… (34)
第一节　被动式的判定 ………………………………………… (34)
第二节　被动式的分类 ………………………………………… (37)
第三节　被动式的成因 ………………………………………… (41)
第四节　被动式的语义特点 …………………………………… (46)
第五节　被动式的形式特点 …………………………………… (48)

第三章　汉语方言被动式的句法结构 ……（54）
第一节　共同语被动式句法结构及其特点 ……（54）
　　一　有标被动式句法结构及其特点 ……（54）
　　二　无标被动式句法结构及其特点 ……（59）
第二节　方言无标被动式的句法结构 ……（60）
　　一　NP1 + NP2 + V + X ……（60）
　　二　NP1 + V + X ……（61）
　　三　V + NP1 ……（62）
第三节　方言有标被动式的句法结构 ……（62）
　　一　单用格式 ……（62）
　　二　套用格式 ……（66）

第四章　汉语方言被动式的句法成分 ……（71）
第一节　无标被动句的句法成分 ……（71）
　　一　主语的构成 ……（71）
　　二　施事的构成及隐现 ……（73）
　　三　谓语的构成 ……（74）
第二节　有标被动句的句法成分 ……（76）
　　一　主语（NP1）的特征 ……（76）
　　二　施事（NP2）的特征 ……（84）
　　三　宾语的特征 ……（89）
　　四　谓语的成分 ……（99）

第五章　汉语方言被动式的语法标记 ……（114）
第一节　被动标记的来源 ……（114）
　　一　源于给予类动词 ……（116）
　　二　源于使役义动词 ……（120）
　　三　其他来源 ……（122）
第二节　被动标记的判断依据及出现条件 ……（124）
　　一　被动标记的判断依据 ……（124）
　　二　被动标记的出现条件 ……（127）
第三节　被动标记的音节类型 ……（130）
　　一　单音节标记 ……（131）

二　多音节标记 …………………………………………（135）
　第四节　被动标记的语义类型 …………………………………（141）
　第五节　被动标记的分布 ………………………………………（143）
　　一　被动标记的方言区分布 …………………………………（144）
　　二　被动标记的方言点分布 …………………………………（155）
　第六节　被动标记的共用 ………………………………………（169）
　　一　处置被动共标 ……………………………………………（169）
　　二　处置被动标记同现 ………………………………………（170）
　　三　共标和同现的原因 ………………………………………（171）
　第七节　被动标记的演化 ………………………………………（173）
　　一　源于动词的被动标记的演化 ……………………………（173）
　　二　源于名词的被动标记的演化 ……………………………（176）
　　三　被动标记演化规律 ………………………………………（176）

第六章　汉语方言被动式的语义特征和语用功能 ……………（182）
　第一节　被动式的语义特征 ……………………………………（182）
　　一　影响性 ……………………………………………………（183）
　　二　非控性 ……………………………………………………（188）
　　三　已然性 ……………………………………………………（189）
　　四　意外性 ……………………………………………………（191）
　第二节　被动式的语用功能 ……………………………………（193）
　　一　被动式和主动式的语用功能差异 ………………………（193）
　　二　被动式内部语用功能的差异 ……………………………（195）

第七章　汉语方言被动式的否定和疑问 ………………………（201）
　第一节　被动式的否定 …………………………………………（201）
　　一　一般性否定 ………………………………………………（203）
　　二　已然性否定 ………………………………………………（206）
　　三　禁止性否定 ………………………………………………（208）
　　四　羡余式被动否定 …………………………………………（210）
　　五　被动式否定标记的句法位置 ……………………………（212）
　第二节　被动式的疑问 …………………………………………（214）
　　一　是非问被动式 ……………………………………………（215）

二　特指问被动式 ……………………………………… (216)
　　三　正反问被动式 ……………………………………… (218)
　　四　选择问被动式 ……………………………………… (220)
　　五　反诘问被动式 ……………………………………… (221)
　第三节　被动式否定和疑问的相通性 …………………… (223)
第八章　结语 …………………………………………………… (226)
　第一节　本书的基本内容与认识 ………………………… (226)
　第二节　本书的不足与展望 ……………………………… (230)
　第三节　几点思考 ………………………………………… (231)
　　一　关于被动句的判定标准 …………………………… (231)
　　二　关于方言被动标记之间的关联 …………………… (232)
　　三　关于方言中的语言融合 …………………………… (232)
参考文献 ………………………………………………………… (234)
后　记 …………………………………………………………… (262)

第一章 绪论

第一节 选题背景与研究目标

一 选题背景

汉语的被动式作为一种特殊的表达句式，是伴随着现代汉语语法研究体系的建立而出现的重要表达方式。可以说从汉民族共同语诞生开始就存在于汉语的语法体系中，一直以来都是汉语教学的重点、难点，也是汉语学界研究的热点。什么是被动句？什么样的情况下用被动句？什么样的情况下不能用被动句？被动句有哪些语法标记？汉语中所有的亲属语言是不是都有被动句？这些问题以及相关问题，汉语学界还没有一个统一的答案。

同时，通常情况下，要想深入研究一种语言的语法，探讨其中的系统性规律，除了自身本体语法体系的研究外，还要参照其他语言尤其是亲属语言来进行对比研究，这样才能充分展现该语言的系统性语法规律和特点。比如在汉藏语系中，汉语的被动句一般由介词"被"来标志和引导，形式上比较单一；而藏缅语的被动句可以通过格助词、丰富的形态变化来体现。这说明汉语和藏缅语的被动语法范畴来源是不一致的，汉语的被动表达是从汉藏语系分化为汉语语族和藏缅语族之后才产生的。方言是语言分化的一种重要形式，从语言内部表现来说，方言和亲属语言都属于同一祖语在地域上的分化。抛开民族认同心理，结合自身实际，无论是从语言素材的获取还是从研究的便利性上，汉语方言应该说是研究汉民族共同语语法体系最好的参照。我们要想深入研究汉语的被动句，除了汉民族共同语外，比较切实可行的就是通过汉语方言的各种对比，来进一步展现汉语被动句的特点和发展脉络，从而深入了解汉语的演变发展。在一些方言中，还保留了近代汉语、古代汉语的一些特征，而有些特征在现代汉语中已经发生了转变甚至完全消失。探讨这些特征为什么转变和为什么消失，都将会为我们呈现新知，给我们提供新的研究思路和研究视角。比如以往（古代和近代）"着"（著）可以作为被动词出现，如古语云"一度著蛇咬，怕见断井索"（宋·释普济《五灯会元·龙门远禅师法嗣》），现代汉语普通话中这种用法却很少见了，但是在一些汉语方言中，比如四川等地的方言中"着"（著）表被动的却很常见（郑宏2006），这说明方言中保留有以往汉语的特征。研究方言中的被动句，可以为现代汉语普通话被动句研究提供有力的补充和对比佐证。通过方言来佐证的方法和思路，虽然早已受到了学界极大的关注，不过目前关于方言中被动句的研究，大多只停留在对个别方言语言事实的挖掘和比较上，缺少对汉语方言被动式的较为全面的描述和概括，更没有形成一种系统性的理论认识，人们对汉语方言被动式的了解还不够全面，也欠深入。这就为我们汉语方言被动表达的研究，提供了广阔的空间。我们研究汉语方言的被动表达，并不仅仅聚焦于各种汉语方言自身，而更多的是拿各种方言的被动句同汉民族共同语中的被动句进行比较，同时还有方言和方言之间的被动句的比较，以此来展现整个汉语被动表达的多样性和差异性，为深入研究汉语被动表达提供重要参考。同时我们还将通过比对方言和普通话的被动句的差别从中发现汉语的发展轨迹，从微观角度反映汉语的演变过程，进而揭示汉语的演变动因，为深入认识汉语发展规律提供有力的佐证。

二 研究目标

本书主要是以跨方言比较的角度来研究汉语的被动句。具体来说要实现以下四个目标：

（1）从微观角度对比汉语各方言中被动标记，描写被动句式构造，研究语言本体性特征。除了单个方言内部的描写和比较外，还会涉及不同方言中被动标记及被动表达句式的描写，通过对比找出它们之间的内在异同和关联。

（2）从宏观角度描写各方言和普通话中关于被动句在被动标记、语义特征、句法构造上的异同和关联，通过定量和定性的分析，抽象出方言和普通话在被动表达上一些共性的规律和差异表征。

（3）从历史语言学的角度和认知语言学的角度来探讨汉语方言中被动标记的形成过程以及语义来源，通过具体的实例来展现被动标记的语法化进程，较为宏观地展现汉语方言中被动句、被动标记的发展史，从而找到汉语方言中被动表达和其他语义表达之间的关联，被动式和其他句式的渊源以及被动标记和其他标记之间的关系。

（4）通过方言被动句和普通话被动句的比较研究来解释汉语方言被动表达的形成原因，受普通话的影响程度，以及方言对普通话的影响，进而反映出汉语方言对现代汉语普通话语法系统的影响和互通，最终展现现代汉语普通话和汉语方言间彼此相互影响又相互依存的关系。

第二节 考察范围与考察角度

本书的主要考察对象是汉语方言被动式，但在考察汉语方言被动式时，必然绕不开对现代汉语普通话中被动式的考察。对于被动句，我们除了横向的考察比较，也就是各地现有方言中的被动句词汇和语法方面的比较，同时也还有纵向的历时的考察。比如有些古代汉语中常用的被动表达，在某些方言中仍有保留，在某些方言中在保留的前提下又有某些发展演变。因此我们将从横向和纵向两个视角考察汉语方言被动句。

一 横向考察

横向考察涉及各方言被动句的句法结构、被动标记词、被动式的语义特征和语用意义等。包括同一方言内部被动表达的句法结构分布情况、被动标记词的数量及其用法异同、被动式的语义特点描述和不同被动结构的语义差别及其语用差别，被动式的几种变体，以及方言内部被动式和其他句式的区别和关联。我们除了研究这些被动句式和被动标记之间的内部特征差异及关联特征以外，还可能研究这些被动表达的否定式，甚至还会研究这个方言中使役式和被动式的差异等。

此外横向考察还包括各方言之间和各方言和现代汉语普通话中之间被动句不同特征的比较，包括不同方言之间被动表达方式、被动标记以及被动句式的不同。比如我们会考察和比较两个或多个方言在选用被动表达时所用的句式、被动标记词等的不同，以及这些方言和普通话中被动表达的不同，通过这些横向的考察和比较，较为细致而深入地展现方言被动式中的各种特征以及和其他句式的关系，深入了解汉语方言的语法特征。

二　纵向考察

纵向考察主要涉及被动句的历时发展、形成过程、语义来源、语法化进程等方面，包括古代汉语、近代汉语、现代汉语中被动表达的特征，以及与各方言共时分布的互证。此外结合某些方言中一些被动标记和其他标记词进行考察，来深入探讨这几者之间的关联，从而发掘其语义语法演变的过程，探寻被动标记形成的原因。比如很多方言中的被动标记是由使役义演化而来，在一些语料中还残存有当时使役表达的印记，我们的工作就是找到它们并进行论证。

另外，本书所考察的被动句，更多的是有标被动句。

对于有标被动句，我们主要是围绕被动标记的类型、分布等作横向和纵向的考察。横向的，如前文所说，主要考察被动标记的类型，以及各方言区被动标记词的异同。纵向的，主要涉及被动标记的来源，并且将一些汉语方言的被动表达和现代汉语、近代汉语进行比较。比如有的方言中用"叫"表被动，有的方言中用"让"表被动，不管是"叫"和"让"，这些不仅在现代汉语普通话中，在一些近代汉语，特别是元曲和明清小说中经常出现。而有些方言中表示被动的标记词是现代汉语普通话中所没有的。

其次对于被动标记词，除了自身属性以外，我们还要考察它的句法和功能特征，比如所出现的句法位置，是否有修饰词、是否能够省略等。

此外，因为还有一些被动标记是以构式的形式出现，所以我们还要考察方言中出现的表示被动的关联结构或者是被动构式的情况，看每种方言是否都有被动构式表达，或者说拥有被动表达的方言有什么词汇和句法语义上的特点，它们和我国近代汉语语法、现代汉语语法有什么关联，等等。还有这些被动句的句法结构在各大方言中有没有共同的特点，其不同方言间的差异性在哪里，受事部分在句法功能上有没有差异，差异在哪些方面，其所涉及的动词在各方言中是不是特定的几个类别，这些动词出现的频次规律，等等，都是我们要考察的范围。

第三节　研究现状

一　被动句相关主题研究统计与分析

我们通过中国知网以"被动句研究"为关键词，分别找到1591篇相关文献。

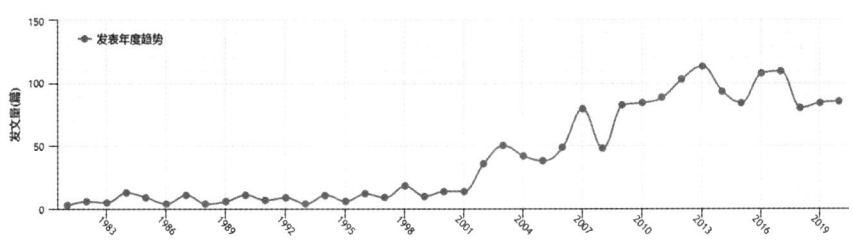

图 1.1　被动句历年发文数量趋势图

从图1.1中我们可以看到，关于被动句的研究，学界基本上是20世纪80年代才开始关注，这里当然也不排除一些较早的零星研究成果。总的来说从21世纪开始，关于被动句的研究逐渐增多，近10年一直处于相对较高的位置。

从图1.2中我们可以看到，虽然数量在10篇以上的主题多达30种，但是没有涉及现代汉语方言的。由此可以断定，方言中的被动句还没有得到人们足够的关注。

我们再以"方言被动"为关键词，在中国知网上只找到了148篇相关论文，时间跨度在40年左右，由此可以说研究成果还不多，见图1.3。

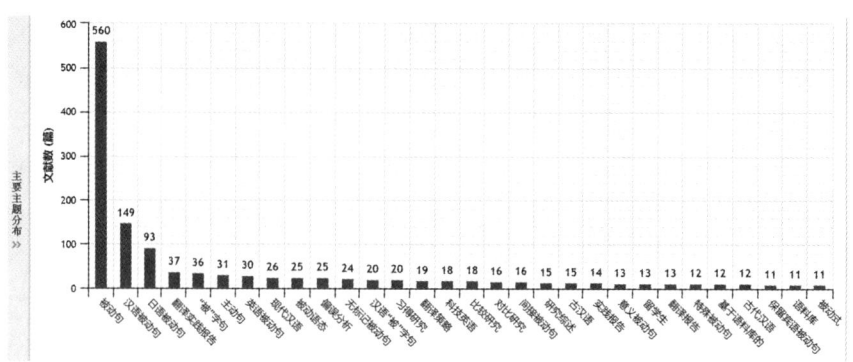

图 1.2　被动句历年发文所论主题分布图

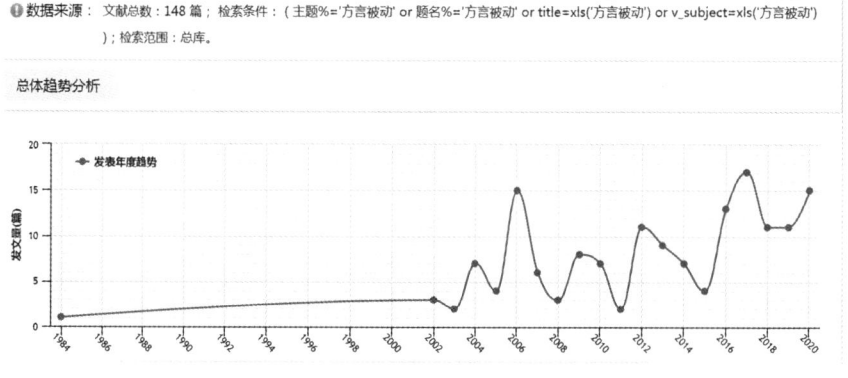

图 1.3　方言被动历年发文数量趋势图

另外我们也对方言中的被动论述的主题进行了相关检索，如图 1.4 所示。

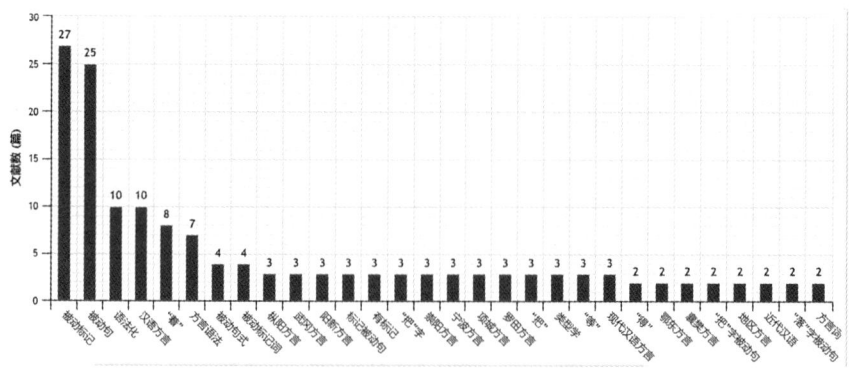

图 1.4　方言被动历年发文论述主题分布图

从方言被动研究的主题来看,我们发现研究最多的还是被动标记,另外从对不同方言区域研究的分布来说,枞阳、武冈、阳新、崇阳、宁波、罗田、鄂东、襄樊等地区的方言是被动表达研究的相对热门地区。这一研究现象可以给我们这样的启示:一是说明中国中东部地方方言的被动表达较其他地区更具代表性;二是为我们研究汉语方言中的被动范畴提示了侧重点,同时也反映出方言中的被动范畴还有极大的研究范围和空间。

二 汉语共同语被动句研究现状

关于汉语共同语被动句的研究,大致可以分为四个阶段:

起步阶段(19世纪末期)——相对深入阶段(20世纪40年代至60年代)——繁荣阶段(20世纪80年代)——成熟阶段(20世纪90年代以来)。

(一)起步阶段(19世纪末期)

这一时期可以说汉语学界刚开始出现"被动"这个概念,并开始对被动问题进行研究。比如在1898年的《马氏文通》中,马建忠就提出了"受动"的概念(这里的受动,可以理解为被动表达)。他指出:"外动字之行,有施有受。受者居宾次,常也。如受者居主次,则为受动字,明其以受者为主也。"[①]马建忠其实已经涉及了被动句所必不可少的施事者和受事者这一重要的语法特征,而且指出"外动"可以通过"为……所"转化为"受动",这基本上已经概括出了被动句的语法特征以及被动句和主动句的转化规律,其观点至今仍被学界普遍赞同。

1924年黎锦熙在白话文语法著作《新著国语文法》中提到外动词的被动式时就举了一些被动表达的例子,从其句本位的思想可以推出他所说的外动词的被动式其实就是一种被动句。这可以说是近代语法体系诞生以来第一次提出被动式这个概念。他通过"德国被盟国打败了"的语例,说明了被动式的一种特点:"凡用动词被动式的句子,又可以

[①] 马建忠:《马氏文通》,商务印书馆1983年版,第144页。

把助动'被'字转化作介词将原主语介绍出来。"①

当然，黎先生关于被动式的认识也还是模糊的。比如在"外动词的被动式（二）"里，列举了"这本书可爱""这个人靠得住"之类的句子，说这些句子里"作述语的动词都变了被动性；他们的宾语，在句子里都成了主语，站在正式的主位"。② 这种对被动式认识的不清晰甚至理解错位，在研究起步阶段是很正常的。

在被动句研究的起步阶段，无论是马建忠的《马氏文通》，还是黎锦熙的《新著国语文法》，都不可避免地受到西方语法的一些影响。

（二）相对深入阶段（20 世纪 40 年代至 60 年代）

20 世纪 40 年代的被动句研究成果，主要反映在吕叔湘的《中国文法要略》和王力的《中国现代语法》里。

20 世纪 40 年代，吕叔湘在《中国文法要略》（2002［1942］：37－40）第三章"叙述句：（1）起词和止词"里，在"把字式"的下面单立了"被动式"的名目。王力在《中国现代语法》第二章造句法（下）第十三节专讲被动式。吕、王两位关于被动句的研究，标志着被动句的研究进入相对深入的阶段。

在《中国文法要略》中，作者比较了被动式和把字式（处置式）的异同：其共同点在于它们都是有关止词顺序调整的特殊句法；其区别在于被动式是止词先于起词的一种特殊句法，把字式是止词先于动词的一种特殊句法。还考察了"被"和"把"糅合在一起的用法，如"被这几文钱把我这小人瞒过"。③

作者还特别强调，被动式应用会受到一些条件的限制，不是每个有外动词的句子（即主动句），都可以转换成被动式。书中指出了应用被动句的三种条件。

（1）起词很泛，不是一个特定的人和事物，不宜占据句首的重要位置。"十万之众，受制于人""循法守正者，见侮于世"属于此类。
（2）随顺上下文的句法。如被动式"自度无罪，欲谒上，恐见擒"如果改为主动式"自度无罪，欲谒上，恐上擒之"，就不及原句一贯而下

---

① 黎锦熙：《新著国语文法》，商务印书馆 1955 年版，第 42—43 页。
② 黎锦熙：《新著国语文法》，商务印书馆 1955 年版，第 44—45 页。
③ 吕叔湘：《中国文法要略》，辽宁教育出版社 2002 年版，第 37 页。

的通畅。(3)简短的指称词(如"吾")以放在句首为宜。如被动式"吾为多子苦""吾长见笑于大方之家"比主动式"多子苦我""大方之家长笑我"的稳定性更强。①

王力《中国现代语法》对于被动句研究,与吕叔湘在《中国文法要略》的研究"同工异曲,各有千秋"(朱德熙语,见于《汉语语法丛书》序)。

在《中国现代语法》(1985〔1943〕:87-92)中,王力把被动式定义为:"凡叙述词所表示的行为为主位所遭受者,叫做被动式。"② 从这个定义到关于被动句的论述,都强调了"被动式所叙述的,若对主语而言,是不如意或不期望的事"的认识③。书中除通过举例概括了被动式的结构"主位加助动词加关系位加叙述词"④之外,还做了以下五个方面的工作。

第一,认识到被动式与主动句之间的关系以及被动式的价值。明确指出并非一切主动式都可以改为被动式,被动式的特殊任务不是主动式所能代替的。

第二,比较了被动式和处置式的异同,说明了被动式和处置式的转换关系。王力认为,被动式和处置式的形式虽不同(一是被动句,一是主动句),而其所叙述行为的性质大致相同。譬如一件事,从施事的角度来看是一种处置,从受事的角度来看往往就是一种不如意或不企望的事。由此出发进而揭示了被动式和处置式两点极其相似的地方。一是正如处置式的"把"字后面不能用否定语一样,被动式的"被"字后面也不能用否定语。二是正如处置式只限于处置性的事情一样,被动式也只限于不如意的事情。

第三,指出被动式和处置式可以同时并用,就是把处置式纳入被动式里。在这种句式中,动作的直接实施者,与主语是附属关系,例如,"宝玉……被袭人将手推开。"(手是宝玉的手)

第四,单列标题说明了"没有'被'的被动式"和"类似被动式

---

① 吕叔湘:《中国文法要略》,辽宁教育出版社2002年版,第39—40页。
② 王力:《中国现代语法》,商务印书馆1985年版,第92页。
③ 王力:《中国现代语法》,商务印书馆1985年版,第88页。
④ 王力:《中国现代语法》,商务印书馆1985年版,第90页。

的主动句"。前者说明了在形式上看不出只在意义上看得出的被动式的两种情形,后者重在说明"人家不得贵婿反挨打""老虎受了狐狸的骗"之类的句子是主动句,"挨""受"是叙述词。按,张志公 1953 年由中国青年出版社出版的《汉语语法知识》,认为含"挨""受""遭"之类词的句子是"自动形式"的被动句。

第五,关于欧化语法,《中国现代语法》指出,汉语被动式因为受西洋语法特点的影响,因而在一定程度上改变了叙述不如意或不期望的事的传统习惯,有时候也可以用被动式表述如意或期望的事。如可以说"他被选为会长"之类的句子。

吕叔湘、王力在《中国文法要略》《中国现代语法》中分别提出的有关被动句的若干问题,对后来的被动句研究,产生了深远的影响。

20 世纪 50 年代、60 年代,关于被动句的讨论,更多地集中在"被"字句。有影响的著作主要有吕叔湘、朱德熙的《语法修辞讲话》和丁声树的《现代汉语语法讲话》,另外还有一些学术论文。

吕叔湘、朱德熙合著的《语法修辞讲话》(2002 [1952]:83 - 84),把"被"归为副动词,关于被动式的讨论,是放在副动词"被"之下展开的。作者指出,传统的被动式的应用有相当严格的限制:在形式上,"被"字底下一般要有宾语;在意义方面,被动句叙述的行为,对于主语(即被动者)大都是不愉快的。由于受了外国语的影响,新的被动式已经打破了传统被动式形式上和意义上的限制:"被"字后面可以没有宾语,被动句叙述的行为对于主语(即被动者)来说也可以不是不愉快的。这样,就分别出了"一切困难都将被全国人民的英勇奋斗所战胜"[1] 之类的"完全的被动式"和"被"字后面没有宾语如"儿童们被组织起来了"[2] 之类的"简化的被动式"。

作者还说到了不用"被"字而表示被动意义的格式,并特别指出,"碗被打破了"的说法不如使用不用"被"字而表示被动意义的格式,说成"碗打破了"。并强调说,实际上,"碗打破了"这种格式倒常见于名家的笔下。[3]

---

[1] 吕叔湘、朱德熙:《语法修辞讲话》,辽宁教育出版社 2002 年版,第 83 页。
[2] 吕叔湘、朱德熙:《语法修辞讲话》,辽宁教育出版社 2002 年版,第 84 页。
[3] 吕叔湘、朱德熙:《语法修辞讲话》,辽宁教育出版社 2002 年版,第 84 页。

丁声树的《现代汉语语法讲话》（1961：98-102）中关于被动句的讨论，分散在同属次动词的"被""教""让""给"下面，不过重点内容，还是放在"被"字下面。与《语法修辞讲话》的观点一致，丁声树认为"被"字句主要是说明主语有所遭受，遭受的是有损害或不愉快、不愿意一类的行为，因为受了外国语的影响，传统用法渐渐打破了。①

"被"字句的格式，丁声树将其分为三种，第一是"被"字后头跟动词的施事的，第二是"被"字后头没有宾语的，第三是"被……所……"式（"为……所……"式）。②

丁声树还指出了以下一些值得注意的现象：第一，"被"字后头的宾语可以是无定的。第二，主语一般是动词的受事，但是有时候动词的后面可以另有受事宾语，主语跟这个受事宾语有领属关系。第三，"被"字句可以和"把"字句糅合在一起，"被"字和"把"字都带宾语。第四，指出了"被"字句和"把"字句在性质和结构方面的不同。③

20世纪50年代、60年代，关于被动句的讨论的论文，主要有萧斧的《被动式杂谈》（1952），刘世儒的《被动式的起源》（1956），梁东汉的《现代汉语被动式》（1960），吕叔湘的《"被"字句、"把"字句动词带宾语》（1965）。

萧斧的《被动式杂谈》（1952）提出了以下的观点。第一，被动式叙述的行为除了不愉快的、愉快的，还有介于两者之间无从辨别愉快不愉快的情况，如"河水被晚霞照得有些微红""有些写实的作者，就这样的被蒙上了'讽刺家'——很难说是好是坏——的头衔"。第二，"叫""让""给"在被动式中作为"被"的替身使用，跟"被"还是有区别的，其区别有两种表现：一是表现在用"教""叫""让""给"的被动式口语性更强；二是只有"被"才能够和某些动词或名词结合成为名词（性结构），如"被告""被选举权""被压迫者"之类。这些作用，都不是"教""叫"等字所不能担负的。第三，"给"字有两

---

① 丁声树：《现代汉语语法讲话》，商务印书馆1961年版，第99页。
② 丁声树：《现代汉语语法讲话》，商务印书馆1961年版，第98页。
③ 丁声树：《现代汉语语法讲话》，商务印书馆1961年版，第99—102页。

类特殊用法。一类是用来代替"为……所"中的"所"字,"为"换了作为替身的"叫""让",就构成了"叫……给"或"让……给"的格式,如"拿不了匪,倒叫匪拿了""我没有来得及喝碗面汤,就让我们二大爷给提留来了"。另外一类是出现在"把……给"的组合中,形成一种变幻莫测而又不合语法的特殊用法即使放宽尺度也只能认为"破格"的(被动句),如"她把个老虎给舞翻了"。

刘世儒《被动式的起源》(1956)的观点可以概括为:第一,通过大量语例证明,"被"在六朝时代已变成专表被动的虚词了。第二,现代汉语的被动式,至迟在六朝时代确乎已经产生了。这种论断修正了王力在《中国语法理论》里提出的"到了近代,被动句就显然产生了"的观点。第三,指出"被……所"的格式最早出现于《颜氏家训》。由此批评"被……所"是"为……所"与"被……"古今两种格式凑合而成的说法有违语言事实。第四,对王力等人的以下观点提出质疑:现代汉语中表示"愉快""如意"的被动式是"受了西文的影响"以后才产生的,只有表示"不愉快""不如意"才是"被"字的传统用法。

梁东汉的《现代汉语被动式》(1960),讨论了五个问题,其观点可作以下总括。

第一,关于"被"的"传统"用法问题。首先,梁东汉根据语言事实对王力、吕叔湘、朱德熙、丁声树等人关于用"被"的被动式在传统用法上只表示不如意或不企望的事的看法提出质疑。其次,从方法论的层面指出对被动式进行意义上的概括的研究方法是不可取的,因为这不能发现被动式的结构规律——研究句法是研究词和词在句子里的关系问题,单纯从意义出发就失去语法研究的意义,就不可能发现句子结构的规律。研究汉语的语法构造,如果不遵守形式和意义相结合的原则,而只是从逻辑范畴出发,其结果不可避免地是主观的、片面的。

第二,关于"被"的词性。梁东汉采取了先破后立的方法表明自己的观点,认为"被"是助词。

第三,被动结构和被动式。梁东汉把被动结构分为两类,A类是"被"("给""叫""让")+施事者+动词或动词性词组,B类是"被"("给")+动词或动词性词组。两类结构用途广狭不同。A类被动结构可以充当谓语、定语,B类被动结构可以充当谓语、定语、状语。这两类被动结构充当谓语时就构成被动式；但充当定语或状语时，包含这些被动结构的句子都排斥在被动式之外。

第四，被动式的外部形式标志。对于存在没有"被"的被动式的主张，梁东汉表示反对，因为这种看法是立足于以逻辑范畴代替语法范畴的基础上的。认为被动式是有它的外部形式标志的，"被""为""让""叫"（"教"）"给"就是它的外部形式标志。没有这些标志的句子就不可能是被动式。

第五，被动式和"把"字句。梁东汉认为，被动式和"把"字句是两种截然不同的句型，被动结构和"把"字句是两种不同的格式，但二者并不是毫无关系。被动式里可以包含用"把"的结构，而"把"字句也可以包含被动结构。但这两种情形都是少见的。

吕叔湘的《"被"字句、"把"字句动词带宾语》（1965），讨论了"被"字句和"把"字句在带宾语的情况下互相转换以及转换成中性句的问题。比如，有的"被"字句和"把"字句可以自由转换，有的"被"字句可以转换成双宾语句，有的"被"字句可以用别的介词把"被"字句主语纳入中性句。有的"被"字句和"把"字句不能相互转换，如果转换要么语意有变化，要么根本不成话，要么感觉不适宜。还有些"被"字句和"把"字句的相互转换有一些限制，其限制表现在结构和语义两个方面。对于这两种限制，论文分类例说，清晰明了。吕叔湘找出了"被"字句、"把"字句、中性句互相转换在数量方面的总体规律："被"字句能改成"把"字句的，比"把"字句改成"被"字句的要多得多。同样，"被"字句能改成中性句的，比中性句能改成"被"字句的多得多。

（三）繁荣阶段（20世纪80年代）

这一时期，被动句研究的范围有所扩大，而且研究角度多样。其中龚千炎的《现代汉语里的受事主语》（1980），李临定的《"被"字句》（1980），刘叔新的《现代汉语被动句的范围和类别问题》（1987），吕文华的《"被"字句和无标志被动句的变换关系》（1987），是这一时期有代表性的学术论文。

龚千炎在《现代汉语里的受事主语》（1980）一文讨论了三个问题，其中两个问题与被动句密切相关，一是受事主语句的性质和范围，二是受事主语句的类型。

关于受事主语句的性质和范围，龚千炎认为，受事主语句即受事充当主语的句子，与施事充当主语的施事主语句相对，也可称为被动句。也就是说，龚千炎所谓受事主语句，其实就是通常所说的被动句。他把有被动形式标志的被动句叫作广义的被字句（广义的），把没有被动形式标志而有被动意义的被动句叫作非被字句。

龚千炎所说的被动形式标志，包括"受、遭，被、叫、让、由、归"等。根据被动形式标志的有无、被动形式标志的不同以及施事者是否出现，把受事主语句分为六个类型。

就这六个类型，论文对它们的句法语义特点分别作了细致入微的分析，或者对不同类型句式的变换关系进行了详细的比较说明。比如针对"受事主语＋被＋动词"这一句式，一是指出其中的"动词"由处置动词充当；二是指出被动式一般要带出施事者，"受事主语＋被＋动词"是由于某种原因施事者不必说出来时才构成的，这种没带出施事者的被动式的共同点是句子的中心意思已经转移到受事主语方面，谁是施事不是兴趣所在了；三是指出"受事主语＋被＋动词"中的动词后面有时候也可以带宾语，通过具体的语例，说明宾语总是从不同方面跟主语发生隶属关系。

李临定的《"被"字句》（1980）是进入繁荣期的一篇重要论文。标题中的"被"字句，其实是广义的"被"字句。既包括常用于书面语的"被"字句，也包括常用于口语的"叫（教）"字句"让"字句和"给"字句。这个广义的"被"字句，涵盖着"被""叫（教）""让""给"带宾语和不带宾语两种句式。论文讨论的内容，从总体上说包含两个方面：第一，主体内容是讨论最基本的"被"字句和各种不同类型的复杂多变的"被"字句是怎样从主动句变换而成的，分类说明了变换过程。第二，附带内容是讨论"被"字句的语义问题。

关于"被"字句的语义问题，李临定的主要观点是：现代汉语里，"被"字句表示中性义、表示褒义有扩大的趋势，但总体来说还是以表示贬义为主。不过，对"被"字句表示贬义的问题，过去的认识不够全面，应该从宽理解。

第一，如意或不企望的事不只是针对主语的。过去一般认为，被字句叙述的事，对主语来说是不如意或不期望的事，其实有时候，对主语来说无所谓如意不如意，而对"被"引出的对象来说则是不如意的。而有时候，不如意或不企望的事不是针对主语的，也不是针对句子里的其他成分的，而是针对未进入句子的说话人的。比如："好的（姑娘）都叫人家挑完了。""悄悄话让他给听见了。"

第二，如意还是不如意不能单从谓语动词来判断。有时候，进入被动句的，有的句子表示的是如意的事，有的是不如意的事。比如："娟子的伤好后，被调到区上工作，担任副妇救会长。"也有时候，句子表示褒义贬义决定于谓语动词所带的宾语。比如："在这薄霭和微漪里，听着那悠然的间歇桨声，谁能不被引入他的美梦去呢？我被引入了可怕的梦境。"有的时候，句子表示褒义贬义跟谓语动词无关，而跟"被"引介的宾语有关。比如："小坡被一个军官模样的鬼子笑着叫到屋里。"

刘叔新的《现代汉语被动句的范围和类别问题》（1987：139 - 150）的观点可以概括为：

第一，所有"被"字句都属于被动句的结论，须在认识到"遭""受"等与"被""叫"等不是同类的前提下才能成立。"被"字句包括"被"字后面有施动者和没有施动者两种情形。"被"字句中的"被"字能够代表是相同位置上出现的"给""叫（教）""让""为""由"等，但不能包括"遭""受"等。不赞成有些学者把"遭""受"看成与"给""叫（教）""让""为""由"等一样的表示被动的词，也不赞成有些学者把"被"看成跟"遭""受"等一样的表示"遭受""蒙受"意义的动词。因为，"被""给""叫（教）""让""为"等和"遭、受"等之间有一个很大的分野：前者不能跟随出现"了""着""过""起来""下去"等语法成分，绝不可能是动词，而是完完全全的虚词，它们能够表示或者参与表示语法的被动关系意义；而后者却是动词，可在后面加上"了""着""过"，"遭""受"同主语的关系，从语法角度来说构成的是主动关系，它们包含的"遭受什么"，是词汇意义在本身起其作用，并非语法上的被动关系。只有在这种认识的前提下，才可以说，所有"被"字句都属于被动句。

第二，根据被动关系表现的方式特点和程度的不同，可以把不同的"被"字句，相应地分属于三种不同类型的被动句：强式被动句，弱式被动句，综合式被动句——准强式被动句。如果"被"字句的被动关系表示方式，是用一个表被动的虚词紧置于述语动词前面，如"他居然从车门里被弹出来了""他给砍伤两个手指"，这种"被"字句的被动关系表现得直接、纯粹而充分。这种类型的"被"字句称为强式被动句。如果"被"字句的被动关系表示方式，是用"被"字将施动者成分引出而置于述语动词之前，如"什么都被人剥夺了""那套供他娱乐的'雅乐'早叫他听腻了"，这种"被"字句不是通过把表被动的虚词紧置于动词之前直接表现被动关系，有了间隔就使得主语和述语动词之间的被动关系表现得不够显豁，不够充分。这种类型的"被"字句称为强式被动句。弱式被动句区别于强式被动句之处在于：弱式被动句表现被动关系采用句法结构的手段，而强式被动句采用更为明确的词法手段。这种语法手段的不同，决定了两种类型"被"字句被动关系强弱表现的差异。

强式被动句、弱式被动句之外，"被"字句还有一种兼有两式特性的综合式被动句，这种综合式的"被"字句，是准强式被动句。准强式被动句的产生，晚于弱式被动句，可以看成对弱式被动句被动关系的表现加以强化的产物，体现了弱式被动式向强式被动句的靠拢。

第三，没有被动标志而主语是受事的句式（如"碗打破了"之类）不应定为被动句，可以叫作意念受动句。之所以把"无标志的被动句"排除在被动句之外，是因为"碗打破了"这类句式只是主语在逻辑的意念上受到动作的支配，并没有这种意念的表现标志，也就是相应的语法形式，而逻辑的意念同语法关系是两回事，不能作为依据得出语法的结论。

吕文华在《"被"字句和无标志被动句的变换关系》（1987：168-181）一文里，把现代汉语被动句分为两类，一类是有"被、叫、让、给"等表示被动标志的"被"字句（记作 A 式句），另一类是没有被动标志的无标志被动句（记作 B 式句）。

全文讨论了 A 式句和 B 式句这两个句式的变换关系及其条件，并讨论了这两个句式的语义问题。

A 句式不能变换成 B 句式，有四种情况。

第一，主语是生命体，在句中与动词的语义关系（即施动或受动）

是可变的，必须用"被"标志主语是受事。第二，A 式句中施事者是某些无生命体，去掉"被"字句子不能成立。第三，V 是某些单音节动词。第四，A 句式是"被…所…"格式。

B 句式不能变换成 A 句式有三种情况。

第一，B 句式中主语是无生命体，与动词的语义关系不会发生变化。第二，B 句式中补语是可能补语时，变换不能实现。第三，B 句式中动词是某些动词类别时，变换不能实现。

A 句式与 B 句式之间互相变换，有两种情况。

第一，主语是无生命体，与动词的语义关系不变，当动词和补语为某种类型时，A 句式与 B 句式能互相变换。第二，主语是无生命体，当主语在句中不会被误认为是施事者时，A 句式可以变换为 B 句式。

关于 A 句式与 B 句式的语义问题，吕文华指出了两点：第一，某些 A 句式可以变换成 B 句式，但两个句式在语义上是有差别的，区别在于强调被动程度的不同以及感情色彩的差异。第二，A 句式的传统用法是表示不愉快、不如意的感情色彩，虽然随着语言的发展，表示中性甚至褒义的 A 句式正在不断出现且有扩大之势，但目前运用 A 句式仍以表示贬义的感情色彩占优势。

（四）成熟阶段（20 世纪 90 年代以来）

这一时期围绕被动句式展开了系统性讨论，不仅召开了专门的被动句国际会议（2003 年，召开了汉语被动表述问题国际学术会议，会议由邢福义主持）对被动句的研究和发展进行回顾以便开启新的篇章（陆俭明在 2004 年《关于被动句的几个问题》中指出了被动句的争议点和模糊点），还开始涌现了一大批围绕被动句所写的硕士和博士论文，如屈哨兵（2004）、乔莎莎（2015）都是围绕有标的被动句进行了深入而系统的研究。这一阶段可以说是针对被动句或被动式进行了全面的研究，从"被"字的词性，到"被"的功能，从被动句的语义特征、形式标记再到语用功能，从被动句的单一研究到多语言比较，都有一大批学者关注。例如李洁（2006）、王亚楠（2013）分别从汉藏语系内部和日语来对比研究被动式。这些可以说是多角度系统性地论述被动式问题。

这一时期，在多种语言学理论影响下，不少学者借助不同的语言学理论从不同侧面进行更为深入的研究。

有的学者运用认知功能语言学理论，从认知的角度来探讨汉语"被"字句的特点。比如张伯江（2001）把一般"主动宾"记作SVO，把"被字句"记作"O被SVP"，把"把字句"记作"S把OVP"，在三者对比的过程中充分认识"被字句"。作者先通过被字句与一般"主动宾"句的比较，认识到了被动句强受事性（强影响性）和弱施事性的特点。第一，从受事角度观察，被动句与把字句一样，具有强受事性。这首先表现在，动作行为不对受事产生影响时，被动句就不能成立。比如不能说"蓝天被我看见了"，因为"看见"这种行为不能对"蓝天"产生任何影响。其次表现在，同样可以用被动句和一般"主动宾"句的表达的事件，被动句所表达的受影响语义更加彻底。比如，既能说"他骗了我，我得记住这个教训"，也能说"我被他骗了，我得记住这个教训"；而"他骗了我，可是我没有上当"能说，"（B）我被他骗了，可是我没有上当"却不能说。这反映了"被字句"的受事影响性是强制性的，是更加彻底的，因为后面一句"我被他骗了，可是我没有上当"句中意义自相矛盾，"我没有上当"否定了"我被他骗了"中"骗"的影响性，因而不能成立。作者特别强调：被动句中这种"完全影响"的语义是句式带来的，而未必是动词本身固有的。认识到这一点，能够从学理上解释为什么（A）能说（B）不能说，应该说是一种进步，具有重要的实践意义。同一个"骗"字，具有还是不具有影响义，跟句式语义有关，而句式语义体现了认知特点。传统语法概括被字句的形式特点时总提到动词不能是光杆形式，其实质就是"影响性"这种语义要求的句法结果。第二，从施事角度观察，被动句与把字句一样，具有弱施事性。施事性的强弱与施事主体的自主性或者说意愿性相关，而意愿性的强弱又往往与生命度相关。作者发现，跟一般"主动宾"句相比，被字句可以容纳弱施事性成分。比如一般不说"阴雨困住了远道的客人"，而可以说"远道的客人被阴雨困住了"；一般不说"成龙迷住了她"，而可以说"她被成龙迷住了"。"阴雨"是非意愿性成分，亦即弱施事性成分；电影演员"成龙"不会有意地去"迷"哪个特定的观众"她"，这种非自主性其实也就是弱施事性。非意愿性成分"阴雨"，非自主性成分"成龙"能进入被动句，体现了被动句的弱施事性特点。作者还通过被字句和把字句在句式语义和句子结构方面对称与不对称的对比探讨，发现了被字句与把字句的差异。第一，被字句和把字句的强影响性表现不同：把字句的强影响性主要是直接影响，事件的影响仅限于用"把"提前的动词宾语本身；而被字句的影响性既可以是直接影响也可以是间接影响，其影响性可以不是针对 O 的，而是针对当事人的，O 既可以是直接受影响者又可以指向间接受影响者，间接受影响者可以出现在主语的位置上，如"他被老师发现了纸条"。正因为被字句和把字句的强影响性表现不同，因而被字句所能容纳的动词范围比把字句宽，比如可以说"侦察员被敌人发现了"，而不能说"敌人把侦察员发现了"。第二，被字句和把字句的弱施事性特点即使因性特点不同：被字句可以接受直接使因（事物，体词）成分而排斥间接使因（事件，谓词）成分。比如"申涛被亲家爹一抱拳弄了个不知所措"是不合格的被动句，而"申涛被亲家爹这一抱拳弄了个不知所措"就是合格的被动句。这是因为前一句的"亲家爹"是间接使因者，而后者的"亲家爹"是直接使因者。在对比研究中，作者认识到，动词的"配价"观在揭示句式语义方面是力不从心的，论元结构更多的是句式的要求而不是动词的要求。

有的学者运用转换生成语法理论，来解释汉语被动式的生成。如邓思颖（2004）把汉语被动句分为四大类：直接长被动句（张三被土匪杀了），直接短被动句（张三被杀了），间接长被动句（张三被土匪杀了父亲），间接短被动句（张三被杀了父亲）。邓思颖根据生成语法学句法理论提出一个统一的句法机制，认为汉语的四种被动句都是由作格化推导出来的。所谓"作格化"，是一种让动词由及物动词变为不及物（指失去指派受格的能力）动词的句法过程。经过作格化后，动词的主语不能是施事，而动词可以指派的一个受格被"吃掉"——本来可以给宾语指派受格的能力失去了。生成语法学句法理论假设每一个名词短语都必须获得一个格位，假如得不到格位就不合语法。据此，邓思颖认为短被动句的形成是对动词进行作格化的结果。宾语不能从动词那里得到受格，这是不合语法的。为了避免违反句法限制，就采取让宾语移位的策略，让宾语离开原本的位置，跑到主语的位置。比如"被杀了张三"不合法，受事宾语"张三"不能停留在原来的位置，它必须进行移位，于是就推导出直接短被动句"张三被杀了"。直接长被动句的形成，是采取宾语滞留在原来位置的策略实现的。作格化后的动词虽然不能给宾语指派受格，但却能够指派部分格，于是在动词后就获得了部分格的保留宾语，形成了"张三被杀了父亲"这样的间接短被动句。长被动句的推导形成与短被动句一样，也是动词作格化的结果。受事宾语的继续"生存"，也是采取了宾语移位和宾语滞留两种策略。至于长被动句里的"施事"，其动词之前的名词性成分，如"张三被土匪杀了父亲"中的"土匪"，邓思颖认为这个名词（或名词性短语）并不是通常所说的施事，而是在使令句的基础上通过"作格化"推导出来的，应视为使役者。

同样是生成语法理论，杨西彬的《格位理论的发展及其解释力研究》（2020：50–53）则运用扩充的格位理论，以"王冕被杀了父亲"为例，解释了保留宾语的生成机制。该研究认为，"王冕被杀了父亲"的生成，经历了三个步骤：第一步，"王冕"受"话题化"的驱动作用前移至句首 [specIP$_1$]；第二步，"父亲"受"格驱动"移位至嫁接的 [specIP$_2$]，生成中间状态句"王冕父亲被杀了"，"王冕"和"父亲"都得到了不同层级的句子中心 Ic 指派的主格格位；第三步，由于语用因素（使句首成分得到凸显，凸显事件给句首另有名词"王冕"造成的某种负面影响）的需要，"父亲"带着主格与领有名词分离，右向"漂移"至句末，于是生成了具有保留宾语的语句"王冕被杀了父亲"。

有的学者借助系统功能语法理论来研究汉语被动式问题。按照系统功能语言理论，小句是最具意义的语法单位，有表达过程的功能。从语义范畴分析，一个过程通常由过程本身（动作、行为、关系等）、过程参与者以及环境成分构成。基于不同的功能，过程可以分为六种：物质过程、关系过程、心理过程、存现过程、行为过程、言语过程。杨国文（2002）以从 150 万字的语料中检索出来的 479 个汉语"被"字式为研究对象，根据系统功能语法的过程分类，对这些"被"字式在不同种类的过程中的使用情况进行了全面的考察分析，得出这样的结果：在 479 个"被"字式实例中，属于以"解散""取消"等动作动词为谓语的物质过程的，有 343 个，占 71.6%；属于以"说""问""告诉""建议"等言语动词为谓语的言语过程的，有 52 个，占 10.9%；属于以"看见""喜欢""知道"等心理动词为谓语的心理过程的，有 51 个，占 10.6%；属于以"是""拥有""当作"等关系动词为谓语的关系过程的，有 25 个，占 5.2%；属于以"呼吸""咳嗽""哭""看""思考"等兼表生理和有意识心理活动的动词为谓语的行为过程的，有 8 个，占 1.7%；属于以"有""飘来"等存现动词为谓语的存现过程的，没有一个句子。在统计"被"字式过程分布数据的基础上，还进一步分别归纳了三种不同类型的"被"字式（第一种类型称为"过程－非预期性""被"字式，第二种类型称为"结果－描述性""被"字式，第三种类型称为"事物－得失性""被"字式）在不同种类过程中的语法特点，从而揭示了不同动词及其连带成分进入"被"字式的潜势和条件，为汉语计算机处理提供了规则依据。

还有些学者运用格语法理论，对汉语被动式语法成分之间语义关系进行了更为细致具体的分析。如吕文华（1990）在《"被"字句中几组语义关系》中把现代汉语"被"字句的基本句式概括为：Na 被十 (Nb) ＋V＋C。论文描写了"被"字句中 Na 与 V 的语义关系，Nb 与 V 的语义关系，C 与 N_a、N_b（C 是谓语后加成分，包括宾语 No 和各种补语）的语义关系。"Na 与 V"的语义关系有七种：Na 是 V 的受事，Na 是 V 的广义受事，V 是 Na 与 No 的系事，Na 是 V 感受的主体，Na 表示 V 的处所或时间，Na 是零 No 是 V 的受事。"N_b 与 V"的语义关系有五种：N_b 是 V 的施事，N_b 充任 V 的工具，N_b 是导致 V 产生行为变化的原因，N_b 是 V_1、V_2 的间接施事，N_b 是 V 的受事。C 与 N_a、N_b 的语义关系分两种情况——第一种情况是 C（含 N_o）与 Na 有六种语义关系：N_o 属于 N_a 或为 N_a 的一部分，N_o 是 N_a 的工具或 N_a 是 No 的原料，No 为 Na 变化后的处所或 Na 为 No 所附着的处所，No 是 Na 变化后的现状，No 是 Na 接受的对象，当 C 为各类补语时 C 对 Na 起描述说明作用构成施动关系；第二种情况是 C 与 N_b 不发生语义关系。一般认为"被"字句的主语是受事，"被"的宾语是施事。而吕文华经考察发现，"被"字句的主语还可以是系事、当事、感受主体及时间、处所词语等，"被"的宾语也还可以是工具、致因、间接施事甚至受事等。"被"字句中动词后的宾语和补语成分不与"被"的宾语直接发生语义关系，而和主语直接发生语义关系。

还有一些研究成果所运用的理论方法往往不是单一的，而是受到多种理论、方法的影响。如张谊生（2003）的《助词"被"的使用条件和表义功用——兼论"被"的虚化轨迹》就是这方面的代表。

近年来随着语言的发展，还出现了一些和传统被动句不太一样的新型被动结构（如"被自杀"）的研究。如彭咏梅、甘于恩（2010），刘杰、邵敬敏（2010），刘宗开（2011），施春红（2013），李成陈、张高远（2014）等，不过新被字句和传统被字句的最根本区别还未阐述清楚。

根据前人的研究成果，我们可以知道，汉语共同语被动句的研究主要包括以下几个方面：

第一是被动句的判断界定，包括被动句的表现形式和范围。

第二是被动句的语义特征，包括被动句的语义色彩和情感倾向。学界起初一般认为，被动句的语义受古代汉语"遭受"义影响，因此大多表现出受损的消极义。不过随着语言的发展，现代汉语好像不太遵守这个规则，出现了许多中性的，甚至是表示愉快的、积极的被动句。

第三是被动标记的研究，包括"被"的词性研究（这一研究多数在争论，比如黎锦熙在1924年就指出，"被"是介词或助动词；而王力在1943年认为"被"是由动词转化而来的助动词；张志公1953年认为"被"不管后面是否带名词，都应该看作介词），还有一些具有被动表达功能的词语研究，这些研究多半是纵向和横向相互结合，横向多为跨语言或者是跨方言的，而纵向多考察的是被动标记的历史演变，同时还伴随着被动句的历史发展研究。

第四是被动句所涉及的相关问题，涉及方面广泛，比如语义角色、生命级别、用途意义和社会认知等，还有诸如被动句研究方法的研究、网络新近出现的被动体，等等。可以说被动句的研究基本渗透到了语言学的所有领域，呈现一种"无被动，不语言"的研究态势。

三　汉语方言被动句研究现状

汉语方言中的被动句研究起步较晚。直到20世纪80年代，方言中的被动表达才受到学界关注。如桥本万太郎（1987）在《汉语被动式的历史·区域发展》中研究了汉语南北方言中的被动式特点和差异，从语言地理类型学的角度分析了汉语方言中被动标记和汉语历史的关系，并通过语言接触相关理论解释了形成这些特点和差异的原因。

关于汉语方言中被动句的研究，也可以分为横向和纵向两个维度，涉及内部系统和外部系统。横向研究大体集中在被动式内部特征的比较和考察。一般涉及单个方言的被动句研究和两个及以上多方言的被动句类型比较，而且基本上都集中在从被动标记和被动句式的研究和比较上。当然也有一些关于被动句式和结构的探讨，如李万苹（2012）就探讨了济宁方言有标记被动句型，归纳出了五种有标记被动句句型。在单个方言被动句的研究方面，主要涉及被动标记内部的比较，如徐静（2018）就考察了被动标记同为"着"和"拿跟"的筠连方言，探讨了"着"和"拿跟"句法语义功能的不同。多个方言被动句的研究，主要涉及被动表达在不同方言间的差异，尤其是不同被动标记词的使用差异，甚至还有现代汉语和方言中同一个词的被动表达差异。如杨奔（2018）对勾漏粤语与壮语被动句进行了比较研究。有些学者还将方言内部的被动标记间的关系进行了探讨，如熊顺喜（2013）对新洲方言中表被动的"把"及其扩展形式"把得"进行了探究和分析。还有研究方言被动句中各句法成分位置特点以及语义关系的，如胡静（2017）对祁东方言的被动句主语的语义角色进行了考察，认为祁东方言中被动句主语的语义角色既包括受事，也包括感事、工具、结果等，还包括句中主语不是动词论元的直接参与者。

对于方言被动句主语语义角色问题，丁加勇（2005）通过隆回湘语"吃"字句的个案考察，作了更为深入的研究。作者以句式配价理论为主要框架，通过考察隆回湘语"吃"字句配价情况，发现了"吃"字句主语的语义角色的复杂性："吃"字句主语的语义角色，不能完全用受事、必有论元或原型受事这些动词论元概念来概括，而应该用句式义和句式论元来概括。"吃"字句的句式论元属于"受影响论元"，核心意义是"遭受影响"。按照句式配价从句式出发来观察动词与相关名词组配关系的观点，句式的配价成分主要由句式的整体意义也就是句式义来决定，动词的理想认知模式参与句式配价。很多动词的理想认知模型都包含一个"受影响角色"，而这种受影响角色，在语义上与表示遭受义的被动句式的"受影响者"论元相匹配，所以能进入"吃"字句，如"哭"是一价动词,但"哭"会影响别人,其词义理想认知模式里明显包含着"受影响角色",因而能够进入"吃"字句,如"我吃其哭醒过哩"。一些不正常的动作行为,往往会影响到别人,所以在不正常的行为中,如过量的动作,频繁发生的动作,违反常规的动作,突如其来的动作,突发事件等,都会影响到别人,表示这些动作的动词的理想认知模型里总是包含一个"受影响者"角色,因而都能进入"吃"字句。这就是"我吃其敲醒过哩"("敲"的受事者是隐含的"桌子")"我吃其一冲就冲唉进来过哩,吓个死"之类被动句能够成立的理论根据。"吃"字句可以是动词的各种角色,包括客体论元受事、与事,主题论元主事、感事和外围论元工具、处所、材料,甚至还可以不是动词论元的直接参与者。这些复杂的语义角色,可以用句式配价理论得到圆满的解释:它们在句式中都可以概括成一种句式论元:受影响论元。

除了被动式内部各系统进行横向比较外,还有较少文章探讨了方言被动式和其他句式的比较。如苏玲(2013)对四川宜宾落润乡方言的被动句式和使役句式进行了比较研究,指出了它们之间的关联性和区别性特征。

纵向研究主要集中在方言被动标记的形成过程、语义来源、语法化进程等方面。如:罗荣华(2018)在研究赣语上高话的被动标记"讨"时,主要是纵向研究"讨"的来源及演变,认为赣语上高话动词"讨""由"索取"义引申为"招惹"义,再引申为"遭受"义,进一步语法化为表被动义的介词。魏晓宇(2017)在考察商丘方言被动标记"叫"时,也是重点研究了"叫"的语法化过程。这些纵向研究不仅局限于对同一个方言的特定被动表达进行溯源研究,而且还会涉及多个方言地的溯源。例如杨奔(2018)对勾漏粤语与壮语被动句的比较研究其实就是一种纵向的历史溯源研究,经过考察对比认为这两个方言被动标记的来源近似,语义上都有"消极"和"遭受"的特征等,这是壮语被动标记多受汉语影响的结果。另外在探讨一些被动标记形成原因时,国内有些学者除了从汉语史和语言演变规律的角度探讨外,还会从认知的角度来探讨。例如黄婧(2017)探讨了巴东方言中三个主要的被动标记"把被""等被""着被",除指出它们的来源("把被"源于"给予义"动词、"等被"源于"致使义"动词、"着被"源于"遭受义"动词）外，还从认知的视角分析了三个标记的成因（"把被"是从施事和受事的关系角度诠释被动事件，"等被"是从施事者的角度诠释被动事件，"着被"是从受事者的角度诠释被动事件）。不过在具体研究过程中，学者对被动句的考察一般不会单一地进行横向或纵向的研究，而是会将两者结合起来，一般会探讨汉语方言中的形式差异特征，然后探讨被动形成的原因及演变过程，也即是作"是什么"和"为什么"的探讨。

相对于现代汉语中的被动句研究来说，汉语方言被动句的研究呈现以下特点：

（1）方言研究者一般不会就某一个被动标记的词性进行多角度的探讨，比如共同语的研究中有些学者会探讨被动标记"被""让"等在不同情况下的词性，而且集中在介词和助词的争论中。而方言中对于被动标记的挖掘，多半不会去讨论被动标记的词性。比如"着"这个词，虽然在现代汉语中是一个助词，但是在方言中由于很多时候没有完全对应的汉字，所以语料采集来的被动标记就选取了一个接近当地发音的汉字"着"，这时人们在研究这些被动标记时，基本没有关注它的词性，而更多的是它的用法以及同形异构现象的区别。例如，李蓝（2003）、屈哨兵（2004）、崔显军（2006）、陈健（2009）、杨芳（2014）、周迪（2015）、徐静（2018）、林华勇（2019）、樊琛琛（2021）等学者都研究了方言中的"着"，但是都没有纠结于它的词性，而更多的都是从不同角度研究它的功能以及和其他标记的区别。马正玲（2010）虽然讨论了重庆（市区）方言中"着"的词类划分问题，但并不是在被动范畴内。而且在单篇讨论单一被动标记的论文中，横向和纵向考察都会涉及。其一般多半会在实地调查基础上阐述当地方言中被动标记的用法及意义，分析被动标记的来源和语法化过程，甚至有的会探讨被动标记对深化方言研究的意义。如周红叶（2017）就是根据上述思路探讨了湖南辰溪方言的被动标记"着"。这种思路可以说是研究方言被动标记乃至一些方言词汇的主流思路。

（2）现代汉语被动表达研究思路较为广阔，语义、句法、认知、功能、类型学几乎全面覆盖，而被动标记研究对象较为单一，一般集中在"被""让""叫"等几个标记中。而方言中对被动表达的研究多集中在被动标记上，相对于现代汉语来说方言的被动标记的种类繁多，研究对象非常丰富。在有关汉语方言被动句标记词的研究论文中，尤以被动标记的挖掘和比较居多，涌现出了一批专门探讨方言特殊被动标记的论文，这些论文除了描述被动句的形式特点外，还探讨了被动标记的语义来源和演变，也就是都会作标记词的纵向研究。例如：

"把"：

徐英（2016）通过整理"把"字被动标记在使用方言地区的分布，发现使用"把"字被动标记的方言地区主要集中在南部方言区，而且标记的地理分布与人口迁徙的方向一致，与交通位置也一致，还与行政区的划分密切相关。在南方方言中，"把"字有多种写作形式、多种读音，但实际上都是被动式的"把"字句。"把"字被动义源于给予义。"把"除了表示被动义和给予义外，还可以表示处置义和使役义。而北方方言中"把"字用于表示处置，并没有用"把"表被动的例子存在。

"等"：

何亮（2005）认为，现代汉语方言中"等"有两个特殊用法，其一是表示"让、允许"；其二是作为被动的标记，表示被动。"等"字表被动的发展过程，从历时角度看，主体线索是：等待→让、允许→被。作为被动标记的"等"，发展原因首先是由于词义的发展，也由于句法格式的允许，才从"等待"义发展到"让、允许"义，然后又因为句法语义关系的变化，又从"让、允许"义发展到被动标记的用法。在某些方言中，例如彭泽话中"等"成为唯一的被动标记。

"给"：

张延俊（2010）认为，"给"字式表达被动在江淮方言出现和使用频率最高。而北京话表达被动使用频率最高的是"教（叫）"字式，其次是"让"字式。"给"字式不仅活跃于江淮地区人们的口语中，还记载在许多民谣歌谣中。"给"是一个具有北方话色彩的动词，表示给予义。江淮方言尽管也属于北方方言，但又有特殊之处，在江淮方言里，"给"既像北方方言那样用作动词表示给予义，又同南方方言一样作为被动标记。因此，北方方言中的"给"字被动式源于江淮方言。

"教（叫）""让"：

张延俊（2010）考察北京话后得出，北京话中表达被动使用频率最高的是"教（叫）"字式，其次是"让"字式。这也是从方言的角度来研究被动句的形式标记。

"着""乞""畀"：

这几个被动标记，尤其以"着"的讨论最多。李蓝（2003）描写了现代汉语方言中"着"字式被动句的共时分布范围，然后讨论"着"字式被动句的语法特点，认为"着"字式被动句分为两种来源完全不同的类型：一种是来自"遭受"义的受动型"着"字式被动句，这种"着"字句目前只见于南方汉语方言；另一种是来自"使役"义的使令型"着"字式被动句，这种"着"字式目前只见于北方汉语方言。

屈哨兵（2004）则讨论了"着"与相关被动标记的共现数目、类型及成因，认为"着"之所以能和其他被动标记共现，是因为文化、汉语的包容度、历时的递叠以及语义和语用分工造成的。

崔显军（2006）系统研究了汉语方言中表被动的"着"，认为被动标记"着"主要分布在川、滇、黔等地区，主要涉及西南官话区。西南官话的"着"还没有完全虚化为表被动的功能词，它还承载着动词、助词等功能。此外，"着"与其他标记词共存互补，语义上的分工是它们共存的主要原因。对被动标记词"着"的选择受到了结构、语义和表达上的限制。

陈健（2009）描绘了"着"在贵州方言中的表现，分析了"着"的语义特征，并探求了它的语法化过程，考察了"着"标记在汉语史上不同阶段的使用情况，并在历时状态中存在的地域分别，然后讨论了"着"与相关被标的共时叠变情况，论及"着"标与其他被动标记的共存数目、叠变类型和共现成因。

杨芳（2014）较为细致而系统地考察了枞阳方言中的虚词"着"的用法，这其中就涉及被动标记用法的考察，认为作为被动标记的"着3［tso55］"在枞阳话中有两种常见的被动句式：NP（受事）+着+NP（施事）+VP（处置）；NP（受事）+着+NP（施事）+把+VP（处置），并认为枞阳方言中的被动标记用法的"着"的语义源于"使役"义。

周迪（2015）对南城方言被动句及被动标记"着""得""畀"进行了研究，通过历时溯源的方法，从语法化的角度推断出这三个标记分别源于动词的"遭受"义、"得到"义和"给予"义，并归纳了这三个被动标记的类型学特征。

徐静（2018）以筠连方言被动标记"着""拿跟"为研究对象，细致描写和分析了两个标记在三个平面上的特征，并借助语法化理论和类型学的语义图理论梳理了标记的语义来源和演变途径。她认为"着"更有利于表达被动语义，拥有更广的使用范围和更高的使用频率，是筠连方言中优先选择的典型性被动标记。另外她还得出由于语法化来源的不同，再加上语法化"语义滞留"原则的制约，使两个标记在语义和语法功能上存在区别，进而影响了标记的典型性。

林华勇（2019）考察了北流粤方言"着"（阳入）的功能及语源，其中就包括"着"的被动标记用法，同时还从类型学角度，把广州话、廉江话、早期粤、客方言以及北流周边粤语、客家、平话、桂柳官话及壮语进行比较，清楚地描述了北流粤方言"着"作为被动标记时和其他方言的区别性特征。

樊琛琛（2021）考察了阳城方言的"着"字句，重点考察了其被动用法和使役用法的差别及演变过程，并指出了"着"表被动的用法源于使役义。

可以说这些研究中，以个案研究和比较研究居多，基本占据了主导地位，但相应地缺少一个宏观的对被动标记的系统性论述。王统尚（2019）系统性考察了方言中的被动标记，认为在方言的被动标记中，使用频率较高的有七种，分别为"叫""被""让""着""乞""畀""给"。其中"叫"字使用频率最高，遍及多个市区；"给"字使用频率最低，分布区域最少。但是他依靠的仅仅是《汉语方言地图集》，由于篇幅所限，其对区域分布特点及成因并没有作深入的研究，也没有对区域之间的关联性特征进行梳理，但为我们后续的系统化研究提供了思路。

（3）一些现代汉语中常用的被动标记，在一些方言中的认可度却不高。比如在现代汉语中最常见的被动标记"被"，屈哨兵（2004）曾考察过42个汉语方言点，只有3个点（扬州、成都、长沙）有将

"被"作为自己方言中被动标记的记录。究其原因可能是有些地方只是把"被"看成是一个从现代汉语中借来的具有一定书面语色彩的标记词,并不是当地土生土长的。

再者,整体上各方言被动标记种类虽然繁多,但是学者对方言区中特定被动标记的认可和判断主观性较强,而且争议较大。以成都方言为例,陈章太、李行健(1996)认为只有一个被动标记词"遭",张一舟等人在《成都方言语法研究》(2001)中却认为有四个被动标记,其中不包括"被",而李荣等(2002)则认为成都方言中的被动标记应该包括"被"。与方言被动标记的判定主观性较强不同,现代汉语中被动标记有着较为客观的语言学评价标准,与人们的心理认可度无关。

结合目前所查找到的有关方言的被动句考查和研究内容,我们认为被动句的方言调查所涉及的面还不够广阔,采样较少,大多集中于词汇特别是被动标记,对句式的考察较少,而且方言间的横向比较也较少,对各方言间被动标记的关联性挖掘不够,同时也缺乏系统性的论述。

第四节 基本思路与研究方法

一 基本思路

研究思路,一般是随着研究目的展开的。本书的研究目的,主要是想对汉语各方言被动式的差异情况作一个描写和分析,包括横向比较一些方言的被动义、被动标和被动式的差异,以及纵向比较方言被动标记形成和发展的进程,等等,进而找出汉语各方言被动式的一些共性规律。根据汪国胜(2014)提出方言研究的"多边比较,多角考察"思想,本书总体是对各方言间、方言和普通话间的比较研究,具体研究思路如下:

首先,要界定本书所研究的被动表达的所指,包括什么是被动句,怎么界定被动句以及哪些才能算作被动标记,等等。

其次,在确定了被动式的判定标准后,通过形式和意义等双重标准从各方言和语料中筛选出各方言的一些被动式表达,并从形式出发对各方言的被动式进行层层分类。比如可以通过是否有被动标记,把各方言的被动式分为有标和无标。然后,根据实际情况,再对这些大类,尤其是有标记的被动句进行细化研究。

对于方言中的有标被动句,我们重点从以下三个方面展开研究:

第一,从句法的角度研究各方言有标被动句,比如被动句多为受事主语句,在受事主语句的范畴下我们具体涉及各被动句的主语、宾语和谓语构成特征,这些特征主要是围绕这些成分是否隐现展开。同时由于被动句和谓语动词紧密相连,我们会重点深入描述各方言被动句谓语动词的分类和特点。

第二,从词汇的角度研究各方言的有标被动句,具体涉及各方言有哪些被动词,这些词的历史演变,以及句法功能的差异,主要目的是为了凸显各方言在被动表达上的用词差异和共性特征。

第三,从语义的角度研究各方言的有标被动句,具体涉及各方言被动表达的一些共性语义特征以及语用含义。

此外,我们还对方言被动表达的一些相关问题进行了研究,比如非受事主语被字句的比较研究,各方言被字句的否定表达、疑问表达,等等。

二 相关理论

在界定被动表达和选取方言比较研究时,我们引入了原型化(典型化)理论,这主要是考虑到任何语言都具有模糊性。比如在词类的界定时,动词和名词虽然有一定的界定标准,但是总会有一些例外。如"会议"这个既有名词的特征,同时也有动词的特性。而词类其实是一个模糊类,所列举的和界定的属于典型范畴(或称原型范畴),都有典型成员和非典型成员。我们在界定被动句时,同样也会遇到这样的问题。我们在定义被动时,是根据典型范畴中的典型成员来进行界定,通过列出若干典型被动句例子,探讨被字句的典型性特征,然后通过一些特例或者非典型例子进行范畴化,寻找非典型性特征,逐步修正定义,进而确定研究范围。同样,对于方言的提取比较,我们也遵循原型化理论。中国行政区划纷繁复杂,大到一个省市,小到一个乡镇,其方言差距无所不在,我们不可能把中国所有的方言都拿来比较,这不现实,也没有必要。因此,我们只选择典型地区的典型方言作为代表性方言来进行研究,也不是在所有的方言区中进行选择,而是结合被动式的差异度选择一些典型的、具有显著差异的地区方言来研究。

在描述和分析有标被动句时，我们引入了邢福义（1996）的"两个三角"理论。比如我们在描述各方言被动表达的差异时，我们重点从表、里、值这个小三角去探讨被字句的被动标记、句法位置等外在形式特征，还有被动句的语义特征及语用效果。另外，我们也注重了从普通话、方言和古代汉语这个大三角将三者结合，通过历史比较语言学方法来研究一些被动表达的历史演变，从而探讨方言中被动式的来源及产生原因，对方言的被动表达有一个立体的认知。

在分析和比较方言被动标记的差别，并探讨被动标记的来源及产生原因时，我们还运用了语言地理类型学、社会语言学的相关理论。因为单以共同语为参照进行"普方古"对比关联研究，较适用于单点方言的特征挖掘，对于多点方言研究，虽然也能揭示方言与普通话和古代汉语之间的关联，但是对方言间的关联机制和规律显得较为单一。因为方言自身特点的形成是多方因素的综合作用，只不过在表层容易体现在与普通话、古代汉语的关联和差异，单纯依靠传统的历史比较方法会有一定局限。比如有些方言被动式的特征和古代汉语很接近，同时也能在其他方言中找到相同点，甚至表现出与其所在方言区内的差异化特征。按照语言接触理论，这是地缘接壤性接触影响的结果，因接壤外族而使得一些当地方言受到了影响。例如湖南和江西接壤，使得湖南地域内包含了赣语方言区。在宋朝，大批赣语方言区的人民涌入湖南，从而导致湖南东部十几个县成为赣语方言区，而整个湘方言也受到了赣语的影响。该地区方言特征的形成是由历史和社会因素决定的。再比如湖北西南部方言部分词汇很多是古汉语的遗留，同时也接近西南官话，跟重庆和四川话近似度相对较高，这是地理和历史因素综合影响的结果。因此可以说几乎所有方言都会有其他语言的渗透，如果要深入挖掘方言被动式的特征，除了"普方古"的考察，还要考虑地理、历史和社会变迁等多种因素。

三　研究方法

在具体研究过程中，我们主要采取的研究方法有文献法、调查法、定量与定性分析法、个案研究法和比较法。

对于被动句的判定、被动句的分类以及部分语义特征，我们通过查阅相关文献，不断寻找一个较为合适的判定标准，还有部分方言的被动表达语料，也可以通过查找文献来获得。

对于一些方言中的被动表达方式方法的调查验证，包括被动标记的验证和相关词汇的调查验证等，我们是通过实地考察、电话咨询、微信聊天和问卷调查等方式，或单项方法或多项方法并用来进行的。

对于一些方言中的共性或者是差异性的表征，我们是通过对收集完的语料进行分类整理和统计，尤其是被动标记的数量和种类进行统计，得出哪些方言被动表达相似度高，哪些差异明显，从而对各方言的被动表达进行分析分类。

另外，本书重点采用的描述性研究法和比较法，是重点通过将已有的各方言被动表达的差异进行列举和描述，来展现各地方言被动表达在用词和句法语义上的差异，同时再通过各个层面和角度比较分析，得出它们的共性规律，真正做到"多边比较，多角考察"。

第五节　语料来源与相关说明

本书的语料主要源于：

各方言词典，地方志，各方言专著，论文和方言地图。

方言词典主要参照李荣（1991—1998）主编的《现代汉语方言大词典》分卷本。该词典涉及丹阳方言、东莞方言、南昌方言、南京方言、上海方言、太原方言、乌鲁木齐方言等42个方言点。另外还有许宝华、宫田一郎（1999）主编的《汉语方言大词典》。方言地图主要参考曹志耘（2008）主编的《汉语方言地图集·语法卷》。各方言专著主要参考鲍明炜、顾黔主编的"江苏方言研究丛书"，吴启主主编的"湖南方言研究丛书"，汪国胜（1994）《大冶方言语法研究》，钱乃荣（1992）《当代吴语研究》，阮桂君（2006）《宁波方言语法研究》等方言研究专著。地方志主要参考了《安徽省志·方言志》《广西汉语方言志》《北京方言志》《费县方言志》《霸州方言志》《苍山方言志》《黄梅方言志》《宁阳方言志》《温州方言志》《黔东南方言志》《莱州方言志》《沂州方言志》《缙云县方言志》《莒县方言志》《阳新方言志》

《通山方言志》《萍乡方言志》等。

  本书大部分方言例句源于公开发表的期刊或专著中的例句，有些例句出自方言志。还有少量例句是笔者自己实地调查的内容，主要是河南方言和湖北方言等。

  此外，本书凡需注音的，一律采用国际音标标注，音标外加方括号"［］"，调值一律在音节右上角用数字表示，"□"□代表不知本字且不易写出同音汉字。引文中保留原来的注音符号。

  本书所有例句使用楷体，与方言例句对应的普通话解释均使用六号楷体字附于例句后，例句出处外加圆括号"（）"附于例句后。例句句首标"＊"的，表示该例句不成立。

第二章 被动式概说

本章主要探讨汉语被动式的判定、产生原因及语义和形式的特点。

第一节 被动式的判定

本书所说的被动式主要指的是被动表达,既包括"被"字句,也包括其他表示被动的方式或句式。被动式一般有显性和隐性两种。所谓显性被动式,是指具有显著的被动标记,从句子形式上就可以直接看出主语是被动的形式。所谓隐性被动式,是指一般没有被动标记,只能从意义上理解被动含义,通过语义分析出主语是谓语动词的受事。

关于被动式,学界大致从三个角度进行界定,也就是语义角度、句法角度、句法语义相结合的角度。

(1) 从语义角度看来,以施受关系为界定标准。王力(1981)说道:"谓语所叙述的行为系施于主语者,叫做被动式。例如'你被他打了','你'是主语,而'打'的行为是施于'你'的。"[1] 因此,他给"被动式"所下的定义就是:"凡叙述词所表示的行为为主位所遭受者,叫做被动式。"[2] 北京大学所编写的《现代汉语》(1993:310-311)一书中则认为:"主语对谓语来说,有的是受事。在汉语中,主语是受事的句子就是被动句。"[3] 该书还说明了汉语的受事主语句的两个特点,一是主语所指的事物总是确定的,或是泛指的。二是谓语往往是复杂的,即谓语不能是单个动词。屈哨兵(2004)指出,被动表述的核心

---

[1] 王力:《中国现代语法》,商务印书馆1985年版,第87—88页。
[2] 王力:《中国现代语法》,商务印书馆1985年版,第92页。
[3] 北京大学中文系:《现代汉语》,商务印书馆1993年版,第310页。

是"动（动作——动词）"，被动表述的基础是被动观念，即使现实的语言表达中施为者可不出现，但在被动观念中施为者一定存在。

（2）从句法角度来看，重视句子形式标准特征。饶长溶（1990）认为："'被'字句是指以介词'被'为标志的一种句子。介词'被'不能单独成句，带了宾语也不能成句，还必须后有动词性谓语才成句。"① （认定'被'是介词）；邢福义则认为："'被'字句式也叫'被'字句，是以被为字眼标志的句式。"邢福义的观点是典型的依据标记形式来进行判断的观点。②

（3）从句法和语义相结合的角度来看，胡裕树（1995）认为"被"字句是"以'被'作状语的句子，用介词引进施事（主动者），同时指明主语是受事（被动者）"③ 的句子。黄伯荣、廖序东（2007［1991］）认为："被"字句"是指在谓语动词前面，用介词'被（给、叫、让）'引出施事或单用'被'的被动句"④。张兴旺（2008）认为，被动式重在强调突出句子中的受事成分，使句子有更为明显的受事性，因此要以语义作为界定被动式的主要依据，也要以句法作为参考依据，尤其是在标志性被动句中，介词及其宾语充当句中状语这一句法特征更为重要。

需要注意的是，目前众多学者在给划分被动句和"被"字句进行概念界定时大多都将"被"字句与被动式分别定义，大都认为有"被"字的并不等同于被动式，两者是不同的概念。

目前来说，单纯地从语义或者单纯地从句法角度来对被动式进行划分和界定可能并不能囊括所有的被动式类型，因此判断是否是被动式，还需要寻找新的视角。

结合前人的观点和本书需要，我们把被动式的判断分为两个层面，一个是有被动标记的被动式，一个是没有被动标记的被动式。不过不管是有标被动还是无标被动，它们都有一个共同的特征：主语与谓语之间的关系是被动关系，主语是谓语动词所表示行为的被动者、受事者，而

---

① 饶长溶：《把字句、被字句》，人民教育出版社1990年版，第60页。
② 邢福义：《汉语语法三百问》，商务印书馆2002年版，第188页。
③ 胡裕树：《现代汉语》，上海教育出版社2011年版，第336页。
④ 黄伯荣、廖序东：《现代汉语》，高等教育出版社2007年版，第88页。

不是主动者、实施者，从语义关系上说谓语动词前面是受事主语而不是施事主语。这有别于常规的"施事+谓语+受事"的主动表达，而且在常规的主动表达中施动者往往在话语过程中省略，而在被动式中施事一般不省略。另外被动表达的方式和常规的表达方式的区别还在于，一般被动式用介词（被、给、叫、让）或短语等被动标记引出施事。相对于主动式来说，被动式是一种经过再加工的关系表达，并非常规表达，根据乔姆斯基转换生成语法的理论，一种常规句法位置要进行非常规变换时，往往会添加一定的标记以凸显，所以这里的是否含有"被动标记"是主动表达和被动表达的一大区别。

对于被动式的判定我们采取了形式和意义相互结合的方式，其中有标被动式，必须满足以下两个条件：

条件1：在形式上，有被动标记，且被动标记引介动作发出者。

例如："我被青春撞了一下腰"。这里有典型的被动标记词"被"，而且"撞"的施事者"青春"出现了。当然有被动标记，也不一定是被动式，比如："这些学生都被就业了。"这里"被就业"的意思就是本来没有就业却被标记为就业了。这种情况还有很多，比如"被结婚"（本来没有结婚，结果被说成是结婚），这些有"被"字的句子都不属于被动句。

条件2：谓语动词前后所关联的语法成分在语义关系上是受事和施事关系，且施事能被被动标记引介。

比如，"正说着，被西门庆房中咳嗽了一声，雪娥就往厨房里去了"（兰陵笑笑生《金瓶梅》）。这里有被动标记"被"，但是谓语"咳嗽"所关联的句法成分并不是施事和受事关系。再比如"他真叫人们喜欢"，这里也是有被动标记介词"叫"，表面上，这一句式非常符合被动式典型句式"受事主语+介词+施动者+谓词"，但是其实"喜欢"所关联的"他"和"人"的关系并非施受关系。这句话还原成常规表达是"人们喜欢他"，这里"喜欢"所接语法成分构成的语义关系其实是施事和对象的关系，而非施事和受事的关系。

关于受事和对象的语义关系类型，我们可以用句法变化来区别。一般情况下受事可以用"把"来提前。比如"我吃饭"可以说"我把饭吃了"。而"我喜欢你"不能说"我把你喜欢了"。可见这里"喜欢"

所接的宾语不是受事，因为受事一般是指受到动词的影响，并且具有一定的处置性。而对象，具有一定的"致动性"和"弱受动性"。比如"我喜欢你"中的"你"其实是导致"我"产生"喜欢"这种行为的，即使这句话能够转换成"你让我很喜欢"这种类似被动表达的句式，但经过这种转换后"你"在句式中的致动性更明显，甚至可以理解为一种动作发生的原因，而不是谓语作用的对象了。

对于无标被动式来说，我们认为它的判定必须遵守以下两个必要条件：

条件1：在形式上，谓语所支配的受事放于谓语动词前。

例如："菜炒好了"。这里虽然没有典型的被动标记词"被"，但谓语"炒"的受事"菜"放在了谓语动词前。

条件2：语义上，谓语动词所连接的语法成分是施受关系。

杀人犯抓住了/杀人犯人们非常憎恨

这里只有"杀人犯抓住了"是被动式，后面"杀人犯"和"憎恨"间的语义关系不是施事和受事关系，而是施事和对象的关系。

另外，对于被动句，我们可以分为传统的典型被动句和新型被动句。本书所研究的是典型被动句，其句法格式可以用下图表示：

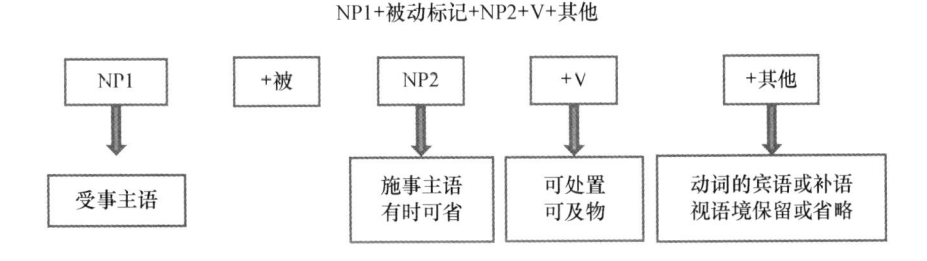

NP1+被动标记+NP2+V+其他

NP1	+被	NP2	+V	+其他
↓		↓	↓	↓
受事主语		施事主语 有时可省	可处置 可及物	动词的宾语或补语 视语境保留或省略

综上，我们认为，一种表达句式之所以能称为"被动式"，它一定满足谓语动词所连接的语法成分是施受关系，动词为可处置，有时施事主语放在被字标记词后，有时可以省略。

第二节 被动式的分类

关于被动式的分类，随着角度的不同，分的类也不尽相同。如从句法语义成分的完整性上，可以分为完全被动式和简化被动式；从形式上有无被动标记出发，可以分为有标被动式和无标被动式等。

吕叔湘、朱德熙（2002［1952］：83-84）把被动式分为完全的被动式和简化的被动式两类。若在一个被动式中，除了在前面出现受事成分外，"被"字后又出现施事成分，则为完全被动式。这一分类是根据被动式的句法结构是否完备来进行划分的。例如"敌人被我们打跑了"这个句子中，"动词"前的受事是"敌人"，出现在被动标记前，而除了出现受事外，施事"我们"又出现在了被动标记"被"后，所以这个句子是完全被动式。如果在被动式中只出现受事成分，施事成分未出现，则为简化被动式。如"菜上齐了"中的施事成分未出现，是一种简化被动式。两位学者同时认为在某些被动式中，"被"字可以不用。如"菜上齐了"一般不加"被"字。

吕叔湘（1980）除以上两种外，又补充进意念上的被动式为第三种。这种意念上的被动式多为口语中使用，且占比很大。意念被动式是指主语的被动性质只能从句子意思去理解，因为没有专门的被动词在句子中出现，因此没有形成真正表示被动的句式。这种意念上的被动式主要是根据主语和动词的语义关系来进行判断的，跟有无形式标记无关。比如现代汉语句子的"菜上齐了"就是属于这种意念被动式。实际上这一句中的"菜"是受事，因此这句意念被动式可以被译为"菜被上齐了"。又比如文言文《阿房宫赋》中的句子"戍卒叫，函谷举，楚人一炬，可怜焦土"。这一句中的"函谷举"，"举"为动词，要译为"被攻占"。由此可以看出意念被动式在形式上大体可以总结为"主语 + 动词"。

傅雨贤（1986）认为，被动式可以分为：有形式标志的被动式和没有形式标志的被动式。这完全就是从形式的角度，根据有无被动标记来进行分类。其中，有形式标志的被动式的标志词普通话中常见的有"被、叫、让、给"等，而汉语方言中常见的有"着、遭、挨"等。而没有形式的被动式主要指的是在被动表达过程中不需要借助被动标记词就可以被人们理解为被动的含义。如"菜上齐了"就没有借助被动标记来表达被动的含义，但是人们都知道"菜"是被"人"上齐的。同时，他也将遭受类动词作谓语的句子归入被动式中，遭受类动词有

"受"等，而且这类被动式一般都不需要借助被动标记来凸显被动含义。一般来说标记词有标示、凸显和强化语义功能的作用。严格意义来说遭受义和被动义是有区别的，但是在语义演变的过程中遭受和被动往往在语义上相关联，以至于在很长一段时间里，学界都认为之所以出现被动表达是为了凸显遭受义。有的人也将其看作主动态和被动态的区别，也就是当人们确定要选择被动表达时，多半是为了强调遭受不好的事情。从实际的语料来看，遭受类动词可以引导被动式。例如"李大钊遭到了敌人的迫害"这句话中其实就有被动式的典型特征，那就是受事提前作主语，这句话完全可以换成"李大钊被敌人迫害了"，这里的"被"不仅标示了被动表达形式，而且还强化和凸显了受事主语"李大钊"受到的影响，从这点上看，傅雨贤（1986）将遭受类动词作谓语的句子归入被动式中有其合理性。赵清永（1993）认为，被动式除了人们过去一直认同的一般意义上的被动式和"被"字句之外，还应该包括"被动动词句"，这种句子是由"受、遭"等遭受类动词充当谓语的句子。

安丰存（2007）很肯定地认为"被"具有动词的属性，汉语的被动式其实就是表示"遭受义"的句法结构，被动义就是"遭受义"附属义，这点有别于英语的被动表达。虽然"遭受"和"被动"语义有关联，但是我们需要明白的是，被动式不一定都是表示遭受义。例如"他被老师表扬了"这句话一般不能说成"他遭到老师的表扬"。

张兴旺（2008）认为，现代汉语的被动式，首先应分为标志型被动式和无标志型被动式两个大类；其次，标志型被动式又分为介标型被动式和动标型被动式两个次类；再次，介标型被动式又可细分为单介标被动式和双介标被动式两类，动标型被动式也可细分为单动标被动式和双动标被动式；最后，无标志被动式可分为相对无标志被动式和绝对无标志被动式两类。介标型被动式是指被动标志词由介词充当的被动式，单介标被动式则为只有一个介词充当标志的被动式，双介标被动式是指句子中有由一个介词和与之匹配的助词"所"作为标志的被动式。而动标型被动式是指被动标志词由动词充当的被动式。单动标被动式是指只有一个动词充当标志的被动式；双动标被动式则是指句中有一个动词和与之匹配的助词"所"充当标志的被动式。而无标志被动式是指被动式中无任何表示被动意义的标志词，只在意念上表示被动的被动式；相对无标志被动式是指可以加入标志词的被动式，绝对无标志被动式是指不能加入任何标志词的被动式。

以上基本是从形式上进行划分，如果从语义上划分的话，可以分为有遭受义的被动式和无遭受义的被动式。我们一般见到的被动式大多都是具隐含有遭受意义的，例如"我被人打了""他让人骗了""师傅叫妖怪抓走了"等。但是随着语言的发展也涌现了一批没有隐含遭受含义的被动式，例如"他被老师表扬了""这个场景让人记忆犹新"，当下随着网络的兴起，又涌现了一批新的而且也不含遭受义的被动式，例如"他又被代表了""逃犯被自首了"，这些分类标准有时候可以交叉。比如在有标被动式中也可以再划分为有遭受义的被动式和没有遭受义的被动式，在遭受义被动式中同样也可以分为有标被动式和无标被动式。

前人对被动式的划分可谓多角度、多功能。但是基本上都认可有标被动式和无标被动式，只不过在是否真的没有标记上产生了分歧。由于本书主要是考察汉语各方言的被动式，而在比较差异时主要是考察被动标记差异和句式差异，所以本书对被动式的分类主要是根据被动标记的差异进行划分。而被动标记有的是专用的，比如介词"被"，在现代汉语中，除了引介被动外，一般没有其他意义或者用法；而有的是临时充当被动标记，比如"让"，在现代汉语中"让"除了表被动当介词用以外，还有使令动词等用法，因此可以把"让"视为临时充当被动标记。之所以要这样区分，主要因为临时被动标记和专用被动标记在语法功能上是有所差别的。比如"被"字后面的施事有时可以省略，但"让"字后面的施事一般不能省略，如可说"行李被淋了"，不能说"行李让淋了"。

不过专用和非专用是需要在一定的语言背景下说的，有时候不同的语言背景这种属性会发生变化。比如虽然在现代汉语中，"被"是作为专用被动标记，但是在很多方言中，比如粤方言、赣方言区中，一般方言调查的语料显示，其方言系统中并没有"被"作被动标记的用例。相反，在现代汉语中一些临时的非专用的标记，在一些方言中却是非常常见的。比如"遭"在现代汉语中有时候充当临时的被动标记词，但是在湖南一些方言中却是专用的被动标记词。其实对于方言来说，现代汉语的一些临时被动标记在方言中很多都是专用的，而且由于方言一般是记录的语音，所以很多标记词之间的汉字转写表述有所差异，这样就不利于区分专用和非专用。因此对于方言的被动标记，我们不区分专用和非专用，尽量多地把不同语音和语调差异的被动标记进行归纳和整理，从而找出它们的功能差异和关联性特征。

第三节　被动式的成因

众所周知，汉语的基本表达语序是主谓宾结构，表达的是主语发出动作从而作用或者影响宾语。但是在有主动式的前提下，为什么会存在被动表达？比如当你以前说"张三打了小王"，为什么又说"小王被张三打了"？在汉语的形成发展过程中，被动式是如何形成的呢？

首先我们要梳理一下汉语被动表达的形成过程，然后再探讨其形成的原因。

王力在《汉语语法史》中明确指出："在原始汉语里，被动式是不存在的。"① 在先秦以前，被动式是不多见的。到了汉代才逐渐增多，到了唐宋，被动式不但更多，而且更加的多样化。

在上古汉语时期，有少数动词转换为被动的用法，如：

昔者龙逢斩，比干剖，苌弘胣，子胥靡。（《庄子·胠箧》）

西伯拘羑里，孔子厄陈蔡。（《论衡·感虚》）

这里的"斩""剖""胣""靡""拘""厄"在文中语境中都是被动用法，除这些语境外，这些动词自身也有主动的用法。有的人认为，这一时期出现动词表被动的用法不能看作被动式的出现。因为从形式上来看，其和主动式没有任何区别，类似"孙子膑脚"这种并没有将施事颠倒受事或者受事提前的情况。

有时候古人为了把施事凸显出来，会在动词后加一个"于"，例如：

故内惑于郑袖，外欺于张仪。（《史记·屈原贾生列传》）

廉颇者……以勇气闻于诸侯。（《史记·廉颇蔺相如列传》）

---

① 王力：《汉语语法史》，《王力文集》第11卷，山东教育出版社1990年版，第381页。

一般人认为这就是汉语最初的被动式,但是就连当时提出这个观点的王力先生后来也对此予以了否定。王力在《汉语史稿》中认为"于"是最初的被动表达方法,但是后来在《汉语语法史》中却认为,这类"于"字用法和引导处所状语的结构用法并无不同,只是借助处所状语来引进施事。并特别加注修正自己的观点:"过去我曾经认为这是被动式(《汉语史稿》中册420—421页),现在修正我的错误。"① 类似的,他也对古汉语中部分"可"表被动的情况进行了反驳。例如:

左右皆曰可杀,勿听;诸大夫皆曰可杀,勿听。(《孟子·梁惠王下》)

这里的"可杀"可以被翻译为"可以被杀",似乎有被动含义,但是"可"在这里主要是表示能愿式,所以也不能算作被动。

上古汉语中真正能认为被动式的是"为"字句和"见"字句,如:

不为酒困。(《论语·子罕》)

吾长见笑于大方之家。(《庄子·秋水》)

这里的"为"和"见"都可以理解为助动词,而且都是放在动词前表示被动。只不过"为"字句的施事者是放在了助动词和核心动词之间,而"见"字句的施事者则是一般放在"于"后。这个形式一直沿用到后代,直到汉代"见"才又出现主动用法。到了汉代以后,被动式有了新的发展,出现了两种常见的格式"为……所"和"被"字句。如:

吾悔不用蒯通之计,乃为儿女子所诈,岂非天哉。(《史记·淮阴侯列传》)

万乘之国,被围于赵。(《战国策·齐策》)

这里可以明显地看到"为……所"是由之前的"为"所演化而来,而"被"其实和"见"的功能一样。在《史记·屈原贾生列传》中有"信而见疑,忠而被谤",这里的"见"和"被"互文,都可以看作是表示被动的助动词。只不过"被"在当时还不经常和施事者同现,例如:

身完全者谓之洁,被毁谤者谓之辱。(《论衡·累害》)

---

① 王力:《汉语语法史》,《王力文集》第11卷,山东教育出版社1990年版,第383页。

石庆虽以谨得终，然数被谴。（《汉书·公孙策传》）

此时虽然"被"表示被动，但是却没有施事出现，整个句子还不能称为被动句，但是却含有被动式。明显这里的"被"不能省略，可以理解为助动词，省略后意思由被动变成了主动。

大约在汉末以后，才出现了"被"加施事的情况，如：

五月二十日，臣被尚书召问。（蔡邕《被收时表》）

亮子被苏俊害。（《世说新语·方正》）

这时虽然"被"后有施事了，但是此时的核心动词是没有宾语的，原因是受事已经成了主语，自然就不应该有宾语了。直到唐代才出现被动式既有受事主语，而且后面核心动词又后接宾语的情况。

娘子被王郎道着丑貌。（《卫女缘起变文》）

旋被流沙剪断根。（《王昭君变文》）

我们发现这个时期的被动动词后接的宾语其实和前面的受事主语构成有领属关系，也就是在这一时期所出现的被动式变体，主语其实是间接的受事者，而动词后面的宾语为直接的受事。这种既有主语又有宾语的被动式逐渐发展成我们现在所能看到的带真宾语或非常规宾语的被动形式。例如：

程宗楚、唐弘夫跨马迎敌，被黄巢放一箭。（《五代史平话·梁史》）

我被连长关了禁闭。

到了被动式的核心动词可以后接宾语的时候，被动式在形式发展上应该是到了一个句式非常完整、完备的时期，此时的句子无法再长，如果此时还要继续发展的话，在宾语这个范畴已经无法发挥了，那么除了宾语外还有什么可以作为动词后接成分呢？答案是补语，丁是几乎是从唐朝开始，也即是被动式的动词能接宾语时，出现了动词接补语的情况，而这一情况多半是以动结式的动补结构出现。

全忠被克用搏倒。（《五代史平话·梁史》）

诸葛亮今番被吾识破。（《三国演义·第九十回》）

自从这一结构兴起后，被动式的动词就不再单一，而是有了较为完整的表达，其语义变得更加完整，节奏也变得更加和谐，这一特性一直影响到现在。比如现在一些被动表达的动词很多都是动补结构。我们一般不说"我们被敌人打了",而常常说"我们被敌人打败了"就是基于这一点。

汉语被动式的发展,是随着时间的推移从无到有,从单一到复杂,从残缺再到完备的过程。

而从王力先生在《汉语语法史》中对"被动式"的发展历程描述以及对其所作的判断来说,不管语言如何发展,他始终都把是否有表达被动的标记以及是否有别于主动表达的语序拿来作为被动式判断的条件。从被动式的发展我们可以看到,不是因为词义的发展而带来的被动式,而是一种新的语法结构兴起时要采取相应的词汇形式来表现。通俗地说是句式的发展影响了词汇形式的发展。那么被动式究竟是如何产生的呢?我们在前人研究的基础上进行进一步探讨,认为汉语被动式的形成主要有以下几种原因:

第一,遭受义的固定化表达。主动和被动是事物的两个方面,这是从世界诞生起就存在的客观现象。但令人不解的是,大部分的被动式都表示遭受一些不幸或不愉快的事情。这就让人不得不思考被动式和遭受义的关系。尽管被动表达和遭受义之间并不能画等号,但是两者从诞生之初就有着千丝万缕的关系。王力在《汉语语法史》(1990:383)中通过充分调查语料和多方比较论证,得出"被动式的基本作用就是表示不幸或不愉快的事情"的结论,而"不幸和不愉快的事情"往往都可以用助动词"遭受"来连接。该书还基于汉语遭受义的演变过程,指出常用被动标记"被"等大都是从遭受义助动词演化而来的。至于为什么"遭受义"要选择被动式表达,还需要作一番探讨。比如"西伯拘羑里"这样的句子,本来就有"遭受义",为什么后来演变成我们习惯说的"西伯侯被囚禁于羑里"? 其主要原因,也许是这样的:主动和被动,一开始本来是对立的两个方面,因为早期的语言形式简单,文字数量较少,句式也较为单一,主动和被动在形式上并无区别;在上古汉语中的"遭受义"也采用了主动的句式来进行表达。后来随着词汇数量的增加,词义的扩张,句式也变得丰富多样,在这种情况下,主动和被动就容易分化为不同的句式来表达。立足于"遭受义"大都含有"被动义",于是就倾向于去选择一个有别于主动表达甚至是和主动表达差异最大的一个句式——"被动式",长此以往,被动式就成为表达不幸、不愉快等遭受意义的专用句式。事实上，并不是单向的主动变被动，被动义也可以以主动句形式出现。例如在上文举到的"程宗楚、唐弘夫跨马迎敌，被黄巢放一箭"中，"被"的词义就是遭受，这个句子总体是主动形式，只是在语义上表达了一个不幸的或不愉快的事情。因此我们可以说被动式之所以出现，其原因之一是遭受义固定化表达所形成的。

第二，随着语义描述从粗疏向精细化发展，要求出现凸显受事宾语的被动式。在主谓宾式的主动语态中，都是主语起到绝对的支配作用，包括支配谓语动词和宾语，甚至是整个句子。我们可以把主语比喻为主角，把宾语比喻为配角，配角一般都笼罩在主角的光环下。但是为了顺应语义表达的需求，我们有时候要把"配角"放在显著位置进行刻画描写，这样更能凸显"配角"，这一点也符合话题焦点的语用学原理。于是基于语言表达的需要，就出现了把宾语放在主语位置的句式。在这个句式中，以前的"配角"成了这一被动句式的主语，得到了强调，得到了更加细致的刻画。

第三，语义描述的缺失也是造成必须使用被动式的原因。对于一个动作的发生过程来说，一般有施事也有受事。在施事者未知时，必须使用被动式。例如在"凶手被抓住了"这一句中，只有受事者"凶手"和被动标记"被"，而没有施事者。如果想用主动句表达与这句相同的意思那是做不到的。在受事者确定时，必须使用被动式。例如"她被老师叫走了"这一句中，施事者是"老师"，受事者是确定的"她"。如果想要改成意义相同的主动句，显然是不可能的。因此可以这样说：在受事者确定时必须使用被动式，而不能使用主动句。

第四，情感因素也是造成必须使用被动式的原因。比如以下几种情况一般使用被动式：

（1）在句子针对受事者表达"不如意、不期望"等消极意义时，一般使用被动式。例如"手被刀划伤了"，句子中受事者是"手"，"划伤"这件事对"手"来说是不如意的、不被期望的。因此必须使用被动式才可表达这种不如意和不被期望的情感。

（2）在句子针对说话者、句子中的某种关系或无法言明针对的对象表达"不如意、不期望"意义时，一般使用被动式。例如"洪水把桥摧毁了",在这一句中施事者是"洪水",受事者是"桥",但无法言明这种不被期望的情感是针对谁的,而事件本身是不如意的,因此必须使用被动式"桥被洪水摧毁了"表明这种情感。再例如"钱被偷走了",这句话中虽然只出现了受事者"钱",但由于事件本身对于钱的所属者而言是不期望的,因此必须使用被动式。

不过以上说法也有例外。例如"她被调走了""孩子被逗乐了"这两句话,前面一句情感倾向不太明确,后面一句情感偏向积极的,但都使用了被动式。

第四节 被动式的语义特点

关于被动式的语义特征,一般学者都会认为被动式大都会带有一种"遭受""不如意"的意义,从语义的倾向性来说,倾向于消极的事情。

刘世儒(1956)在《语文学习》上发表论文《被动式的起源》,指出被动式传统用法就是表示"不如意"的语义特征,至于有的被动式可以表示愉快,他认为是受西文的影响。王力1957年在《汉语被动式的发展》中就提到:被字句在表义上有所限制,主要是表示那些对主语来说不愉快或不幸的事情,并指出这是汉语几千年来的习惯。丁声树(1961)在他的著作《现代汉语语法讲话》中也写道:"'被'表示一种遭受现象。"认为"被字句通常表达的是主语遭受到不幸、不情愿之事,并且产生了不良后果"。比如在现代汉语中我们并不说"书被看完了",却说"书被撕毁了"。主语"书"只有在遭受到不幸的事情时才使用"被"字句。李临定(1980)在20世纪80年代的时候对小说《骆驼祥子》作过统计,发现通篇102个被动式,没有一处是表示褒义色彩,表示中性的也只有20条。

由此可见,被动式的确有着较为明显的消极义的语义倾向。当然语言是变化发展的,随着网络和西方语言学理论的影响,多少会对被字句的情感倾向造成影响。我们随机调查了当下网络中1000个带有"被"的句子,被动式表示消极事情所占比例只有81.4%,可以说当前被动式表消极仍是较为常见的,但同时也说明被字句的表义较以前复杂,这个数字也说明目前被动式的语义并不是单一的,比如"他被逗乐了",

这里就表示积极语义倾向。

当前，被动式除了表示"遭受"等消极意义外，还可以表示积极意义和中性意义。

被动式表积极：

"被人记挂是幸福的。"（《文汇报》，2010.2.16，第3版）

我被老师表扬了。

被动式表中性：

21名车检员被分成了4组。（《光明日报》10.2.17，第2版）

书被我看完了。

这里需要注意的是，单独讨论被动式的语义特征，其特征不一定能凸显，因为汉语很多时候会有特例。只有在比较分析过程中，被动式的一些语义特征才会凸显。张伯江（2001）在比较"把"字句和"被"字句的时候指出，"被"字句还有强影响性、弱施动性和直接使因性。

此外随着被动式的发展，在当下一些新媒体语言中，还呈现出其他语义特征。这里主要说强迫义和否定义。

比如：

（1）强迫义

这种语义特征往往出现在当下一些网络媒体中，它是遭受义的进阶版，不仅表示主语遭受到了不好的事情，这种被动式是一种新兴的主观强加性贬义格式，往往还带有"强加""强迫"之意。

如：今天面试我被潜规则了。

支付宝大量用户被捐款，最高扣款6000元。

今年很多企业利用学生信息做劳务，很多高校学生被就业了。

这里的"被捐款"表示相关单位自动扣取用户钱财，这些用户在不知的情况下被迫捐款；而"被就业"是单位伪造了数据，导致这些学生在不知情的情况下被强加就业了。

（2）否定义

随着语言的发展，出现了一些新的被动式，这些被动式不仅没有遭受义，有时连被动含义也没有，有时表达语义复杂隐含有大量的潜在信息，有时又没有实际语义，只是具备一定的语用功能。这些新型被动式，在功能上一般是对后接成分的否定，而且含有一定的嘲讽义。

比如：

现在有些单位经济指标被增长了。

这里的"被"其实暗含有指标造假，本来没有增长，结果却增长了，实则是一种否定。

我明明在医院坐班，结果却有我的出诊记录，难道我被出诊了？

这里的"被"遭受的语义偏弱，总体从语用来说是为了强调被别人贴了出诊标签的无奈，同时也表达了对事实的否定，和对记录人的嘲讽。

第五节 被动式的形式特点

根据前人研究和调查，一般典型的被动式从形式上看都具备三个特点。

第一个形式特点是：一般典型被动式都会有被动标记，无论古代还是现代，被动式都会有相应的形式标志。

关于被动式的形式标志，学界进行了长期的探讨。可以说从古代到现代，以及各汉语方言的被动标记都有很多学者关注。关于被动式在古代的形式标志的考察相对较薄弱。何亮（2005）考察认为在古代汉语中，"等"字可表被动。朱英贵（2005）考察了"见""于""为"的在古代汉语中的被动表达，并指出古汉语被动式只能强调施动者和所施加的动作。王统尚（2019）在此基础上指出在先秦时期的被动标记主要有"见"字式、"为"字式，而且最早的被动标记是"于"，且被动标记最早出现不是在先秦时期，而是在春秋时期。

在古代汉语中，被动标记一般由介词充当，最开始是"于"介绍引进动作行为的主动者，如：

故内惑于郑袖，外欺于张仪。(《史记·屈原列传》)

这里的"惑"和"欺"后面都加了"于"，表示"被郑袖惑""被张仪欺"，如果不加"于"其所表达的意思完全相反。

除了"于"以外，还有"为""见""吃""被"等，如：

吴广素爱人，士卒多为用者。(《史记·陈涉世家》)

吾长见笑于大方之家。(《庄子·秋水》)

参佐无不被系束。(《世说新语·桓南郡好猎》)

几乎教我吃这大汉坏了性命。(《警世通言》)

予犹记周公之被逮。(张溥《五人墓碑记》)

这些词语中，有些是实词，例如"见"；有些一直是虚词，如"于"；有些是专用的被动标记词，如"被"；有的是临时的，如"吃"。

不过古代汉语中有些被动式没有形式标记，这主要是因为有些动词在语境中已经包含了被动的含义，比如：

蔓草犹不可除，况君之宠弟乎？(《左传·郑伯克段于鄢》)

这里的"除"本身是表示"除去"，但是在这个语境下是表示"被除掉"。这种被动式，由于植物名词做主语，不具备主动实施动作的可能，所以在这个特定语境下，基本能理解出被动的意思。

现代汉语中被动标记的表达显得较为单一，一般用"被"。

关于被动标记，对现代汉语普通话的形式标志的考察相对较多。赵元任（1979）认为表示被动标记的大多为介词一类。如"被、给、叫、让"四种。李珊（1994）认为表示被动标记的有七种，有"被、叫、让、给、为，被/让……给；为/被……所"。黎锦熙（1998）认为表示被动标记的有10种，分别是"被、为、为……所、见……于、由、让、任、给、叫、教"。陈昌来（2002）认为表示被动标记的介词大约有20来种，分别是"挨、捱、被、叫（教）、让、由、归、任、一任、任凭、任着、听、听任、听凭、随、于、为（为……所……）、令、给"等。我们看到随着对被动式研究的深入，被动标记也越来越多。但是这些被动标记情况各不相同，有些是临时的、比较少见的，且并不是所有情况下都作为被动标记；而有些是常见的，大多数情况下都是作为被动标记存在。因此，我们需要将被动标记进行相应的分类。比如屈哨兵（2004）认为表示被动标记的大多为介词一类。常用的大致有四种，即"被、叫、让、给"。关于被动标记的确定方法，乔莎莎（2015）认为对于被动式的标记的确定，可以从组合层面、聚合关系、分布范围、频率标准、意义标准、历史标准六个角度进行归纳。其中频率标准是区别有无标记、属于哪一类标记的最基本标准，因此在判定被动标记时以频率、意义为基本准则。被动标记词"蒙、由"等词也应该纳入被动标记的范畴。"由"和"蒙"的词性是介词，主要表示被动意义，受事在主语位置、施事在宾语位置，"由"和"蒙"引出了动作的发出者。有标记被动式中不仅可以表示被动义，还可以表示使役义。有标记被动式一般在口语和书面语中都有使用，更倾向于主观表述，而无标记被动式则多用于口语，倾向于客观表述。乔莎莎（2015）的观点比较新颖，她提出将被动式的判断标准进行分指标式的量化考察，同时运用此标准也将一些临时的被动标记纳入到了考察范围。

总之，被动标记成员众多，有实词也有虚词，有专属被动标记词，也有临时被动标记词。对于无标记词的被动句只是意念上的被动而已。

第二个形式特点是：句法格式上受事一般位于主语位置，且在动词前。

关于被动式的句法格式，我们作了个简单的归纳。

在古汉语中，被动式主要有 8 种句式。列表如下：

句式 1	NP1 + V + 于 + NP2（NP1 为受事、NP2 为施事）	先发制人，后发制于人。（《汉书》）
句式 2	NP1 + 为 + NP2 + V	卒为天下笑。（《韩非子》）
句式 3	NP1 + 为 + V	父母宗族，皆为戮没。（《战国策》）
句式 4	NP1 + 为 + NP2 + 所 + V	先即制人，后则为人所制。（《史记》）
句式 5	NP1 + 为 + 所 + V	不者，汝属皆为所虏。（《史记》）
句式 6	NP1 + 见 + V	举世皆浊我独清，众人皆醉我独醒，是以见放。（《楚辞》）
句式 7	NP1 + 见 + V + 于 + NP2	吾长见笑于大方之家。（《庄子》）
句式 8	NP1 + 被 + NP2 + V	臣被尚书召问。（《被收时表》）
句式 9	NP1 + 被 + NP2 + V + 其他	全忠被克用搏倒。（《五代史平话》）

在现代汉语中，由于被动标记词相对较多，不好一一统计归纳，我们仅以专用标记词"被"为例进行归纳，结果显示被动式的句法结构有 12 种，列表如下：

句式 1	NP1 + 被 + NP2 + V	小王正被焦虑折磨着
句式 2	NP1 + 被 + NP2 + V + NP3 为受事以外的宾语	弃婴并不是全部都被人送到儿童福利院
句式 3	NP1 + 被 + NP2 + V + 补语	小王一下子被民警摁倒了
句式 4	NP1 + 被 + NP2 + V1 + V2	小王被单位抽调去地铁采访
句式 5	NP1 + 被 + （NP2）+ V	小王被（谁）骗了
句式 6	NP1 + 被 + （NP2）+ V + NP3	小王被（法庭）判处三年有期徒刑
句式 7	NP1 + 被 + （NP2）+ V + 补语	电话被（群众）打爆了
句式 8	NP1 + 被 + （NP2）+ V + 连动	小王被（警察）送进看守所改造
句式 9	NP1 + 被 + （NP2）+ V + NP3	请假要被（单位）扣几百元
句式 10	NP1 + 被 + V + 补语 + NP2	周围的茅草被踩倒了一片
句式 11	NP1 + V + 被 + （NP2）+ 连动	小王不喜欢被（人）牵着走
句式 12	被 + （NP2）+ V + 其他	被身边的人这样一说，我心里很不是滋味

在汉语方言中，被动标记的种类和数量更多，我们以"K"来表示被动标记词，发现方言的被动式的句法结构更为复杂，而且还出现有多种标记词混合使用的情况。经统计大致有如下 14 种情况。列表如下：

句式 1	NP1 + K + NP2 + V	她干遭人家脏死 贵州遵义方言：她总是被人家讽刺
句式 2	NP1 + K + NP2 + V + 时体成分	他叫北大录取了 安徽阜阳方言：他被北大录取了
句式 3	NP1 + K + NP2 + V + NP3	其讨尔只狗咬呱一口 湖南洞口方言：他被那只狗咬了一口
句式 4	NP1 + K + NP2 + V + 补语	好多家洋芋都遭霜榨死了 贵州黔西方言：好多土豆都被霜给榨死了
句式 5	NP1 + K + NP2 + V1 + V2	你们啊手机着他拿去录音了 贵州遵义方言：你们的手机被他拿去录音了
句式 6	NP1 + K + V	你着拿倒没有？贵州遵义方言：你被发现没有？
句式 7	NP1 + K + V + 时体成分	钢笔着写烂了 四川筠连方言：钢笔被写烂了

续表

句式 8	NP1 + K + V + NP2	教室的课桌叫抬走咧五个 陕西西安方言：教师课桌被抬走了几个
句式 9	NP1 + K + V + 补语	渠得保送到北大去了 江西南丰方言：他被保送到北大去了
句式 10	NP1 + K + V1 + V2	他着喊起去做活路了 贵州遵义方言：他被喊起来干活去了
句式 11	K + V + （NP2）+（其他）	反正不得饿措了，啊阵吃糠壳都过来了 贵州岑巩县方言：反正不会被饿了，那时候吃糠壳都过来了
句式 12	NP1 + K + NP2 + 把 + NP3 + VP	他着刀把手剁着 湖南黔阳方言：他被刀子把手给砍伤了
句式 13	NP1 + K + 把 + NP2 + VP	他着把手剁着 湖南黔阳方言：他的手被砍伤了
句式 14	NP1 + 把 + NP2 + K + NP3 + VP	妈把脚着水烫倒了 四川筠连方言：妈妈的脚被水烫了

从上表中，我们可以看到方言的被动式大部分和现代汉语有重合，只不过多了一些和其他标记词套用的现象。无论被动标记词单用或套用，受事在动词之前这一点都没有改变。

从上面所举例子来看，无论是古代还是现代，还是方言，如果受事不省略的话，那么汉语被动式的句法结构中受事一般位于主语位置，且与动词的相对位置都是一前一后。其实这些句式都可以抽象为一种：NP1 + 被动标记 +（NP2）+ V +（其他）。

第三个特点是：被动式可以和其他句式混用结合，并大多接于动词后。

在古代汉语中，就有被动式和使成式混用结合的情况。如：

全忠被克用搏倒。(《五代史平话·梁史》)

诸葛亮今番被吾识破。(《三国演义·第九十回》)

这些使成式多作为动词后的补语呈现，一起构成了动补结构。

除了使成式外，被动式还可以和连动式结合。如现代汉语的一些例子：

蜜蜂被小王赶跑了。

护卫者数十人都让小王打趴下了。

这些联动式也是多作为动词后的补语呈现，一起构成了动补结构。

另外被动式还可以和处所状语相结合，并且还可以同时和使成结构或联动结构结合，也是位于动词后，比如一些汉语方言中的例子：

湖北大冶：这个伢让渠爸领到屋里去了。这个小孩子被他爸领到家里去了。

这个例句中，动词"领"后接处所补语"到屋里"，并且后面又接趋向补语"去了"，又和连动式进行了结合。

以上古代汉语、现代汉语和汉语方言的事例证明，汉语的被动式可以和其他句式混用，而且一般在动词后增加句法成分，通过补语的形式和其他句式结合。

第三章 汉语方言被动式的句法结构

第一节 共同语被动式句法结构及其特点

关于普通话中的被动式,我们前文已经界定过,这里主要探讨典型汉语普通话中被动式的句法结构和特点。

一 有标被动式句法结构及其特点

根据前文,对于典型的有标被动式句法结构,总的可以用下面的被动公式表示:

NP1 + 被 + (NP2) + V + X

如"小王被小李打死了""小李被小王撞了一下肩膀"。

这里的 NP1 和 NP2,一般前者是受事,后者是施事。在实际的语料考察过程中,我们发现,在有标被动式的典型句式中,"其他"部分可以不出现,但这种"其他"部分不出现情况相对较少。而在"其他"成分出现时,其内部成分比较复杂。

首先,我们来看"其他"部分缺失的情况。如果"其他"不出现,此时的谓语动词成了光杆动词,也就是前无状语、后无补语和动态助词,没有任何附加成分的动词,动词后面完全没有任何句法成分,我们可以表示为:

(1) NP1 + 被 + (NP2) + V(谓语动词后不接句法成分)

他牺牲后<u>被敌人剖腹</u>,胃里没有一粒粮食,只有野草、树皮和棉絮。(《人民日报》,2005)

当经济基础发生变化或被消灭时，它的上层建筑也要随之变化或被消灭。（张静《语言简论》，1995）

婴儿随机的自然咿呀发音如果近似母语中的词，母亲就会报之以微笑或鼓励，而无意义的发音则被忽视。（朱曼珠《心理语言学》，1990）

这种"其他"不出现，即只有光杆动词的情况并不多见。我们搜索了北大 CCL 语料库，在检索的 435131 个"被"字句中，按一定规则粗略统计出"被"字后接光杆动词的句子只有 43691 个。据此统计，"被"字句中带有光杆动词的出现概率在 10% 左右。

在对外汉语的初级教学中，很多教师和教材强调"被"字句动词后面的附加成分必不可少，但是实际语料中还是有大概 10% 的光杆动词被字句存在。光杆动词被字句能够出现的原因，光杆动词被字句的存活条件，学界很多学者有过相关论述，如彭淑莉（2009）、唐淑宏（2010）等，其大致原因是和动词、结构、句式、状语的位置、语篇等因素有关。由于这不是本书研究重点所在，所以就不再赘述。

然后，我们重点分析"其他"部分出现的情况，当"其他"部分出现时，成分比较复杂。

"其他"可以是时体成分，如：

（2） NP1 + 被 + NP2 + V + 时体成分

她也许是被希望鼓舞着，也许是被焦虑折磨着。（巴金《春》）

100 多年前的不同民族、不同信仰、不同党派的墓地都保存下来，作为历史的艺术品至今被人们欣赏着。（《人民日报》，1993）

几十年来，有一位在近现代中国文学史上占有重要地位的人物和他的作品似乎被人们忽略了。（《人民日报》，2002）

"钳工王"的尊称，从此跟定了他。他的本姓，倒渐渐地被人们淡忘了。（梁晓声《钳工王》）

那个小不点果真充满魔力，不但舒毅的心被她俘虏了，连老爸那副臭脾气也能被收服，他大哥果然没看错人。（于晴《嗨！偷心俏佳人》，1994）

少爷是个好人，虽然严厉了些，但对任何人都不错，像我们这些下人就从来没被少爷欺负过。（苏缇《寒风弄月》，1999）

我起身打量着院子，干干净净的，显然被人收拾过了，人来人去的痕迹都没了。（余少镭《现代聊斋》，2002）

如果林立鹤发现了钢钉被人改动过了，一定会想到她头上。（司马紫烟《荒野游龙，1988》）

"其他"可以是宾语，如：

(3) NP1＋被＋NP2＋V＋宾语

他被扣上了一顶"一个做资本主义黄金美梦的走资派"的大帽子，差不多整整十年被剥夺了工作的权利。（梁国伟《北方文学·金矿的雪夜》，1978）

苗如玉笑道："却不知阿吉是否被狗儿咬了裤子。"（李凉《江湖急救站》，1980）

"其他"可以是补语：

(4) NP1＋被＋NP2＋V＋补语（＋时体成分）

罪犯一下子被民警摁倒了。（《人民日报》，2014）

我从来不去管别人说什么，从小就这样，也是被妈妈骂坏了。（文夕《海棠花》，1997）

他被敌人包围在平山县温都村后的一座山上。（许世平《中国青年·活跃在抗日战场上的华北青年》，1950）

"其他"可以是补语加宾语：

(5) NP1＋被＋NP2＋V＋补语＋宾语

一个社员被毒蛇咬伤脚趾。（《文汇报》，1971）

八年来晋察冀边区的人民（军队除外）被敌人杀死了三十七万七千多人。（许世平《中国青年·活跃在抗日战场上的华北青年》，1950）

"其他"还可以是连动结构：

(6) NP1＋被＋NP2＋V1＋V2（谓语动词后接连动结构）

他被抽调去地铁采访。（《人民日报》，2014）

目前港澳信托已被中国人民银行撤销并进行清算。（《人民日报》海外版，2000）

涉暴力致死非洲裔男子美科州警察等5人被诉过失杀人。（《人民日报》，2021）

日本8月31日新增确诊病例1万7713例，绫濑遥被确诊住院治

疗。(《人民日报》,2021)

人民来论：这些被下架的输入法该醒醒了（《人民日报》,2021）

马里过渡总统和过渡总理被军人带至军营以商讨新一届过渡政府成员名单。(《人民日报》,2021)

两员工违反防疫规定被解雇后分别起诉公司索赔（《人民日报》,2021）

我们还发现，对于典型被动式中，动词 V 的施事 NP2 有时可以省略，比如：

(7) NP1 + 被 + V（+时体成分）

老人被骗了。(《人民日报》,2014)

二四村佃户，被剥削着。(《人民日报》,1947)

当 NP2 省略时，"其他"的成分构成不受影响，以上宾语、补语和连动结构都可以搭配。如下面几个句式：

(8) NP1 + 被 + V + 宾语（+时体成分）

他的账上被扣几百元钱。(《人民日报》,2014)

违禁商品被没收了两车。(《人民日报》,2014)

(9) NP1 + 被 + V + 补语（+时体成分）

伊鸣都被管制三年。(《福建日报》,1984)

电话被打爆了。(《人民日报》,2014)

水平落后的企业，将逐步被淘汰出局。(《人民日报》,2014)

苏福康被打得鼻青眼肿。(钦志新《瓦砾滩》,1991)

(10) NP1 + 被 + V + 补语 + 宾语

证人被判处三年有期徒刑。(《人民日报》,2014)

他们在豁口找到了那座废垒，发现废垒周围的茅草被踩倒了一片。(杨明礼《护宝记》,1975)

(11) NP1 + 被 + V1 + V2（谓语动词后接连动结构）

他被送进看守所改造。(《人民日报》,2014)

白旗子被劈成几段飘落在地上。(张正元 杨明道《山花·小红军》,1960)

一般情况下，动词 V 的受事主语不会省略，但有时也会出现承前省略或蒙后省略的情况，如：

(12) 被 + (NP2) + V + (其他)

傅玉兰本来是个农家孩子，但因年岁小，力气弱，不能满足婆婆孙傅氏对她的无理要求，因此引起婆婆的百般虐待，拿她不当人看待。五年的期间，无时不<u>被折磨着</u>。(《人民日报》，1950.4.26)

<u>被身边的人这样一说</u>，我心里很不是滋味。(百度知道)

前一例，"无时不被折磨着"之前省略了"她"（傅玉兰），属于承前省略；后一例，"被身边的人这样一说"之前省略了"我"，属于蒙后省略。

再比如：

2014年，伍国强作为专业技术人才，第一次参加短期援藏，又回到他心中牵挂的那片土地。今年已经是他第四次短期援藏。他技术精湛，辛勤付出，默默奉献，赢得了藏区群众广泛赞誉，<u>被亲切地称为"藏族同胞的好兄弟"</u>。(《人民日报》，2021)

"被亲切地称为"之前省略了"他"（伍国强），属于承前省略。

<u>被美国"驱离"</u>，我看到"一院之隔，两个美国"。(《人民日报》，2020)

"被美国驱离"之前省略了"我"，属于蒙后省略。

以上各类格式的谓语动词前均可以添加状语，而状语的构成又形形色色，情况复杂，我们这里没有把状语成分单独显示出来。

对于典型被字句的成分省略现象，我们统计了2014年的《人民日报》语料中38443个带有"被"字组合。大致情况如表3.1所示：

表3.1　　　　　　2014《人民日报》"被"字结构统计表

	"被"前受事主语省略	"被"后施事省略	"被"后"其他"省略
数量	2789	6497	15839

从以上数据发现，"被"前受事主语省略的情况只有7.25%，而"被"后施事名词省略的情况占到了16.9%。另外"其他"成分省略的情况为41.2%，这说明被字句的受事主语省略现象是比较少见的。

此外还有一些非典型的特殊被动式的句法结构：

（1）V1 + 被 + V2 +（其他）

这类被动式中，"被"直接出现在动词之前，NP2 不出现，"其他"可以是动词所接的宾语、补语等。

请假要被扣几百元。（《人民日报》，2014）（"其他"为宾语）

嫖娼被抓要被羞辱死。（《人民日报》，2014）（"其他"为补语）

（2）NP1 + V + 被 + NP2 + V +（其他）

这类被动式句法结构的特殊之处在于"被动句"做了全句的宾语成分。

他不喜欢被人诬陷。（《人民日报》，2014）

（3）NP1 + 连动 + 被 + NP2 + V +（其他）

他还直言不喜欢被大家称赞性感。（《人民日报》，2014）（"其他"为补语）

他强调喜欢被人称为帅哥。（《人民日报》，2014）（"其他"为宾语）

通过考察分析，我们认为在现代汉语普通话的典型被动式中，受事主语名词一般不可省略，施事名词和动词后接成分可以省略，且动词前后的名词可以同时省略。动词的后接成分一般为动词的宾语、补语或者是跨层结构（连动）。此外，普通话中"被"前后都可以接谓语动词，且存在有主动被动共现的句子。

二 无标被动式句法结构及其特点

对于普通话中的无标被动式，在前一个章节已经说到，我们基本可以用如下的无标被动公式表示：

NP1 +（NP2）+ V + X

这里的 NP_1 和 NP_2，分别是动词 V 的受事和施事，施事前添加"被"后依然可以说通，有时候施事可省。如："苹果我吃了"可以加一个"被"变为"苹果被我吃了"，而且还可以省略，施事变成"苹果吃了"依然说得通。

无标被动式中的"其他"成分同有标被动式一样，一般也会由动词宾语、补语或者连动结构来充当。

例如：

a. 苹果我吃了一斤（"其他"充当宾语）
b. 苹果我吃太多了（"其他"充当补语）
c. 孩子我送去学校学习了（"其他"为连动结构）

这里第三个句子有点类似受事主语句，但是只有第二句加了"被"后说不通，其余都可以说通，比如"苹果被我吃了一斤""孩子被我送去学校学习了"。

第二节　方言无标被动式的句法结构

方言中的被动式受汉语共同语、古代汉语、近代汉语的综合影响，存在有多种被动标记的被动式表达和无标记被动表达。我们根据被动式中施事的隐现分为两类（施事、受事同时出现的情况和只有受事出现的情况）来讨论，也即是（1）NP1 + NP2 + V +（其他）和（2）NP1 + V +（其他）。此外某些方言中还有 V + NP1，这种形式是主动语态表示被动，我们在这节都会分别讨论。

一　NP1 + NP2 + V + X

这里的"V"是核心动词，"NP1"一般是核心动词所支配的受事主语，"NP2"是核心动词的施事，这种句法结构中受事和施事同时出现。对照共同语的相应句式，也应该有"NP1 + NP2 + V + 宾语（＋时体成分）"、"NP1 + NP2 + V + 补语（＋时体成分）"、"NP1 + NP2 + V + 连动（＋时体成分）"、"NP1 + NP2 + V + 时体成分"四种情况，这四种情况中"V"后面出现的，包括宾语、补语、连动以及时体成分在内的其他成分，我们一并用"X"代表。下文"NP1 + V + X"中"X"，与这里的"X"作用相同。

下面分别说明这四种情况：

（1）NP1 + NP2 + V + 宾语

福建福州：鱼猫仔偷食去三尾。_{鱼猫偷吃了三尾。}（陈泽平，1998）

（2）NP1 + NP2 + V + 补语（＋时体成分）

湖南临武：书阿弟弟撕坏的。_{书被弟弟撕坏的。}（《汉语方言语法类编》）

浙江温州：茶杯渠打破爻罢。茶杯被他打破了。（潘悟云，1997）

（3）NP1＋NP2＋V＋连动（＋时体成分）

湖北武汉：细伢我送去学校学习了。小孩我送去学校学习了。

（4）NP1＋NP2＋V＋时体成分

陕西合阳：苹果虫咬咧。苹果被虫咬了。（邢向东、蔡文婷，2010）

在方言考察过程中，我们发现很多方言中的被动表达如果施事和受事同时出现时，一般中间要添加"被动标记"。比如在西充方言中，有无标记两种被动式在西充方言中都存在，不过，无标记被动式远不如有标记被动式常用，如果句中受事、施事都出现，西充方言一定要用被动标记，如"鱼被猫吃了"，西充话一般不说"鱼猫吃了"，而是说"鱼给猫吃咯"，这里"给"就是被动标记。

这样的情况在洛阳话、烟台话中也经常出现。比如在洛阳话中，人们表达"老鼠被猫吃了"一般说"老鼠叫猫吃了"，而不说"老鼠猫吃了"；在烟台话中，人们表达"我被他打了"一般说"我叫他打了"，而不说"我他打了"。

另外，我们还在一些方言中发现了一种带有明显被动义的句式，但是这种句法形式在普通话中很少出现，不属于典型被动式：

（1）NP1＋V＋NP2（施受颠倒）

河北昌黎：这个小马没骑过人，你小心着点儿骑。这个小马没有被人骑过，你小心点骑。（河北省昌黎县县志编纂委员会，1984）

这里的"小马没骑过人"其实是"小马没被人骑过"，只不过这时候的"施事"和"受事"的句法位置和常规句法位置颠倒。

（2）NP2＋NP1＋V（施受同向，类似日语 SOV 结构）

福建福州：我只本书看完了。这本书被我看完了/我这本书看完了（陈泽平，1998）

这里很显然不是汉语常用句式，从主动和被动表达的角度看也比较纠结，既是主动态表达，也可以理解为被动。

二　NP1＋V＋X

对于施事省略的无标被动式，我们可以根据动词后接成分的隐现情况分为两类，一类是"NP1＋V"，另一类是"NP1＋V＋其他"。

这两类在各地方言中都比较常见，如湖北鄂州方言表达"碗摔了""碗摔碎了"可以分别说成"碗打了""碗打碎了"。具体我们考察出 NP1 + V +（其他）在现代汉语方言中分化为以下几种句式：

（1）NP1 + V + 时体成分

福建福州：只片电影看过了。这部电影看过了。（陈泽平，1998）

（2）NP1 + V + 宾语（+ 时体成分）

湖北宜昌：鱼钓起来一斤。鱼被钓起来一斤。（丁爱玲，2019）

（3）NP1 + V + 补语（+ 时体成分）

上海：茶杯打破脱嘞。茶杯被打破了。（王双成，2009）

浙江温州：茶杯捣破爻吧。茶杯被打破了。（王双成，2009）

贵州岑巩：肩膀咬得青痛。肩膀被咬得很痛。（肖亚丽，2015）

（4）NP1 + V + 连动

湖北武汉：细伢送去学校学习了。小孩送去学校学习了。

三　V + NP1

根据汉语常规语法表述习惯，在汉语主动态的表述中，施事一般位于动词前，而受事位于动词后，优先处于宾语位置，根据西方转换生成语法的观点，处于优势句法位置的语法成分一旦移位就会有相应的句法标记来凸显。但是在很多方言中，会存在一些利用主动语态表述格式来表述被动的现象。比如：

贵州遵义：水太冰了，好僵手。水太冰了，手被冻到。（胡光斌，2010）

湖北宜宾：这次疫情啊，还不是遭了好多当官的。这次疫情啊，还不是好多当官被处治了。

第三节　方言有标被动式的句法结构

一　单用格式

有标被动式的单用格式指的是只有一个被动标记，且整句除了一种被动表达外，没有类似处置式夹杂的表达。由于方言中的被动标记比较复杂，这一章我们统一都用字母 K 表示。

我们考察发现，方言中带有被动标记的被动表达单用句式，可以根据被动标志出现的位置,分两种情况,一种是被动标志带宾语出现在体词性词语之前,另一种是被动标志不带宾语出现在谓词性词语之前。被动标志带宾语出现在体词性词语之前的有以下几种:

(1) NP1 + K + NP2 + V(谓语动词后不接句法成分)

贵州遵义:她干遭人家脏死。她总是被人家讽刺。(胡光斌,2010)

广西昭平:佢揰人屋笑。他被人家笑。(龚先美,2017)

四川西充:弄大凯人还着一伙儿娃儿抢。(这么大人还被群孩子抢。)(王春玲,2011)

(2) NP1 + K + NP2 + V + 时体成分(谓语动词后接时体成分)

安徽阜阳:他叫北大录取了。他被北大录取了。(焦继伟,2019)

湖南洞口:锄头讨草埋呱哩。锄头被草埋掉了。(胡云晚,2010)

四川攀枝花:老表叔家昨晚辰着贼娃子偷了。表叔家昨天被小偷偷了。(兰玉英等,2011)

(3) NP1 + K + NP2 + V + 宾语(谓语动词后接宾语)

贵州遵义:他太讨嫌遭他妈铲了火耳。他太调皮被他妈扇了耳光。(胡光斌,2010)

湖南洞口:其讨尔只狗咬呱一口。他被那只狗咬了一口。(胡云晚,2010)

湖南益阳:他拨别个弄咖三千块钱。他被别人骗去三千块钱。(徐慧,2001)

(4) NP1 + K + NP2 + V + 补语(谓语动词后接补语)

贵州黔西:好多家洋芋都遭霜榨死了。好多土豆都被霜给榨死了。(肖亚丽,2015)

湖南洞口:楚平着王师傅关呱一夜。楚平被王师傅关了一夜。(胡云晚,2010)

四川攀枝花:昨晚夕她着老师表扬了一台。昨天晚上她被老师表扬了一顿。(兰玉英等,2011)

(5) NP1 + K + NP2 + V1 + V2(谓语动词后接连动结构)

贵州遵义:你们啊手机着他拿去录音了。你们的手机被他拿去录音了。(胡光斌,2010)

贵州遵义:她那天遭雨淋了后就害了一场大病。她那天被雨淋后生了一

场大病。（胡光斌，2010）

江西南城：恁崽上课眠畀阿畀喊［çiaŋ51］来［fai11］站。你儿子上课睡觉被我给叫醒来罚站。（周迪，2015）

被动标志不带宾语出现在谓词性词语之前的有以下几种，比如：

（6）NP1 + K + V

贵州遵义：你着拿倒没有？你被发现没有？（胡光斌，2010）

（7）NP1 + K + V + 时体成分

四川筠连：钢笔着写烂了。钢笔被写烂了。（徐静，2018）

四川成都：自行车着偷了。自行车被偷了。（张一舟等，2001）

山东莱州：衣裳给撕破了，牙也给打出血了。衣裳被撕破了，牙也给被出血了。（钱曾怡，2005）

（8）NP1 + K + V + 宾语

贵州毕节：田里谷子都着偷去三十多斤。田里谷子被偷去三十多斤。（明生荣，2007）

贵州遵义：他和人家打架遭划了几路。他和人打架被划了几道伤痕。（胡光斌，2010）

陕西西安：教室的课桌叫抬走咧五个。教师的课桌被抬走了几个。（兰宾汉，2011）

（9）NP1 + K + V + 补语

贵州岑巩：这个杆杆没稳，我觉得我要着吹起跑。这个杆不稳，我觉得我要被吹跑了。（肖亚丽，2015）

江西南丰渠：得保送到北大去了。他被保送到北大去了。（余园园，2013）

陕西西安：窗子上的玻璃叫打烂咧。窗子上的玻璃被打烂了。（兰宾汉，2011）

（10）NP1 + K + V1 + V2

贵州遵义：他着喊起去做活路了，公司现在缺人。他被喊起来干活去了，公司现在缺人。（胡光斌，2010）

（11）K + V +（NP2）+（其他）一般情况下，这种动词的受事主语省略的情况不多，但是有些方言也有，如：

贵州岑巩：反正不得饿揞了，啊阵吃糠壳都过来了。反正不会被饿着

了，那时候吃糠壳都过来了。（肖亚丽，2015）

在这十一种被动表达格式中，我们根据所掌握的语料和实际田野调查发现，并非所有的方言都存在这些格式，比如南昌方言中比较常用的是"NP1 + K + NP2 + V + 其他"和"NP + K + V"两类。如：

江西南昌：书<u>等</u>渠妹子舞腌臜了。书被妹子弄脏了。（胡芬芬，2020）

    NP1 + K + NP2 + V + 补语

    许只女崽子<u>驮</u>渠阿婆接走了。那个女孩子被她外婆接走。

    NP1 + K + NP2 + V + 补语

    衣裳都<u>等</u>渠捂得吓死把人。衣服都被他弄得很脏。

    NP1 + K + NP2 + V + 补语

    渠就是<u>等</u>搭了头，买了个些冒用的东西。他就是被摔了头，买了这些没用的东西。

    NP1 + K + NP2 + V + 宾语

    嗯想<u>驮</u>打啊？你想被打？

    NP + K + V

    幸得渠冒来，要不然渠除了<u>驮</u>骂还是<u>驮</u>打。幸亏他没来，要不然他除了被骂还要被打。

我们发现南昌方言中，在"NP1 + K + NP2 + V + X"和"NP + K + V"两类句法格式中所使用的被动标记词有所区别。南昌方言中常用的两个被动标记"等、驮"在"NP1 + K + NP2 + V + X"等格式中都可以使用。但是在"NP + K + V"格式中一般被动标记都用"驮"而很少出现"等"。这说明，汉语方言中施事的隐现与被动标记的选用有一定关联。严格来说，"驮"类似汉语的"讨"其本身就含有被动意义，是纯粹的被动表达，而且并没有完全虚化，所以在"NP + K + V"格式中能够起到强化和凸显主语和动词的受动意义。而"等"之类的被动标记已经虚化，其被动功能并不纯粹，在"NP + K + V"格式中起不到明确凸显被动意义的作用，所以比较少见。

此外，在汉语普通话和汉语方言中都存在一种情况，那就是"被 + V"这类被动式固化为一个词组游离于各句法成分中。例如：

  检察机关对<u>被冤枉</u>的当事人平反昭雪自是理所当然。

  <u>被冤枉</u>和<u>被损害</u>的以后都会回来。

湖北武汉：嗯是莫样被讹的。你是怎么被骗的。

四川成都：那些个警察刚刚救了一批被拐的娃儿。那些警察刚刚救了一批被拐的孩子。

一旦被动式固化为词组或者被动结构的跨层结构词汇化以后，几乎可以作句子的任何一个成分。不过大部分被动式内部都是"被动标记+动词"的形式。

二 套用格式

套用我们理解为蕴含，被动式的套用一定是被动式蕴含被动式或其他句式，而不是被动式为其他句式所蕴含。按照王力在《汉语语法史》中总结的，汉语三式（使成式、处置式、被动式）经常共现。因为在这三个句式中，被动和处置式最为常见，而且二者共现和相互转换较为普遍，所以我们这里主要探讨方言中的被动式套用被动式、被动式套用处置式两种情况。

（一）被动式套用被动式

这种形式在普通话中也有，但是在方言中更常见。

例如：渠驮我气得话都说不出。（南昌方言，他被我气得说不出话了。）

这句话中，整体上句法格式是 NP1 + K + NP2 + V + 小句，但是小句"话都说不出"的内部句法语义结构其实是一个受事主语句，因为"话"可以理解为"说不出"的受事，只不过这个受事提前了，这个小句的句法结构可以看作是被动表达，只不过这个隐含的被动式是没有被动标记的。

这样的例子还有：

湖北大冶：我被渠吓得气都不敢出。我被他吓得不敢出气了。

湖北大冶：脚被喔得鞋子都不能穿。脚被烫得都不能穿鞋子了。

经过分析我们发现，被动式套用被动式的情况一般多发生在动词后接的成分中，这个小句成分一般是形容或描述核心动词的，虽然是连动，但是核心动词后接的成分可以整体理解为动词的补语。例如上面例句的"气得XX""吓得XX""烫得XX"中的"XX"都可以理解为动词的补语。

（二）被动式套用处置式

关于被动式套用处置式的情况，因为处置式在形式上一般可以用介词"把"将宾语提前，所以我们重点探讨"被"字句（被动）套用"把"字句（处置）的情况。另外，有一种把字句表示被动的情况，我们不算被字句套用把字句，这里我们不讨论。例如："一筒碗把渠搭个差不多的了（湖北大冶话，一桶碗被他摔个差不多。）"这种虽然有"把"，但是这里是当"被"来使用，只能算是被动标记，不能算作被字句套用把字句的情况。

邵敬敏（1983）在分析"被"字句和"把"字句合用时，提出有三种基本句式：（1）S 被 NP1 把 NP2 VP；（2）S 把 NP2 被 NP1 VP；（3）S 把 NP 给 VP。邵敬敏是从现代汉语的角度划分，而方言由于被动标记较为复杂，我们统一将被动标记记为"K"，然后根据"把"字的位置将套用现象分为如下几个格式来探讨：

（1） NP1 + K + NP2 + 把 + NP3 + VP

这种句式在方言中较为普遍，普通话中也有这种句式，而且全句主要是以被动为全句管辖。例如：

湖南黔城：他着刀把手剁着。他被刀子把手给砍伤了。（孟玉珍，2011）

湖南黔城：他着蜂结把眼睛哉着。他被蜜蜂把眼睛给蜇伤了。（孟玉珍，2011）

四川筠连：屋头着贼娃子把电视偷了。家里被贼把电视被偷了。（徐静，2018）

湖南武冈：她乞男人把眼睛打得泡起挂。她被男人把眼睛打肿了。（向柠，2010）

湖南黔城：哦个烂皮包着我把它撇嘎咧。那个烂皮包被我把它去掉了。（孟玉珍，2011）

河南安阳：诺个小偷儿愣是叫院儿嘞人连他差些儿打死。那个小偷硬是被院子里的人把他差点打死。（王芳，2015）

（2） NP1 + K + 把 + NP3 + VP

这种句式中一般省略了施事，这里的被动标记 K 由于没有了引介对象，不宜作为介词，而可以理解为助词，加在把字短语前，表示整个动作的被动管辖，以及可以凸显主语和"把"后所接名词的受动性。

一般普通话中没有这种格式。例如：

湖南黔城：他着把手剁着。他被刀子把手给砍伤了。（孟玉珍，2011）

湖南黔城：他着把眼睛戳着。他眼睛被蜇伤了。（孟玉珍，2011）

四川筠连：屋头着把电视偷了。家里电视被偷了。（徐静，2018）

需要注意的是，某些方言中的被动式有的可以由（1）式转换成（2）式，有的却不能转换。能转换的，比如：

他着刀把手剁着→他着把手剁着

他着蜂结把眼睛戳着→他着把眼睛戳着

屋头着贼娃子把电视偷了→屋头着把电视偷了

不能转换的，比如：

哦个烂皮包着我把它撒嘎咧→哦个烂皮包着把它撒嘎咧*

诺个小偷儿愣是叫院儿嘞人连他差些儿打死→诺个小偷儿硬是叫连他差些儿打死*

出现这种或能转换或不能转换的语言现象，是有规律可循的。由（1）式转换成（2）式要受两个方面的条件限制。

第一种限制是两种句式里 NP3 与 NP1 的关系。能转换的例句中，NP3 和 NP1 是领属关系，如"手""眼睛"和"电视"都是大受事主语的所属部分；而不能转换的例句中，NP3 和 NP1 是同一关系，如"它"和"他"类似反身代词，复指了前面的受事主语。

对于不能转换的这些句子，孟玉珍（2006）解释了不能转换的理据：这些句子里"把"后面的代词起复指受事主语的作用，而如果被动标志词后的 NP2 不出现，"把"就和前一个被动标志词紧密相连，"把"后的名词和受事主语相距很近，就没有用代词复指的必要了。因而，如果要转换成省略 NP2 的被动式，只需要把"把"字连同起复指作用的代词一起去掉就可以了。当然，去掉"把"字词组的被动式就不再是"被"字句套用"把"字句的套用格式了。

因此我们认为"NP1 + K + 把 + NP3 + VP"这种句式只局限于"NP1"和"NP3"具有领属关系的情况。而受事主语与"把"引介的名词是同一关系的情况，则一般不适用这种格式。

这两种句式能不能转换，也就是施事能否省略，除了受 NP3 和 NP1 的关系的限制以外，还要受到第二种限制。

第二种限制，就是看这种方言的被动式中有没有施事省略的用法。比如湖南武冈方言中，被动式施事必须出现不能省略，因此，即使符合 NP3 和 NP1 是领属关系的条件，也不能由（1）式转换成（2）式。例如：

她乞男人把眼睛打得泡起挂。→她乞把眼睛打得泡起挂。*

虽然语义关系上跟湖南黔阳方言中的"他着蜂结把眼睛戕着"一致，也不能像黔阳方言那样转换为句式（2），因为武冈方言有施事必须出现的语法规则。

（3） NP1 + 把 + NP1 + K + NP2 + VP

这种格式"把"字组合的介宾结构置于被动标记前，形式上看是"把"套用"被"，而实际方言语料中，我们从句义判断整体还是被动义，属于被动蕴含有处置。例如：

湖南黔城：爹把脚着岩脑壳挂嘎一下。爸爸的脚被石头挂了一下。（孟玉珍，2011）

湖南黔城：秋秋把手着开水赖着。秋秋的手被开水烫伤了。（孟玉珍，2011）

四川筠连：妈把脚着水烫倒了。妈妈被水把脚烫了。（徐静，2018）

这里虽然有"把"，但是语义上整体还是被动表达。因此这种句式仍然是"被"字句套用"把"字句。

在有特定上下文的情况下，有时可以省略 NP1，有时可以省略 NP2。例如：

陕西合阳：把手教钉子划烂咧。手被钉子划烂了。（邢向东，2010）

四川筠连：妈把脚着烫倒了。妈妈的脚被烫了。（徐静，2018）

（4） NP1 + 把 + NP3 + K + VP

这一格式"把"仍然在被动标记前，只不过被动标记所引介的施事名词省略。虽然从形式上依然是"把"套用"被"，但是整体上还是表示被动，仍然是被动蕴含有处置，因此我们也把这种格式看作"被"字句套用"把"字句的一种。

湖南黔阳：外婆剁猪草把手着剁着咧。外婆剁猪草把手给砍伤了。

湖南黔阳：我把肚子都着笑痛嘎咧。我的肚子都被笑痛了。

通过上面的分析，我们发现，其实被动是否能够套用处置，还是处置是否套用被动,跟"被动标记"和"处置标记"出现的先后顺序没有太大关联,这一点有别于关联词的套用。而且有的方言中出现的套用格式在普通话中找不到,例如格式(2)。还有这几种套用格式中,有些格式是可以相互转换的,这主要是根据受事主语和 NP3 的语义关系,以及受事主语和 NP2 的远近。

(5) K + NP2 + 把 + NP3 + VP

该格式的特点是,被动标记位于句首,把句首的被动标记去掉后,句子成为主动句。这类句子中,句首是无法补足受事主语的,因为 NP3 就是全句的受事,如果在句首把 NP1 主语受事补上,将和 NP3 重复。

在这一句式中,VP 是语义的焦点,通常是动补结构,用来表示动作对受事造成的影响。

湖南武冈:乞王君把李成格钱偷挂。被王君把李成的钱偷了。(向柠,2010)

四川筠连:拿跟政府把地收起走了。被政府把地收走了。(徐静,2018)

四川筠连:着姐姐把么哥搞落了。被姐姐把小弟搞丢了。(徐静,2018)

河南安阳:叫他连/拿钱儿丢哇。被他把钱丢了。(王芳,2015)

这种格式中,施事 NP2 还可以省略:

四川筠连:着把么哥搞落了。小弟被搞丢了。(徐静,2018)

第四章　汉语方言被动式的句法成分

句法成分应该限定于主语、谓语、宾语等，而在下面的讨论过程中，将会有施事、受事等这样语义角色与句法成分并列出现。严格地说，这是犯了一种错误：杂糅。为求得方便表述避免累赘，这里就不惜略微影响一点逻辑严密性。

第一节　无标被动句的句法成分

一　主语的构成

无标记被动句的主语，从语义关系说只能是核心动词的受事，一般不能省略。如果省略的话，就构不成被动句，因为被动表达本来就是一种凸显受事的表达，受事必须出现。

一般情况下，普通话中的被动句受事主语必须是有定的。有定的受事主语是已知的，可能是上文提到过的，也可能是语境中双方有默契的。

有定，指的是确指的名词；无定，指的是不确指的名词。由于汉语中没有像英语"the"那样的冠词来区分"有定"和"无定"，我们可以拿"能否受数量结构修饰"作为区别名词有定无定的方法。能用"一""几"等数词修饰的名词是无定的。

因为普通话中的被动句受事主语必须是有定的，所以在普通话中"数量名"结构的受事是不能做主语的。比如：

我的作业做完了。/ *一本作业做完了。

这扇门锁了。/＊一扇门锁了。

带星号的句子有一种未完成感，一般不能独立说，如果要说的话，除非是对举，或者后面还有接续的话。比如："一本作业做完了，还剩两本""几件衣服洗好了，只是还没晾"。

但是在有些方言中，受事主语没有严格的有定无定的限制。比如福州话被动句就是这样，虽然一般也不将"数量名"结构放在受事主语的位置上，但是可以将"数量名"结构中的名词单独提出来做主语，而将数量结构仍留在动词后面。例如：

福建福州：芭蕉果食几条 _{吃了几根香蕉}（陈泽平，1998）

馍馍炊蜀床 _{蒸了一屉馒头}

作业做几题 _{做了几道作业题}

鸡养几头 _{喂了几只鸡}

另外，在普通话中无标记被动句中前置的受事，一般都可以转换到动词后面宾语的位置上，变成普通的陈述句。例如"饭我吃了"可以转换成"我吃了饭"。但是有的方言中受事主语却不能随意转换。

如在福州话里，只能用受事主语句表达，不能转换成述宾陈述句。

鸡饲咯了/＊饲咯鸡了

洪力（2017）指出，如果在普通话的无标被动句中，一个句子的被动标记省略，一般其所接名词与动词的施受关系比较明显且容易区分。比如"鱼小张吃了"可以不用被动标记"被"连接，因为这里"鱼"和"小张"和动词"吃"所构成的施受关系很明显。但是"小王小李打了"这种施受关系不明显的一般不能省略被动标记。据此，在方言中，无标记被动句的受事主语大部分是不能发出动作或者是非人的名词，这样一来方言中的无标被动句中的施受关系就很凸显。比如上述所列的所有无标被动句中的受事主语基本上都不是人或者都不能主动发出人类所特有的动作。

我们通过方言在线语料库（dialectcorpus.cn）查询收集发现，如果受事名词按照有生命性和无生命性的标准区分，有标被动句和无标被动句中的受事名词具有这样的不同：有标被动句中，无生命的受事名词为53.6%，略高于比例为46.4%的有生命名词；而无标被动句中，无生命的受事名词达到74.6%，远远高于比例为25.4%的有生命名词。这说明在方言的无标被动句中，受事主语倾向于无生命。同时，我们将受事名词按照［＋人］和［－人］的语义特征进行区分，发现［－人］的受事名词占到了69.3%，这又说明无标记受事名词倾向于非人名词。

二　施事的构成及隐现

（一）施事

语法学里所说的在主动句中做主语的施事，是实实在在的动作行为的发出者，而这里所谓"施事"，是被动句里的施事成分，相对于通常所谓动作行为的发出者的"施事"来说，应从宽理解，可以说是广义的施事。无论在有标记被动句里，还是在无标记被动句里，充当被动句施事的名词性成分，从语义上说可以是实实在在的动作行为的发出者，也可以是动作行为发出者赖以完成动作行为的工具等，比如武汉话里的"这个细伢海藻缠死了"，"海藻"被称为施事，而在这个被动句里"海藻"只是工具。与此相对，前文"一、主语的构成"里所说的受事主语的"受事"，以及后文将不时提及的"受事"，也是广义的受事，未必就是实实在在的动作行为的承受者。

（二）施事的构成

普通话中无标记被动句的施事，一般由相对于受事来说生命度高的名词充当，比如"苹果我吃了""碗小李打破了"中的"我"比"苹果"，"小李"比"碗"的生命度要高。

我们通过方言在线语料库（dialectcorpus.cn）查询收集发现，施事名词中含有［＋生命］的比例达到了87.6%，可以说施事的语义特征一般都包含有高生命度。

但是在一些方言中，充当施事的名词不一定比受事的生命度高。例如前面说到的武汉话被动句"这个细伢海藻缠死了"，施事"海藻"的生命度就明显低于受事"这个小孩"的生命度。又如：

江西南城：［kɔ35］个［niɛ51］哩做事总系赖赖歪歪，嗝得滚水畀腹泡倒也。这个女孩儿做事总是不小心，被热水把肚子烫到了。（周迪，2015）

句子中的施事"滚水"的生命度明显低于受事"［kɔ35］个［niɛ51］哩（这个女孩儿）"的生命度。

（三）施事的隐现

普通话的无标记被动句，受事必须出现，施事则不是必现。比如，"衣服我洗好了"和"衣服洗好了"这两句话，在普通话中都是成立的，但是在不少方言中，施事的隐现不是自由的。

施事不出现的情况有两种，一种是施事不能出现，另一种是施事省略。

施事不能出现的情况，在浙江金华汤溪方言、四川西充方言话吴方言中表现比较突出。在这些方言中，被动句里有时候施事是不允许出现的，也就是只能出现受事，不能出现施事，受事和施事同现的无标记被动句是不存在的。如：

浙江金华汤溪：个碗打打破。那个碗被打碎了/ *个碗我打打破。（曹志耘，1997）

浙江金华汤溪：信寄去罢。信寄走了/ *信她寄去罢。（曹志耘，1997）

四川西充：鱼吃了。鱼猫吃了。（王春玲，2011）

上海：茶杯打破脱嘞。茶杯打破了/ *茶杯渠打破脱嘞。（王双成，2009）

施事可以省略与施事不允许出现的情况不同，施事省略往往是因为施事不确定，无法用也无须用确定的词语表述，因而省略施事。如：

贵州黔东南：有时候肚皮都要辣痛啦。有时候肚子都辣疼了。（肖亚丽，2015）

这里"肚皮辣痛"的施事不明确，是食物还是食物里的辣椒？说话人强调的是肚子痛这个结果，而对施事是什么并不清楚，也不必弄清楚。所以在方言中一般省略施事。

三 谓语的构成

无标被动句中，谓语动词语义情状特征一般具有［+动结性］，比如"苹果我吃了一口"，这里动词"吃了"具有动结性特点。这可以说是制约着各种被动句式形成的主要原因之一。在无标记方言被动句中同样如此。如：

贵州毕节：饭人家都吃归一了。饭（被）人家都吃完了。（明生荣，2007）

另外无标被动句中，谓语动词的语义特征还具有［＋处置性］。所谓处置性，对于无标记被动句的谓语动词来说就是其所表示的动作行为会给受事主语造成相应的影响，而且这种影响会对受事主语产生改变。它对受事主语产生的影响可以是没有完成的，也可以是经过变化已然呈现出新的状态的，一般很少出现正在改变的过程中，也就是动词虽然具备处置义，但是方言中表达处置中的无标被动表达还是很少见。比如：

湖北武汉：论文还冒写完。论文还没有写完。【未处置】

方案还要合计哈子。方案还要讨论下。【未处置】

饭乞完了。饭吃完了下。【处置完成】

谁莫斯都乞完了。什么都吃完了。【处置完成】

上面几句话是武汉话的常见被动表达，但是如果把"谁莫斯都乞完了"换成"谁莫斯都正在吃"一般不能说，也就是被动句的谓语动词一般表示处置中的语义很少见，从时态语义范畴来说，谓语动词在被动句中倾向过去和将来的处置表达。而且在时间范畴上还存在有［延续义］的特征。如：

作业没收了

作业没收着＊

这里的"没收"是一个短暂性动作，但是在被动表达中一般很少看到正在进行的表达，而且这种短暂性动作一般表示延续。

此外，一些和自然现象相关的动词，没有明显的动作发出者，或者施事是没有自主性的非生命体，这些动词容易出现在无标被动句中。如"淋""晒""冻"。

这些无标记被动句的谓语动词对受事的是否有无生命特征没有太多要求，如：

碗打烂了（成都客家话，受事主语［＋生命］）（郗远春，2012）

衫打湿了（成都客家话，受事主语［－生命］）（郗远春，2012）

在一些方言中，有些无标被动句的谓词本身就含有［被动义］，而且一般［不及物］，比如四川宜宾方言中的"遭"字被动句：

这次疫情啊，还不是遭了好多当官的。好多当官的要被处置。

拆迁办这块也要遭的。拆迁办这些人也要被处置。

这里的"遭"都是"被处置"，含有被动义，且都是不及物动词。

第二节　有标被动句的句法成分

一　主语（NP1）的特征

（一）主语的句法性质

有标被动句的主语位于句首，语义上通常属于受事，是谓语动词VP的动作承受者（在前文即称为NP1）。从句法构成说，一般由体词性成分构成。包括指人、指物的名词、名词性短语和代词；有时候，主语也可以由谓词性成分充当，包括动词、形容词和主谓短语等，在被动句中它们都起指称作用。例如：

广东广州：条鱼畀猫担走咗喇。鱼被猫叼走了。（金桂桃，2019）

湖南常德：你的珠子逗我吃了。你的珠子被我吃了。（郑庆君，2009）

湖北崇阳：伊把得学堂选去参加比赛了。他被学校选取参加比赛了。（祝敏，2018）

成都客家：作弊拿分老师发现了。作弊被老师发现了。（钟琰娉，2016）

湖南常德：道士难念经，我就学穿针；穿针逗人笑，我就学打灶。（郑庆君，2009）

福建连城：佢偷东西乞侪知得呃。他偷东西被别人知道了。（项梦冰，1997）

上述例句中，前面三例的主语由体词性成分构成："条鱼畀猫担走咗喇"的主语"条鱼"是名词；"你的珠子逗我吃了"的主语"你的珠子"是名词性偏正短语；"伊把得学堂选去参加比赛了"的主语"伊"是代词。后面三例的主语由谓词性成分构成："作弊拿分老师发现了"的主语"作弊"是动词，但"作弊"在这里的功能具有指称性，可以理解为"他作弊的行为"；"穿针逗人笑"的主语"穿针"是动宾短语，这个动宾短语的句法功能也是指称性的，即"穿针的动作"；"佢偷东西乞侪知得呃"的主语是"佢偷东西"，"佢偷东西"指的是"他偷东西这件事"。总的来说，各句的主语无论是体词性成分，还是谓词性成分，都是具有指称性的。

被动句主语作为谓语动词动作行为的目标、承受对象，在无标记被动句中必须是具体的、确定的，即是有定成分，而在有标记被动句中略有差异：一般情况下主语是有定的，比如以上所举例句的主语都是有定的，但在少数情况下也可以是无定成分。表示无定，有一定的句法条件限制。常用"有+量词+名词"或"数词+量词+名词"的形式，有时候也可用"泛指代词+名词"的形式。例如：

湖南新化：去年看龙舟，有个细人唧逗别个打桥高落挤到河里去哩。<small>去年看龙舟，有个小孩子被别人从桥上挤到河里去了。</small>（罗昕如，2009）

四川泰兴：先行听倒讲你们個子有只人拿分人打死诶了。<small>之前听说你们这些有个人被人打死了。</small>（兰玉英等，2007）

湖南涟源：一本书拿赐佢看得几个月。<small>随便一本书他都能看上几个月。</small>（陈晖，1999）

江西芦溪：什么事都不能被他知道了。<small>什么事都不能被他知道。</small>（刘纶鑫，2008）

上述例句中的主语都是无定的，"有个细人唧逗别个打桥高落挤到河里去哩"的主语"有个细人"，"有只人拿分人打死诶了"的主语"有只人"，用的是"有+量词+名词"的形式；"一本书拿赐佢看得几个月"的主语"一本书"；最后一例"什么事都不能被他知道了"中的"什么事"，用的是"泛指代词+名词"的形式。"什么"可以用作疑问代词，而在这里是泛指代词。

主语是无定成分的被动句，更多情况下是用在对往事追述的语境里。

（二）主语的语义特征

首先，主语为受事。如前所说，有标被动句的主语在语义上通常是谓语动词的动作承受者，例如：

浙江余姚：碗盏则渠拷碎哉。<small>碗被他打碎了。</small>（肖萍，2011）

江西铅山：佢个衫得人撕烂啊。<small>他的衣服被人撕烂了。</small>（胡松柏、林芝雅，2008）

山西定襄：我给外头的炮声给叫唤醒啦，心麻烦的。<small>我被外面的炮声吵醒了，心里很烦。</small>（李丹，2018）

例句"碗盏则渠拷碎哉"的主语"碗盏"是谓语动词"拷"的受事；"佢个衫得人撕烂啊"的主语"佢个衫"是谓语动词"撕"的受事。

其次，主语为非受事。主语是动作行为的实际承受者一类被动句是典型的被动句，但在汉语方言里也有一些主语并不是动作行为的实际承受者的非受事主语被动句。对于这种非典型的被动句，刘丹青（1997）认为是不具备典型被动意义的跟被动句有关的特殊的被动句。

某些方言的被动句中，非受事主语的语义类型非常丰富，比如阮桂君（2014）对宁波方言非受事主语被动句进行了详尽考察，发现宁波方言被动句的非受事主语有施事、感事、工具、材料、地点、对象、蒙事等七类；丁加勇（2006）考察湖南隆回方言"吃"字被动句，发现该方言"吃"字被动句的非受事主语也有七类，分别是：动词的与事论元、工具论元、处所论元、材料论元，论元的感事、主事和非动词论元参与者。

下面略举几个不同方言中的非受事主语被动句的语例：

江苏苏州：门口头拨汽车撞杀一个人。门口被汽车撞死一个人。（刘丹青，1997）【处所】

湖南洪江：哦把刀着我剁缺嘎咧。那把刀被我剁缺了。（孟玉珍，2011）【工具】

江苏高淳：古块布讨我做辣条裤子。这块布被我做了条裤子。（石汝杰，1997）【材料】

四川成都客家：渠拿分捱咳醒了。他被我咳醒了。（钟琰婷，2016）【蒙事】

广东汕头：个贼囝分伊走去。小偷被他逃跑了。（施其生，1997）【施事】

山东莱州：他叫儿子进了社办企业当会计欢喜的见人就说。他儿子进了社办企业当会计，高兴地见人就说。（钱曾怡，2005）【感事】

湖北武汉：钥匙把我锁倒屋里了，正咱进不去。要是被我锁到屋里了，咱们进不去。（赵葵欣，2012）【对象】

例句"门口头拨汽车撞杀一个人"的主语"门口头"是"撞"这个动作行为发生的处所，实际受事是动词后边的宾语。"哦把刀着我剁缺嘎咧"的主语"哦把刀"是"剁"这个动作行为凭借的工具。"古块布讨我做辣条裤子"的主语"古块布"是做裤子的材料。"渠拿分捱咳醒了"的主语"渠"是动词"咳"的蒙事，尽管"咳"不是施加给

"渠"的动作行为,但"渠"却受到了影响,所以这类句子的主语充当了一种受环境影响的语义角色。

"个贼囝分伊走去"的主语"个贼囝"是"走"这个动作行为的发出者,"走"这个动作的发生取决于施事主语"个贼囝",别人无法掌控,被动标记"分"引介的宾语"伊"起回指施事主语的作用,其实去掉"分伊"语意并不改变,只是句子类型从被动句变成了主动句。选取被动句式,目的是言说者为了强调意外的不如意的主观态度,因为没有受事者,所以不能有受事主语。

"他叫儿子进了社办企业当会计欢喜的见人就说"的主语"他"是动词"欢喜"的主体,在这类句子中,动词多为感知心理动词,用来说明主语的状态,"叫"后面引出的宾语是主语呈现某种状态的原因。从语用角度看,感事主语被动句整句是表述原因的,如果换用主动句,说成"儿子进了社办企业当会计,他欢喜得见人就说",句子的重心就不突出了。

非受事主语被动句中主语是施事的,在方言中有一些很值得玩味的现象,比如下面的语例:

江苏高淳:扒手把他跑掉了。<small>小偷跑了。</small>(石汝杰,1997)

江西安义:渠讨许担柴累得死。<small>他被那担柴火累死了。</small>(万波,1996)

江西安义:我讨牙齿痛得死。<small>我牙齿痛极了。</small>(万波,1996)

江西安义:我讨肚子痛不过。<small>我肚子痛得受不了。</small>(万波,1996)

这些句子中的主语"扒手""渠""我",虽然都是施事主语,但从主语与被动标志词以及谓语动词之间的语义关系考虑,这些句子却不属于同样的类型。

第一个句子"扒手把他跑掉了"中,主语与被动标记词后面的词语是同一对象,"他"是复指的"扒手"的,"他"和"扒手"都是"跑掉"的实施者,这个被动句只是体现了说话人的不满情态。

后面三个句子,主语与被动标记词后面的词语并不是同一对象,主语和后面的词语是不同的语义角色:主语"渠""我"是谓语动词"累""痛"的实施者,被动标记词后面的"许担柴""牙齿""肚子"则是致使谓语动词表达的感受"累""痛"的原因。

在这三个句子里,被动标记词后面的"许担柴""牙齿""肚子"

都是致使谓语动词表达的感受"累""痛"的原因,但这些原因又可以分为两种情况:"许担柴"是与外部事物相关的事件——背那担柴,而"牙齿""肚子"是说话人自身某器官的不适——牙齿疾患、肚子疾患。属于外部事件原因的,现代汉语共同语也存在这样的被动句,比如"我被这件事烦死了""我被那顿大餐撑死了";属于说话人自身某器官的不适却不能用被动句表达。

当然,"我讨牙齿痛得死"和"我讨肚子痛不过"两个句子,也可以从另一个角度理解:"我讨牙齿痛得死"就是牙齿痛,"我讨肚子痛不过"就是肚子痛,句子里之所以用了被动标记词"讨",只是为了添加一种色彩义,表达不如意的态度。

(三) 主语的隐现

被动句的主语并不是必须出现的。主语不出现有两种情况:受事主语省略,是最常见的主语不出现现象。还有一种情况通常被称为零主语,将在下文讨论。

第一种,受事主语省略。

省略受事主语,指的是在具体语境中,应话语运用简洁的需要而不让主语出现在句子中。被动句受事主语省略后,句子不具自足性,借助语境将主语补充出来以后,句子的意思才清楚明白。求简洁而省略,求表达而补充:求简洁与求表达两者是一对相辅相成的矛盾体。

根据主语省略的语境,又可分为承前省略和蒙后省略两种情况。承前省略如:

湖北大冶:你要加把劲,莫让他给比下去。你要加把劲,不要被他比下去。

江西南丰:你到今天这下场,还不是得渠害。到今天这下场,还不是被他害的。(余园园,2013)

湖北罗田:细点儿声音说话,尽别个听到了呢。小点儿声说话,别被人听到了。(徐英,2017)

这组例句的受事主语都省略了。前两例是承前文的主语"你"而省略主语,第三例是根据前一句的语意省略主语"你的话"。因为省略都是以前文语境为前提,所以称为承前省略。这种承前省被动句主语的情况在语言交际中最为普遍,这是因为被动句一般很少出现在一个话语链中的起始位置,而大多位于话语链的末端表示事件的结果;话语链的起始位置主语已有所交代，后续受事主语省略主语就更利于语言简洁而紧凑的表达。

方言中，受事主语蒙后省的情况相对承前省略要少一些，只有在特定语境下才有。如：

湖南黔阳：着刀剁着脚，他正请嘎假才冒去上班的。_{被刀砍伤了脚，他才请了假没去上班的。}（孟玉珍，2011）

贵州遵义：着他妈妈打了一顿，他在屋头哭。_{被妈妈打了一顿，他在屋里哭。}（张婷，2016）

例句中开篇被动标记"着"前的受事主语被省略了，其省略的部分是后续句的主语"他"。这个信息是从后文得来的，是蒙后省。

第二种，零主语被动句。

关于零主语被动句，早已引起学界的关注，比如李临定（1986）、俞光中（1989）、蒋绍愚（2005）、张万禾（2009）等都有专论。

张万禾认为，零主语被动句与常规的被动句有共性，都具有被动标记，都表达被动意义，其被动意义由非可控性和非意愿性构成；不过零主语被动句所反映的被动，不是以动词为中心的及物性被动关系，而是事件的负面影响性，属于非典型的被动句。蒋绍愚先生认为，零主语被动句的语义特点和语义色彩是"不幸"和"没有意料到"，但针对的不是能做句子成分的事件论元，而是叙述主体或说话人，与句子只有语义上的联系。俞光中认为，零主语被动句的被动受体不是语法不幸者，但句子隐含了句外语法不幸者。

尽管每个学者表述不同，但在实质上是有共同性的：零主语被动句表达的被动意义是非可控和非主观意愿的，因而事件的发生总是出乎预料；由于零主语被动句没有受事主语出现，因而事件带来的负面影响性或者"不幸"不像常规被动句那样直接，而是间接的句法外的语义上的联系。

根据俞光中先生对从六朝到明代的十二部古书的考察统计，零主语被字句产生于唐五代、盛行发展起来在宋代以后。李临定先生比较全面地考察了零主语被字句框架在现代汉语书面语遗留的情况。

那么究竟什么是零主语呢？有这样一种句子：原本在主语位置的受事成分移位于句子的末尾，还原成了受事宾语，使得被动标记词直接出现在句子的开头位置（有时候可能在被动标记词前出现短状语），而整个句子在语意上是自足完整的。这种没有形式上的主语（主语位置不能也无须出现）、以被动标记词起首（有时前附短状语）的语意自足完整的被动句，就是通常所说的零主语被动句。例如：

四川筠连：拿跟雨打烂了房屋顶顶。屋顶被雨打烂了。（徐静，2018）

山东莱州：可叫他气死我了。我被他气死了。（钱曾怡，2005）

山东莱州：生叫家务事缠住了他，也不能在村里工作。他被家务事缠住了，不能在村里工作。（钱曾怡，2005）

湖南武冈：乞他抢挂手机。被他抢了手机。（向柠，2010）

这组例句都没有形式上的主语，也无法或不用补出受事主语。因为谓语动词后面的宾语才是真正的动作行为承受者，如果把宾语前移到句首作受事主语，句子就转换为被动句的基本格式了，比如"拿跟雨打烂了房屋顶顶"。可以改写为"房屋顶顶拿跟雨打烂了"。如果作此转换，这种零主语被动句就失去了存在的意义。

云南富源：着蚊子叮着大腿了。被蚊子叮着大腿了。（张微，2017）

云南富源：着灯射着眼睛了。被灯射着眼睛了。（张微，2017）

云南富源：着刀割着手指头了。被刀割着手指头了。（张微，2017）

这组例句的形式特点与前面几组没有区别，而在意义上则有自己的特点，就是作为动作行为承受者的宾语，正是人体的某个器官或部位。这样的句子本身具有自足性，不会引起理解的混误，是完整的句子。不过因为谓语动词后的宾语是作为整体的人的某个部分，部分是属于人体所领有的，所以如果一定要出现主语的话，是可以添加上的。上面几个例句，句首都可以补足主语"我"。

从上面的句子可以看出，零主语被动句有这样的特征，去掉句首的被动标记词，就成为一个完整的主动句。

这种零主语被动句里的动宾词组，也可以通过宾语移位成为被动句蕴含处置式的套用格式。例如：

湖南武冈：乞别个把缝纫机抬起行挂。被别人把缝纫机抬走了。（向柠，2010）

河北大名、魏县：叫老鼠把馍馍偷吃了。被老鼠把馍馍偷吃了。（吴继章，2017）

江西南城：着贼晸阿装钱个袋哩割破要。被小偷把我装钱的口袋划破了。（周迪，2015）

河北保定：叫他把粮食都瞎浪费了。被他把粮食都浪费了。（吴继章，2017）

山东微山：叫狗把我的腿咬淌血了。被狗把我的腿咬出血了。（殷相印，2006）

河南安阳：操心叫玻璃拿手扎着。小心被玻璃扎着手。（王芳，2015）

这种被动句蕴含处置式的套用格式，被动标记词在前，处置标记词在后，先表达被动义，再表达处置关系，被动标记词后面的施事是语义表达的重点所在。如上面例句中的例2，强调的是被老鼠偷吃了馍馍，例3强调的是被小偷划破了"我"装钱的口袋，最后一例的语义重点在于提醒别叫玻璃扎着手。

有时候，言说者如果要强调动词的宾语，则可用处置式蕴含的被动句套用格式。例如：

河北保定：把我叫你吓了一大跳。我被你吓了一大跳。（吴继章，2017）

河北保定：把陈老师叫你琢磨好了。陈老师被你琢磨透了。（吴继章，2017）

陕西合阳：把那一条牛硬教狗蛋给挣死咧。那条牛硬背狗蛋给打死了。（邢向东，2010）

"把我叫你吓了一大跳"句中，强调重点是"我"，因而改变了"被我吓了你一大跳"成为"把""叫"套用格式；"把那一条牛硬教狗蛋给挣死咧"一句说话人是为了强调那一条牛被挣死而用了这种套用格式。

强调的句法成分不同，是这两种不同的套用格式的主要差别。

还有一种与前面讨论的零主语被动句相关的句子，也值得在这里顺便说说。

这种句子有这样的特点，开头用了被动标记词（有时候在被动标记词前面还会出现简短状语），但从句法结构看却不存在主语，从语意看也没有实实在在的受事者，去掉被动标记词后句子虽然仍能成立，但丢失了原句包含的蒙受不幸义或者说话人要表达的某种情态义。例如：

（1）江苏苏州：昨日子拨个犯人逃走脱嘚。昨天一个犯人逃跑了。（刘

丹青，1996）

（2）上海：拨大客车撞坏脱一棵树。被大客车撞坏了一棵树。（杨凯荣，2016）

（3）广州：畀佢闹我咗细佬一餐。被他骂了我弟弟一顿。（金桂桃，2019）

（4）湖南武冈：乞他穿件单衣也熬过来挂咧。他穿一件单衣也熬过来了。（向柠，2010）

（5）湖南涟源：古古雨打打哩也拿赐佢行者来哩。这么大的雨也让她走来了。（陈晖，1999）

例（1）的"昨日子拨个犯人逃走脱啧"，既包含有犯人看守者的不幸，也包含着对犯人逃跑事件不满的情态义，如果去掉被动标记词"拨"，这种对不幸的感叹和抱怨不满的情态义便消失殆尽了。例（2）"拨大客车撞坏脱一棵树"，树被撞坏，显然有人蒙受损失。例（3）"畀佢闹我咗细佬一餐（被他骂了我弟弟一顿）"，说话人作为被骂者的哥哥也是蒙受不幸的人。例（4）"乞他穿件单衣也熬过来挂咧"，大致相当于"他穿件单衣竟然也熬过来了"，含有说话人没有意料到的情态义。例（5）的"古古雨打打哩也拿赐佢行者来哩"，说话人的用意在于表达没想到"这么大的雨她居然走过来了"的意思，同样含有出乎意料的情态义。如果把两句中的被动标记"乞"和"拿赐"直接去掉，表达为"他穿件单衣也熬过来挂咧""古古雨打打哩也佢行者来哩"，就变成了普通的叙述句，句子是基本意义虽然没有改变，但说话人原有的意图却打了折扣，不再有原文的出乎意料的情态义了。

二 施事（NP2）的特征

（一）NP2 的句法性质

NP2 指代的是在被动句中被动标记后面的宾语成分，通常是施事，即动作行为的发出者。从句法构成说，被动标记后面的宾语成分，一般由名词性成分充当，可以是指人指物的名词、名词性短语，也可以是代词；有时候也可以使谓词性成分充当，这个谓词性成分具有指称功能。从生命度看，可以是生命高一些的，可以是生命度低一些的，甚至也可以是非生命体的。例如：

（1）湖南新化：叫花子逗倒老板解咖出去哩。叫花子被老板赶出去了。

（罗昕如，2009）

（2）四川筠连：王老师拿跟隔壁哩狗咬了。王老师被隔壁的狗咬了。（徐静，2018）

（3）福建永春：伊互侬拍一下。他被人打了一下。（林连通，1989）

（4）江西安福：小明子昨日准汽车撞伤哩。小明昨天被汽车撞伤了。（雷冬平，2009）

（5）安徽颍东：房子叫风刮倒了。房子被风刮倒了。（焦继伟，2019）

（6）湖北崇阳：毛衣把得墙上嘎钉挂了个眼。毛衣被墙上的钉子挂了个洞。（祝敏，2018）

（7）湖北恩施：老秦的脚杆着滚下来的石头砸断哒。老秦的腿被滚下来的石头砸断了。（祝敏，2018）

（8）湖北罗田：细伢儿尽吹风吹病了，只有送到医院去了。（徐英，2017）

例（1）"叫花子逗倒老板解咖出去哩"里的"老板"；例（2）"王老师拿跟隔壁哩狗咬了"里的"隔壁哩狗"；例（3）"伊互侬拍一下"里的"侬"分别是有生命的名词、名词性短语和代词；例（4）"小明子昨日准汽车撞伤哩"里的"汽车"；例（5）"房子叫风刮倒了"里的"风"，是无生命的名词；例（6）"毛衣把得墙上嘎钉挂了个眼"里的"墙上嘎钉"；例（7）"老秦的脚杆着滚下来的石头砸断哒"里的"滚下来的石头"是无生命的名词性短语；例（8）"细伢儿尽吹风吹病了，只有送到医院去了"里，"吹风"是动宾短语，属于谓词性成分，在被动标记"尽"后指称吹风的行为。

（二）NP2 的有定无定

NP2 通常是谓语动词动作行为的施事者，在无标记被动句中必须是具体的、确定的，即是有定成分，而在有标记被动句中情况则有所不同：多数情况下 NP2 是有定的，但在少数情况下也可以是无定的。

当 NP2 为有定成分时，使用相对自由，比如以上所举例句的 NP2 都是有定的，表人表物的名词、名词性短语以及代词都可充当；当 NP2 为无定成分时，却有一定的句法条件限制：或用泛指代词，或用"有＋量词＋名词"和"数词＋量词＋名词"的形式。

多数时候，NP2 的位置用表示泛指的代词。例如：

湖南洞口：其偷东西个时候，乞别个抓起呱其。他偷东西的时候被别人抓住了。（胡云晚，2010）

甘肃酒泉：我叫别人坑了一顿。我被别人坑了一次。（孙占鳌，2013）

湖南益阳：他挨别人家抓住哒把柄。他被别人家抓住了把柄。（崔振华，2009）

四川攀枝花：李家姑娘着人家看起了。李家姑娘被人家看住了。（兰玉英，2011）

湖南洞口：王师父着哪个烧呱其个屋。王师父被谁烧掉了房子。（胡云晚，2010）

湖南洞口：书讨哪个担行呱哩。书被谁拿走了。（胡云晚，2010）

山东莱州：他的钢笔不知叫谁他拿走了。他的钢笔不知被谁他拿走了。（钱曾怡，2005）

陕西西安：钢笔是叫你给没（丢）咧，还是叫谁给借走咧？钢笔是被你给没（丢）了，还是被谁给借走了？（兰宾汉，2011）

香港粤语：梗喺畀乜嘢撞亲先至会肿起上来。一定是给什么东西撞到了才会肿起来。（杨奔，2012）

上面各语例中，用在被动标志词"乞""叫""挨""着"后边的"别个""别人""别人家""人家"都是泛指代词。"哪个""谁""乜嘢"的基本用法是疑问代词，而以上后五例的被动句里用在被动标志词"着""讨""叫""畀"后边的"哪个""谁""乜嘢"都是用作泛指代词的。泛指代词指代的对象，都是无定的。

也有时候，用"有+量词+名词"和"数词+量词+名词"的形式。例如：

四川筠连：家家出门哩时候拿跟有个东西绊摔了。外公出门的时候被一个东西绊倒了。（徐静，2018）

湖南洞口：我行到街上个时候，讨一只狗咬其达脚巴子。我在路上走的时候，被一只狗咬了脚。（胡云晚，2010）

"家家出门哩时候拿跟有个东西绊摔了"里，被动标志词"拿跟"后边的"有个东西"，是无定的；"讨一只狗咬其达脚巴子"例，被动标志词"讨"后边的"一只狗"，也是无定的。

其实，有时候句子里的NP2的位置只用一个"人"字，福建泉州话厦门话用"伿"字，也是表示无定的，例如：

广东梅县：着解件衫会分人笑。穿这件衣服会被人笑话。（林立芳，1997）

广东汕头：伤员随时分人送入去医院块。伤员立刻被送进了医院。（施其生，1997）

福建泉州：好册过尽护伿请去唠。好书都被借走了。（李如龙，2007）

因为有些方言中常用"伿"表示无定指施事成分，以至于形成了被动标志词与"伿"的合音词，比如福建厦门话"衫□［hɔŋ22］偷去"意思是"衣服被人偷了"，其中的［hɔŋ］是"互伿"的合音；福建泉州话"即场球若个拍输，会□［khi55aŋ22］笑死"，意思是"这场球再打输，会被人笑死"，其中的［khi55aŋ22］是"乞伿"的合音。

如果用被动句表示特指疑问，NP2 的位置自然用疑问代词或者"疑问代词＋量词/名词"的形式，例如：

湖南洞口：王师父着哪个烧呱其个屋？王师傅被谁烧了房子？（胡云晚，2010）

浙江鄞州：伿拨啥人踢啦？你被谁踢了？（肖萍，2014）

表疑问的"王师父着哪个烧呱其个屋？"和"伿拨啥人踢啦？"两个被动句中，前一句由被动标记词"着"引介疑问代词"哪个"，后一句由被动标记词"拨"引介"疑问代词＋名词"形式的"啥人"。

（三） NP2 的语义特征

如前所说，NP2 指的是在被动句中被动标记后面的宾语成分，通常是施事，即动作行为的发出者。NP2 作为谓语动词动作行为的施事者，严格地说又可分为典型的施事和非典型的施事。

典型事实在被动句里出现最多，前边涉及的被动句，被动标记后面的宾语成分，大多都是典型的施事，又比如：

安徽阜阳：这屋哩地叫他给拖完了。这屋的地被他给拖完了。（焦继伟，2019）

湖南宁远：我们几个人兜倒学校开除呱了。我们几个人被学校开除了。（张晓勤，1999）

江西安义：个样舞肯定会讨人笑。这样跳舞肯定会被人笑话的。（万波，1997）

例句中的施事成分，都是典型的动作行为的施事者，比如"这屋哩地叫他给拖完了"里"他"是拖地行为的发出者，"我们几个人兜倒学校开除呱了"里"学校"是开除几个学生行为的发出者。

非典型的施事，也有人叫作广义的施事。如果施事是非生命体的词语，或者是动作行为赖以施事的工具，或者是致使动作行为出现的原因。这些都是非典型的施事。例如：

湖南邵阳：辣椒秧子请冰雹子冻死哩。辣椒秧子被冰雹冻死哩。（姚双云，2012）

湖南武冈：个人咧还要乞风吹翻。人都会被风吹倒。（向柠，2010）

山西定襄：指头教刀刀儿划下个小口子。指头被刀刀儿划了个小口子。（李丹，2018）

四川筠连：沾起油乃件衣服着水泡倒得。沾了油的那件衣服被水泡着呢。（徐静，2018）

江苏扬中：大楼把炸药炸倒了。大楼被炸药炸倒了。（李娜，2016）

陕西平利：一大院子房子叫一把火全烧光了。一大院子房子被一把火全烧光了。（周政，2009）

陕西西安：我不小心叫钉子把手扎流血嘞。我的手不小心被钉子扎流血了。（兰宾汉，2011）

陕西西安：全家人叫他报考体院的事忙的个晕头转向。全家人被他报考体院的事忙得晕头转向。（兰宾汉，2011）

山东莱州：他叫儿子进了社办企业当会计欢喜的见人就说。他儿子进了社办企业当会计，高兴地见人就说。（钱曾怡，2005）

前两例的"冰雹子""风"虽然是无生命体，但都能成为被动句的施事成分：由于"冰雹子"本身的低温，会产生冻死辣椒秧子的结果；"风"是空气流动形成的，空气迅疾流动产生冲击力，能使得人被吹翻。但相对于上面例子中拖地的"人"、开除学生的"学校"，就成为非典型的施事。接下来的 5 例，"刀刀儿"是"划"的工具，"水"是泡衣服的工具，"炸药"是炸大楼的工具，"火"是烧房子的工具，这些表工具的词语，在被动句里都是非典型的施事。最后两例，"全家人叫他报考体院的事忙的个晕头转向"中，名词性短语"他报考体院的事"是全家人忙的晕头转向的原因；"他叫儿子进了社办企业当会计欢喜的见人就说"中，相当于名词性短语的"儿子进了社办企业当会计欢喜"是他欢喜的见人就说的原因。这些表原因的名词性短语也都是非典型的施事。

三 宾语的特征

（一）宾语的句法性质

宾语，指的是被动句中谓语动词的宾语。由于被动句的宾语通常都是受事成分，因而被动句中谓语动词出现宾语的概率比较低，如果出现宾语，其语义类型也比较特殊。

从句法构成说，谓语动词的宾语一般由体词性成分构成，包括名词、名词性短语、代词、数量短语和数量名短语；有时候，宾语也可以由谓词性成分构成，包括主谓短语和述宾短语，这种谓词性成分都能起指称作用。

由体词性成分充当谓语动词的宾语的，例如：

（1）湖南洞口：老王把其个婆娘抓烂呱面巴子。老王被他老婆抓破了脸。（胡云晚，2010）

（2）河南扶沟：我行到街上个时候，讨一只狗咬其达脚巴子。我走到车上的时候，被一只狗咬了脚。（刘琳霞，2016）

（3）湖北崇阳：小王把得领导提升了官职。小王被领导提升了官职。（林天送，2018）

（4）四川成都客家：整日都拿分你打游戏去了。整天被你打游戏去了。（钟琰娉，2016）

（5）湖南洞口：其偷东西个时候，乞别个抓起呱其。他偷东西的时候被别人抓住了。（胡云晚，2010）

（6）河北保定：那个石头狮子咱村儿人儿谁也搬不动，叫叱那个小孩儿都举起来它了。那个石头狮子咱村儿人儿谁也搬不动，被那个小孩儿都举起来它了。（吴继章，2017）

（7）山西定襄：他教评下优秀学生了，你看把他欢喜的。他被评为优秀学生了，你看把他欢喜的。（李丹，2018）

（8）湖北安陆：张三被别个怀疑偷了李四屋里的鸡子。张三被别人怀疑偷了李四屋里的鸡子。（盛银花，2015）

（9）山东微山：昨夜里，叫贼把俺的羊偷走了两只。昨夜里，俺的两只羊被贼偷走了。（殷相印，2006）

（10）湖南岳阳：我落狗哩咬哒一口。我被狗咬一口。（李晓钰，2019）

（11）湖南德州：弄些钱叫大儿给拿走俩一多半儿。弄些钱被大儿给拿走了一多半儿。（曹延杰，1991）

（12）四川西充：我着骗子骗了一千块钱。我被骗子骗了一千块钱。（王春玲，2011）

（13）安徽阜阳：手叫热油烫了一个泡。手被热油烫了一个泡。（焦继伟，2019）

（14）山东微山：俺哥无故叫人揍喽一耳刮子。俺哥无故被人揍喽一耳刮子。（殷相印，2006）

（15）安徽阜阳：你哩衣裳叫他给你烫个洞。你的衣裳被他烫个洞。（焦继伟，2019）

（16）山西定襄：指头教（刀刀儿）划下个小口子。指头被（刀刀儿）划下个小口子。（李丹，2018）

前四例中谓语动词的宾语分别是"面巴子""脚巴子""官职""游戏"，都是名词；第（5）和第（6）两个句子里谓语动词的宾语分别是"其"和"它"，都是代词；第（7）和第（8）两个句子里谓语动词的宾语分别是"优秀学生""李四屋里的鸡子"，都是名词性短语；第（9）至第（11）三个句子里谓语动词的宾语分别是"一只""一口""一多半"是数量短语，其中的"一多半"表达比较特殊；第（12）至第（16）五个句子里谓语动词的宾语分别是"一千块钱""一个泡""一耳刮子""个洞""个小口子"都是数量名短语，其中"一耳刮子"省略了量词"个"，"个洞"和"个小口子"省略了数词"一"。

由谓词性成分充当谓语动词的宾语的，例如：

湖南武冈：我乞他嫌我丑。我被他嫌我丑。（向柠，2010）

四川成都客家：渠拿给人家怀疑偷诶东西。他被人家怀疑偷东西。（钟琰婷，2016）

湖北安陆：张三被别个怀疑偷了李四屋里的鸡子。张三被别人怀疑偷了李四屋里的鸡子。（盛银花，2015）

"我乞他嫌我丑"句中,谓语动词"嫌"的宾语是主谓短语"我丑";"渠拿给人家怀疑偷诶东西"和"张三被别个怀疑偷了李四屋里的鸡子"两个句子中,谓语动词"怀疑"的宾语分别是述宾短语"偷诶东西"和"偷了李四屋里的鸡子"。主谓短语、述宾短语在这里都具有指称性,"我丑"指我丑陋的相貌,"偷诶东西""偷了李四屋里的鸡子"指偷人家东西、偷李四家鸡子的行为。

(二) 宾语的语义特征

按照格语法的观点,动词所接的名词其语义关系不可能在一个句子中共现,因此对于常规的被动句来说,由于主语位置就是语义上的受事对象,所以动词所接的一般不会再是典型的受事宾语。在被动句子谓语动词后出现了受事宾语,都有着特定的语义原因,这个特定语义原因,就是宾语与主语之间有着某种语义关联。

根据谓语动词后面所接宾语与主语之间的语义关联情况,汉语方言被动句中谓语动词后所接的宾语,可以分为隶属性宾语、生成性宾语、领属性宾语、复指性宾语和受事宾语五种类型。

首先是隶属性宾语。

所谓隶属性宾语,指的是动词后所接宾语所表示的事物是主语所表示的人或事物的一个部分。

动词后所接宾语是主语的一个部分的,根据语义关系的不同,又可分为以下几种情况。

第一种情况适用于主语是生命体,动词后所接宾语与主语的关系,是肢体器官与所附着的生命体的关系,例如:

江苏高淳:他讨车子压断辣一条腿。他被车子压断了一条腿。(石汝杰,1997)

江西铅山:佢分狗啮齿啊一个脚。他被狗咬伤了一只脚。(胡松柏、林芝雅,2008)

湖南益阳:孙淼着鞭炮炸伤哒一只眼睛。孙淼被鞭炮炸伤了一只眼睛。(崔振华,2009)

江苏高淳:他讨玻璃划破辣手。他被玻璃划破了手。(石汝杰,1997)

四川筠连:乃只大花猫儿着剪了须须。你的大花猫儿被剪了胡须。(徐静,2018)

在这类句子里，宾语表示的是人或其他动物的某个肢体器官，这个肢体器官是属于作主语的生物体的。比如在"他讨车子压断辣一条腿"中，是"压断"宾语"一条腿"是属于主语"他"的；"佢分狗啮齿啊一个脚"中，"啮齿"的宾语"一个脚"是属于主语"佢"的；"孙淼着鞭炮炸伤哒一只眼睛"中，"炸伤"的宾语"一只眼睛"是属于主语"孙淼"的；"乃只大花猫儿着剪了须须"中，"剪了"的宾语"须须"是属于主语"乃只大花猫儿"的。

之所以称为隶属性宾语，就是因为从语义上说，主语和宾语是整体和部分的关系，宾语隶属于主语；如果从结构上说，主语和宾语可以构成定语和中心语的偏正关系，比如"小王把石头划破辣脚"其实就是"小王的脚把石头划破了"。在实际语言中，句子里也可以用定中关系的偏正短语做主语，比如山东枣庄方言里就说"二孩儿的手叫狗咬破了"；同是湖南益阳方言，既可以说成"我拨玻璃划破哒手"，也可以说成"我的手拨玻璃划破哒"。对比"我拨玻璃划破哒手"和"我的手拨玻璃划破哒"，整体做主语、部分做宾语的"我拨玻璃划破哒手"似乎有强调某器官受损的作用。

如果要进一步强调某器官受损或某器官受到处置，可以用表处置的介词把动词的宾语移动到动词之前，例如：

湖北五峰：张三整李四把胯子都打断哒。张三被李四把腿打断了。（阮桂君，2014）

陕西西安：我不小心叫钉子把手扎流血嘞。我不小心被钉子把手扎流血了。（兰宾汉，2011）

四川西充：黄鸡儿着娃儿把腿杆整断了。黄鼠狼被小孩把腿打断了。（王春玲，2011）

江苏苏州：小鸟拨俚拿翼夹也剪断脱哉。小鸟被他把翅膀都剪断了。（刘丹青，1997）

比如在第1例里，为特别强调胯子受伤，就没说成"张三整李四打断胯子哒"，也没说成"张三胯子整李四都打断哒"，而说成"张三整李四把胯子都打断哒"。在例4里，为特别强调小鸟翼夹被剪断受伤，就没说成"小鸟拨俚剪断翼夹哉"，也没说成"小鸟翼夹拨俚剪断哉"，而说成"小鸟拨俚拿翼夹也剪断脱哉"。其他语例类此。

第二种情况适用于非生命体，动词后所接宾语与主语的关系，是整体和部分的关系。例如：

湖南攸县：十只碗得其打过哩五只。十只碗被他打烂五只。（董正谊，2009）

陕西西安：只有三个茶杯，就能叫你给打烂咧两个。只有三个茶杯，就能被你给打烂了两个。（兰宾汉，2011）

湖南岳阳：一双鞋哩尽他落落哒一只。一双鞋被他丢了一只。（李晓钰，2019）

湖南岳阳：头发胡子落火烧落哒一半。头发胡子被火烧掉了一半。（李晓钰，2019）

四川成都客家：杯子拿给我打烂了一个。杯子被我打烂了一个。（钟琰婷，2016）

在这类句子里，宾语所表示的事物是主语所表示事物的一部分。比如在"十只碗得其打过哩五只"里，宾语"五只"是主语"十只碗"这个整体的中是五只碗；在"一双鞋哩尽他落落哒一只"里，宾语"一只"是主语"一双鞋"这个整体中的一只鞋；在"头发胡子落火烧落哒一半"里，宾语"一半"是主语"头发胡子"这个整体中的一半头发一半胡子。

最后一例，"杯子拿给我打烂了一个"，尽管没说几只杯子，但从下文的"打烂了一个"，可以推知杯子肯定是若干杯子的集合。

第三种情况也适用于非生命体，动词后所接宾语与主语的关系，也是整体和部分的关系。但跟第二种情况与第三种情况又有不同，其区别是：第二种情况的整体是由若干个相同单体的集合，部分是这个集合里的部分单体，而第二种情况的整体是一个完整的物件，部分是这个完整物件的组成部分。例如：

湖南益阳：新买的单车挼别个究咖哒铃子。新买的自行车被人偷掉了铃子。（崔振华，2009）

广东梅县：汽车分人偷走一隻轮子。汽车被人偷走一隻轮子。（林立芳，1997）

湖南洞口：桌桌本来烂呱哩，还把楚平锯行呱一只脚行呱。桌子本来就烂了，还被楚平锯掉了一个角。（胡云晚，2010）

在这类句子里，宾语所表示的事物是主语所表示的整体物件的一部分。比如在"新买的单车拨别个究咖哒铃子"里，宾语"铃子"是主语"单车"的一个部件；在"汽车分人偷走一隻轮子"里，宾语"轮子"是主语"汽车"的一个部件；在"桌桌本来烂呱哩，还把楚平锯行呱一只脚行呱"里，宾语"一只脚"（桌子角）是主语"桌桌"的构成部分。

其次是生成性宾语。

生成性宾语，主要指的是动词后所接宾语所表示的事物来自主语所表示的事物，只是在形态上发生了变化；也有时候指的是动词后所接宾语所表示的事物，是在主语所表示的事物的基础上呈现出来的新的事物。

宾语来自主语发生了形态变化的，例如：

湖南黔城：哦块布着我做嘎衣咧。那块布被我做成衣服了。（孟玉珍，2011）

浙江宁波：人家丢掉眼个编丝绳拨伊打勒一只篮。人家丢掉了的编织绳被他编了一只篮子。（阮桂君，2014）

筠连：乃块布拿跟吴孃孃打成裙子了。那块布被吴阿姨做成裙子了。（徐静，2018）

江苏高淳：房间讨他隔辣变辣两个小间。房间被他隔成两个小间。（石汝杰，1997）

湖北孝感：一首民歌把他唱成了流行歌曲。一首民歌被他唱成了流行歌曲。（左林霞，2004）

在"哦块布着我做嘎衣咧"中，宾语"衣"是以主语"布"为原料做成的产品；"人家丢掉眼个编丝绳拨伊打勒一只篮"中，宾语"篮"是以承前省略的主语"编丝绳"为原料制成的产品，主语的形态都发生了变化；在"房间讨他隔辣变辣两个小间"中，宾语"两个小间"，是对主语"房间"进行改造形成的新的格局，主语的形态也变了；在"一首民歌把他唱成了流行歌曲"中，主语的形态变化在于由"民歌"变成了宾语所表达的"流行歌曲"。

以上句子都是无生命体，如果主语是有生命体，发生的形态变化则是另一种情形。例如：

湖南常德：王老师被学校选为市人大代表。王老师被学校选为市人大代表。（郑庆君，2009）

福建泉州：小红互人选做班长。小红被选做班长。（林连通，1993）

山西定襄：他教评下优秀学生了，你看把他欢喜的。他被评下优秀学生了，你看把他欢喜的。（李丹，2018）

在这些句子中，主语"王老师""小红"和"他"都是有生命的人，宾语是从身份上发生了形态变化，赋予了新的社会角色，比如宾语"市人大代表""班长"和"优秀学生"就是赋予主语"王老师""小红"和"他"的新的角色。

宾语在主语的基础上呈现出新的事物的，例如：

江苏高淳：衣服讨火烧辣个洞。衣服被火烧了个洞。（石汝杰，1997）

四川泰兴客家：脑壳遭碰诶只包。脑壳被碰了个包。（兰玉英等，2007）

江苏高淳：大门讨人家上辣把锁。大门被人家上了把锁。（石汝杰，1997）

"衣服讨火烧辣个洞"一句，宾语"洞"是经过火烧在主语"衣服"上出现的新事物；"脑壳遭碰诶只包"一句，宾语"包"是因为碰撞在主语"脑壳"上出现的新事物；"大门讨人家上辣把锁"一句，宾语"锁"是在主语"大门"上添加的新东西。

当然，这几个句子反映的情况，也可以理解为主语的形态发生了变化，不过跟发生整体形态变化的"民歌"变成"流行歌曲"一类相比，形态变化只表现在局部。

从这个角度说，这两小类都是宾语是从主语来而发生了形态变化。如果形态变化的情况比较复杂，用常规的被动句不足以描述清楚，人们就会使用被动句与处置句套用的格式来表达，例如：

四川成都客家：毛衣拿给蛀虫把袖子咬得洞洞眼眼的。毛衣的袖子被蛀虫咬得洞洞眼眼的。（钟琰娉，2016）

陕西西安：刚穿的新衣裳叫墨水把袖子染咧一大片。刚穿的新衣裳被墨水把袖子染了一大片。（兰宾汉，2011）

云南富源：你爹的手机着你将按键按烂掉了。你爹的手机被你将按键按烂掉了。（张微，2017）

"毛衣拿给蛀虫把袖子咬得洞洞眼眼的"一句,如果只是简单地表述毛衣的形态变化,就可以用常规被动句"毛衣拿给蛀虫咬坏了袖子",而这里进一步描述了咬坏的程度是"咬得洞洞眼眼的",就用了"将"把"袖子"移位到动词"咬"前边了。同理,第二句"刚穿的新衣裳叫墨水把袖子染咧一大片"的形成,也是因为详细描述了"袖子"被"染"的程度"染咧一大片"。第三句情况大致相同。

再次是领属性宾语。

领属性宾语,指的动词后所接宾语是主语所领有的对象,或者换个角度说,主语所代表的对象是物主,宾语所代表的对象是物主的东西。例如:

湖南洞口:王师父着哪个烧呱其个屋。王师傅被谁烧掉了房子。(胡云晚,2010)

海宁:伊拉屋里拨贼骨头偷脱一条皮大衣。他家被贼偷走了一件皮大衣。(柴伟梁,2009)

湖北恩施:李老汉儿昨天着骗子骗哒两千多块钱。李老汉昨天被骗子骗了两千多块钱。(王树瑛,2017)

"王师父着哪个烧呱其个屋"一句中,宾语"屋"是主语"王师父"的。"伊拉屋里拨贼骨头偷脱一条皮大衣"一句中,宾语"皮大衣"是主语"伊拉屋里"(他家)所有。"李老汉儿昨天着骗子骗哒两千多块钱"一句,可以转换为"老汉儿的两千多块钱昨天着骗子骗哒",由此可以看出宾语"两千多块钱"是主语"老汉儿"所领有的。

又次是复指性宾语。

复指性宾语仍然是宾语与主语有语义关联的一类宾语,这类宾语一般都是代词,句中做宾语的代词所代替的人或物是对主语所表示的人或事物的重复指代。例如:

湖南洞口:其偷东西个时候,乞别个抓起呱其。他偷东西的时候被别人抓住他了。(胡云晚,2010)

湖南洞口:尔里糖讨细人仔接倒吃呱其哩。那些糖被小家伙接到吃掉它了。(胡云晚,2010)

河北保定:老三还说是高手儿哩,叫一个小孩儿打败他了。老三还说是高手儿哩,被一个小孩儿打败他了。(吴继章,2017)

河北保定：那个石头狮子咱村儿人儿谁也搬不动，叫乜那个小孩儿都举起来它了。那个石头狮子咱村儿人儿谁也搬不动，被那个小孩儿都举起来它了。（吴继章，2017）

在"其偷东西个时候，乞别个抓起呱其"中，句末宾语位置的"其"与句首主语位置的"其"所代替的对象相同，都是句子里所反映的偷东西的人，"抓"的对象"其"是宾语，这个"其"只是对主语"其"的回指。"尔里糖讨细人仔接倒吃呱其哩"句中，"吃"的受事宾语是"其"，这个"其"复指了主语"尔里糖"（那些糖）。在"老三还说是高手儿哩，叫一个小孩儿打败他了"一句里，"叫一个小孩儿打败他了"是说被一个小孩打败了自以为是高手的"老三"，宾语"他"复指了主语"老三"。第四句"那个石头狮子咱村儿人儿谁也搬不动，叫乜那个小孩儿都举起来它了"里，"举"的宾语"它"复指的是主语"那个石头狮子"。

复指，也叫作回指。关于回指，石毓智、刘春卉（2008）在《汉语方言处置式的代词回指现象及其历史来源》①中曾说："处置式和被动式的生成机制是不一样的。虽然处置式和被动式表面上都是受事名词出现于谓语之前，然而代词回指现象只见于处置式，被动式则不存在代词回指现象。"这样的判断，对于汉语方言来说未必妥当。就我们所见的方言语言材料，至少在湖南洞口方言和河北保定方言里，存在着这种代词宾语回指（复指）主语的语言现象。

最后是受事宾语。

前面说到的四类宾语，其实也都是受事宾语，只不过是从宾语与主语不同的语义关联的角度，区分为隶属性宾语、生成性宾语、领属性宾语、复指性宾语四类。这里说的受事宾语，与主语也有语义关联，关联点在于主语是话题主语：当处所名词、时间名词作话题主语时，为了强调这个地点或这个处所，被动句的受事成分就会出现在谓语动词之后，成为受事宾语。例如：

江苏苏州：门口头拨汽车撞杀一个人。门口头被汽车撞杀一个人。（刘丹

---

① 石毓智、刘春卉：《汉语方言处置式的代词回指现象及其历史来源》，《语文研究》2008年第3期，第52—55页。

青，1997）

四川西充：马路上着撞死了一凯人。马路上被撞死了一个人。（王春玲，2011）

四川成都客家：店门口拿分人家堆满了货物。店门口被人家堆满了货物。（钟琰婷，2016）

湖南洞口：昨天被蛇咬伤了脚。昨天被蛇咬伤了脚。（胡云晚，2010）

四川筠连：昨天着娃儿些偷看倒了期末成绩。昨天被孩子们偷看到了期末成绩。（徐静，2018）

前边的三个句子，处所名词"门口""马路上""店门口"做了话题主语，"一个人""一凯人""货物"就出现在谓语动词之后做了受事宾语；后面两个句子，时间名词"昨天"做了话题主语，"脚""期末成绩"就出现在谓语动词之后做了受事宾语。

其实，被动句的受事成分也并不是必须在动词之后做宾语，比如第1例"门口头拨汽车撞杀一个人"，也可以说成"门口头一个人拨汽车撞杀"，但略加比较就可以知道用原句的表达方式略胜一筹。句子中的"一个人"是无定成分，无须强调，而说成"门口头拨汽车撞杀一个人"，就有对事情发生地点有着强调作用。

在宾语与主语有语义关联的几类宾语之外，我们也发现了一些特殊现象。

一种是被动句的谓语动词后面带两个宾语，一个是间接受事，一个是直接受事，也就是双宾语。

山东章丘：她吕崔凤，叫她着（传染）唠你和铃铛两个人虱子。她吕崔凤，被她传染了你和铃铛两个人虱子。（高晓虹，2011）

在这个句子中，"你和铃铛两个人"是谓语动词"着（传染）"的间接宾语，"虱子"是谓语动词"着（传染）"的直接宾语。

还有一种是谓语动词后面带主谓短语，这个主谓短语属于感事宾语：

河南扶沟：他不想叫咱知道他干啥去嘞。他不想叫咱知道他干啥去了。（刘琳霞，2016）

（三）宾语的隐略

我们发现，对于受事主语省略的被动句，宾语不能隐略，如果省略，要么会产生歧义，要么会导致语意不完整。比如"莫把刀子剁了手"这句话如果说成"莫把刀子剁了"除了理解为"不要被刀子伤了"，还可以理解为"不要把刀子给剁坏了"。

对于典型的"NP1 + K + NP2 + V + 宾语"格式中，情况各不相同，有的宾语绝对不能隐略，有的隐略宾语后基本不受影响，有的隐略宾语后会有一定影响。

比如下面的这些语例：

（1）黑板高头着画起好多人脑壳→黑板高头着画起好多*

（2）这孙子整天偷鸡摸狗，让我拘了这孙子→这孙子整天偷鸡摸狗，让我拘了

（3）一桶水哈给他泼地上了→一桶水哈给他泼了

（4）杰杰着炮炸着眼睛→杰杰着炮炸着

第（1）例，如果隐略宾语就不知所云，所以不能隐略。第（2）例，隐略复指宾语后基本不影响语意表达。后面两例，隐略宾语后虽然也能说通，但表意的准确度就打了折扣。

四　谓语的成分

方言被动句的谓语成分比较复杂。从不同的角度可以发现不同的规律。从语法的角度，被动句的谓语可以是动词，包括及物动词和不及物动词；也可以是动宾短语、动补短语、偏正短语、连谓短语等；从动词的音节构成角度说，被动句的谓语可以是单音节动词，也可以是双音节动词。

关于谓语动词的特征，我们随机考察了收集到的1000个方言被动句式，其中及物动词多于不及物动词，光杆动词少于非光杆动词，单音节动词要高于双音节和多音节动词，具体分布如下：

随机抽取的1000个被动句谓语动词特征分布考察简表

	总数	及物	光杆动词	单音节	双音节	多音节	行为动词
被动句中动词	1000	895	101	754	216	30	883

被动句中对谓语动词是有一定限制的，这个简表基本能够反映出被

动句谓语动词的构成规律。首先谓语动词多半应该是及物的，主要是因为谓语动词对应的是受事主语。其次谓语动词多为行为动词，因为施受关系本身就提出了动词的动作行为性强的要求：行为动词表示某种具体动作行为能够使受事受到某种处置，并产生相应的变化和结果。

根据李临定（1990）观点"单音节动词一般是具体动词常用于口语，双音节动词一般表示抽象动作，常用于书面语"，而在方言中抽取的语料多来源于口语，所以单音节动词要多于双音节动词。

光杆动词中进入被动句的数量不多，这主要是因为谓语动词在运用过程中经常要带补语表示处置的结果或描述处置的状态。

下面分别展开述说。

(一) 光杆动词

对于光杆动词，学界还没有统一的界定标准。有人认为动词的前边和后边都没有其他成分叫作光杆动词，有人认为动词的前边没有其他成分后面有体助词的就叫作光杆动词（着、了、过），有人认为动词的后边没有其他成分就叫作光杆动词。我们倾向后一种认识：能够单独充当谓语，后面没有附加成分（后面仅有语气词的，不算作附加成分，如四川泰兴方言中的"样个事情唔爱分佢晓得哈"）的动词就是光杆动词。

光杆动词很难进入被动句。在很多方言中，光杆动词不能进入被动句，进入被动句的动词，后面一定会伴随有其他成分。

在光杆动词能够进入被动句的方言中，对动词也有很多限定条件，而且不同的方言有不同的限定条件。对于单音节动词和双音节动词、及物动词和不及物动词，其限定条件又有宽严的不同。总体来说，单音节动词、不及物动词受到的条件限定更多。但相对来说，跟共同语相比，方言里能够进入被动句的单音节动词要多一些，因为在共同语里有些双音节动词在方言里是用单音节动词来表达的。比如"议论"，某些方言里说成"说""讲"；"指责""训斥"某些方言说成"吵"；"欺骗"，方言里往往说成"骗"；"讥笑""嘲笑""笑话"某些方言里说成"笑"，"没收"在方言里说成"收"，等等。

能够进入被动句的单音节动词，往往是具有表示明显处置意义的及物动词，如"打、骂、说/话/讲、偷、抢、骗、笑、咬、吃、叮"等。例如：

湖北孝感：一大早就要着别个骂。一大早就要被别人骂。（左林霞，2004）

广西南宁：做哂咁多嘢仲捱嗌，耿冇好受啦。做这么多事还被骂，肯定不好受啦。（林亦等，2008）

四川攀枝花：不怕着叼 t'au^{55}（骂）。不怕被骂。（兰玉英等，2011）

广西昭平：佢捱人屋笑。他被人家笑。（龚先美，2017）

云南富源：你说话么注意点，莫挨笑。你说话注意点，别被笑。（张微，2017）

湖南洞口：乞其讲，我悟不通。被他说，我想不通。（胡云晚，2010）

四川成都客家：哪个背后不着人说？谁背后不被人说？（钟琰娉，2016）

四川攀枝花：情肯着说也要写。宁愿被说也要写。（兰玉英等，2011）

云南富源：爹妈老是担心娃娃在外头会着骗。爹妈老是担心孩子在外头会被骗。（张微，2017）

四川攀枝花：没着人骗。没被人骗。（兰玉英等，2011）

四川西充：弄大凯人还着一伙儿娃儿抢。这么大的人还被一伙儿孩子抢。（王春玲，2011）

四川成都客家：东西在这儿不怕着人偷。东西在这儿不怕被人偷。（钟琰娉，2016）

云南富源：他差点着狗咬。他差点被狗咬。（张微，2017）

四川西充：麦子晒得院坝头要着鸡吃。麦子晒在院子里头要被鸡啄。（王春玲，2011）

江苏苏州：鱼当心拨苍蝇叮。鱼当心被苍蝇叮。（刘丹青，1997）

同样的单音词，有的我们列举了几个语例，目的在于说明这些词在不同方言中具有进入被动句的普遍适应性。我们关注一下这些单音词所在的语境，发现与被动句的整体特点是相适应的。因为被动句以表示消极受损意义为主体，这些表示具有明显处置意义的及物动词，总是具有让受事对象蒙受损失的意义。

"打、骂、偷、抢、骗"，这些单音词的负面意义很明显，不用多说。其他单音词同样体现了负面性："讲""说"不是一般的说话，而是表示负面议论；"笑"不是欢笑，而是负面的嘲笑、取笑、笑话；

"咬",出现在"着狗咬"的句子里;"吃",出现在"麦子……着鸡吃"的句子里;"叮",出现在"拨苍蝇叮"的句子里。

下面的句子是同样的情况。

福建连城:手骨乞滚水烙。手被开水烫了。(项梦冰,1997)

安徽颍东:今年俺那地方哩豆子没叫雨淹。今年俺那地方豆子没被雨淹。(焦继伟,2019)

四川筠连:钱包着偷,脚杆着撞,霉得很。钱包被偷,腿被撞,倒霉得很。(徐静,2018)

湖南岳阳:张三送得他里爷吊起打。张三被他爸爸吊着打。(李晓钰,2019)

"烙"是方言词,相当于通用语的"烫",出现在"手骨乞滚水烙"的句子里;"淹"的动作行为作用于植物,自然是蒙受损失,这些单音词也都反映出受事者蒙受损失的意义。

这些单音词能够进入被动句,除了受语义限制之外,在句法结构或者语篇方面也受到一些制约。

句法结构制约的第一种可能,是在光杆动词前边有一定类型的状语成分修饰,包括:一是在被动标记词前面要有"会""要"助动词修饰;二是在被动标记词前面要有诸如表否定的、表频率的、表范围的、表情态的、表时间的副词修饰;三是在谓语动词前面有方式状语。

状语成分方面的制约,在具体被动句中并不需要共同满足,只要能够满足上述条件限制中的一条,这些单音词就能进入被动句,当然有时候可能同时具备两个条件。

比如在"哪个背后不着人说?"句中,被动标记词前面有否定副词"不";在"弄大凯人还着一伙儿娃儿抢"中,被动标记词前面有情态副词"还";在"一大早就要着别个骂"句中,被动标记词前面有副词"就"和助动词"要"。在"张三送得他里爷吊起打"里句中,谓语动词"打"前面有"吊起"做方式状语。

句法结构制约的第二种类型,是被动句出现在表假设的复句或紧缩复句的后一分句。例如:

湖南洞口:讨其打,我还不如撞墙撞死。被他打,我还不如撞墙撞死。(胡云晚,2010)

广东梅县：着解件衫会分人笑。穿这件衣服会被人笑话。（林立芳，1997）

四川筠连：你不洗脸要着笑。你不洗脸要被笑话。（徐静，2018）

"讨其打，我还不如撞墙撞死。"是个复句，"讨其打"是表假设的分句。"着解件衫会分人笑"句是个紧缩复句，"着解件衫"是用来表示假设的，全句意思是，如果穿这件衣服就会别人取笑。同样，"你不洗脸要着笑"也是个表假设的紧缩复句，"你不洗脸"也是紧缩复句假设分句。

被动句式可以包孕在更大的句子中，是句法结构方面的制约的第三个方面。例如：

广东梅县：细孙子去学堂下分人熻，你知么？小孙子在学校被人欺负，你知道吗？（林立芳，1997）

安徽安陆：你去把得别个说，几划不来。你被别人说，多划不来。（盛银花，2015）

"细孙子去学堂下分人熻，你知么"是个包孕句，"细孙子去学堂下分人熻"在句子中做主语。在"你去把得别个说，几划不来"中，"你去把得别个说"也是被动句做主语的。

当然，在不同的方言中，句法结构的制约也是有差异的，甚至在有的方言里并不存在某些制约条件。

比如在福建连城方言里，如果要表述既往发生的不愉快的事情，本来就不严格要求在被动标记词前面用表示过去时时间副词作状语，动词后也不需要跟时体助词，当用共同语转述时，就需要加上时体助词"了"。例如：

福建连城：新妃乞家娘骂。媳妇被婆婆骂了。（项梦冰，1997）

　　　　　手骨乞滚水烙。手被开水烫了。

　　　　　脚骨拿乞刺戳。脚被刺扎了。

　　　　　迎老妹乞侪麦。你妹妹叫人给打了。

在有些方言里，光杆动词（单音节或双音节）进入被动句，并不是上面概括的这些句法结构限制，而是有特定的限制条件。

比如福州方言里，"乞"字被动句中的谓语动词加上前缀"搦"就可以成为不必再有后附成分的光杆动词，当用共同语转述时，就需要加上后附成分，起码要加上时体助词"了"。例如：

福建福州：伊结婚后就老妈搦管。他结婚后就被老婆管住了。（陈泽平，1998）

伊乞先生搦骂。他被老师骂了。

依弟早起头乞依爸拍。弟弟早上被爸爸揍了。

老王乞侬搦解闷。老王被人捉弄了。

进入被动句的句法结构条件，会因被动标记词的不同而有不同的限制。比如在湖北有些方言里，被动句使用的被动标记词具有选择性，比如在安陆方言里，当用"把得"这样的被动标记词时，光杆动词（单音节或双音节）进入被动句，有几个方面的限定，一是要求在被动句中有一个趋向动词"去"，"去"或者出现在被动标记词之前，或者出现在被动标记词之后谓语动词之前，"去"和原有的谓语动词构成了形式上的连谓结构；二是谓语动词一般限定在表示负面议论的言说义动词；三是除了用于否定之外，都要求有后续句。例如：

湖北安陆：他经常把得别人去谈讲，心里真是有得坨坨儿。他经常被别人说，心里真是没数。（盛银花，2015）

你老了老了把得别个去谈讲，你未定舒服啊？你老了老了被别人说，你心里难道舒服？

你莫去把得别个说。你别被人家说。

在语篇方面的制约，包括两个方面：一是在被动句的后面有后续小句；二是有与表被动分句对举的另一分句出现，另一对举的分句可以是被动句，也可以不是被动句。

比如"乞其讲，我悟不通"句中，表被动句的分句"乞其讲"后面有后续的分句"我悟不通"；在"这么大的年纪着人家说，划不来"一句里，"着人家说"，就是包孕在更大的句子中。"穿针逗人笑"出现在"道士难念经。我就学穿针，穿针逗人笑，我就学打灶"一段话中，这段话为单音节动词进入的被动句提供了语篇环境。在"钱包着偷，脚杆着撞，霉得很"中，"钱包着偷""脚杆着撞"两个被动结构形成了对举。

常规被动句中的动词，其后面一定要有后续成分，或者有宾语，或者有补语，至少要有时体助词，不然就会有语义未完、句子不完整的感觉。而上面的句子中出现了没有后续成分的单音节光杆动词，而且并不会让人感觉句子未完成，这是可以做出之所以如此的解释的。因为有些副词做了状语，就起到了时体助词体现的作用。比如"他着狗咬"说不通，需要添加时体助词"了"说成"他着狗咬了"，而"他差点着狗咬"就能说通，被动标记词前面加了情态助词"差点"就起到了时体助词"了"的完句作用。否定副词在被动标记词前面做状语，就否定了受事成分受到动作行为的影响，因而"没着人骗"这样的句子就能成立。有些表可能的助动词在被动标记词前面出现，就淡化了受事成分受到动作行为影响的结果，比如"着解件衫会分人笑"一句，如果去掉助动词"会"，就得补充时体助词"了"，说成"着解件衫分人笑了"。

（二）动词带时体成分

汉语共同语中最常用的时体成分是"着""了""过"。"着"的表示持续，相当于"过"的表示曾经经历，相当于"了"的时体成分表示完成。表示完成时的时体成分往往同时兼有语气词的作用。

汉语方言中的体成分及作用，与汉语共同语是一样的。不过表示完成时同时兼表语气的时体成分"了"，在有的方言中用相同形式，而在更多方言中，因方言的不同而用了不同的表现形式。下面举例略作说明。台州、温州方言用"爻"，比如"衣裳丐雨淋爻"；唐山方言用"唎"，比如"茶碗教他给打唎"；湖北大多地区用"哒/嗒"，比如"院子里菜都尽鸡子啄哒"；成都客家方言用"诶了"，比如"屋下遭贼娃子偷诶了"；湖南南部多数地区用"呱哩/呱了"，比如"锄头讨草埋呱哩"；苏州方言用"哉/啧"，比如"小鸟拨俚拿翼夹也剪断脱哉"；粤语用"咗"，比如"件衫畀淋湿咗"。

这些时体助词除了分别表示持续、完成、经历的功能之外，还有完句的功能，在动词后带了这些时体成分，就能使原本不能成立的被动句得以成立。比如"屋下遭贼娃子偷诶了"和"只碗拿赐他打烂来"两个句子，如果去掉时体成分"诶了"和"来"，"屋下遭贼娃子偷"和"只碗拿赐他打烂"就不能成句。

在实际语言中的被动句，这些时体成分的使用频率并不平衡，使用表示完成时体成分的最多，其次是表示经历的时体成分，表示持续的时体成分几乎不用。例如：

湖北新洲：我互（乞）小王拍咯。我被小王打了。（高杜，2016）

福建福州：锁乞侬撬咯。锁被他撬了。（陈泽平，1998）

四川攀枝花：镜子着砸烂喽。镜子被打烂了。（兰玉英等，2011）

四川成都客家：渠着家爸讨诶了。他被他爸爸骂了。（钟琰娉，2016）

四川泰兴客家：鱼子分猫公食诶了。鱼被猫吃了。（兰玉英等，2007）

江西贵溪樟坪畲话：渠转寮嘚一睇，门锁得人撬哇。他回家一看，门锁被人撬了。（刘纶鑫，2008）

浙江鄞州：侬拨啥人踢啦？你被谁踢了？（肖萍，2014）

湖北咸宁：那本书把得伊落了。那本书被他丢了。（王宏佳，2009）

湖南洞口：月光着云挡呱哩。月光被云挡了。（胡云晚，2010）

湖南益阳：他侬屋里着大水淹呱嗒。他家被大水淹了。（崔振华，2009）

湖南益阳：他拨工厂开除哒。他被工厂开除了。（崔振华，2009）

福建福州：小明都无乞先生批评过。小明都没被老师批评过。（陈泽平，1998）

湖南洞口：我个书等其翻过。我的书被他翻过。（胡云晚，2010）

湖南娄底：个人拿赐他打过。这个人被他打过。（彭逢澎，2009）

以上 14 个例句中，前 11 个句子中的谓语动词后面带了表完成体的时体成分，"咯""喽""诶了""哇""啦""哩""呱嗒""嗒"等都是"了"的变体；后 3 个句子中的谓语动词后面带了表经历体的时体成分"过"。在我们认识到的被动句里，没有用表持续的时体成分"着"放在谓语动词之后的。

我们发现，在福建泉州话里有"伊乞车撞着"这样的说法，尽管谓语动词后带了"着"，但"着"在这里并不是表持续的时体成分。"伊乞车撞着"一句，放在不同的语境中可以表示两种不同的意义，一种是"他被车撞了"，另一种是"他被车撞过"。

（三）动词带补语

谓语动词后带补语是汉语方言被动句中最常见的结构类型。从语义的角度进行区分，谓语动词后面的补语成分，可分为以下几个类型：结果补语、程度补语、时间补语、处所补语、趋向补语、数量补语。

谓语动词后带结果补语的，例如：

湖北罗田：衣服袖口儿尽他穿破了，再要买一件。衣服袖口儿被他穿破了，要再买一件。（徐英，2017）

浙江余姚：我葛镬呒没则张三拷破。我的锅没有被张三砸破。（肖萍，2011）

湖北罗田：细伢儿尽吹风吹病了，只有送到医院去了。孩子被风吹病了，只有送到医院了。（徐英，2017）

四川泰兴客家话：先行听倒讲你们個子有只人拿分人打死诶了。前些天听说你们那儿有个人被人打死了。（兰玉英等，2007）

山东枣庄：恁二姈子忒恶了，连恁二舅都叫（她）骂急了。你二姈子太厉害了，连你二舅都被（她）骂急了。（杨晓红，2011）

江西南昌：衣裳都驮涿湿了。衣服都被雨淋湿了。（张燕娣，2007）

湖北恩施：电视机也叫他搞得没得图像哒。电视机也被他搞得没图像了。（王树瑛，2017）

湖南岳阳：两斤肉送得他里快吃完得。两斤肉快被他们吃完了。（李晓钰，2019）

四川成都客家：大家都叫他两个逗笑了。大家都被他们两个逗笑了。（钟琰娉，2016）

江西定南：该眼衫拿佢洗净啦。这件衣服给他洗干净了。（刘纶鑫，2001）

山东苍山：街道叫环卫工人给打扫干净了。街道被环卫工人给打扫干净了。（王晓军等，2012）

这些结果补语，更多的是表示受事主语所表示的人或事物的受损结果，用来反映这种结果的，可以是词，也可以是不同的类型的短语。比如可以是"破""病""死""急""湿"这样的动词或形容词，也可以是动宾短语"没得图像"，包含状语中心动词和补语的复杂短语"快吃完"等。当然也有少数积极方向的，比如后几例中用单个词表示的"笑"和"净"，用述补短语表示的"打扫干净"。

无论是哪种语言单位做补语，都有一个共同的特点，除非否定性被动句（如"我葛镬呒没则张三拷破"），补语后都跟有表完成体的时体成分，比如"穿破了""涿湿了""搞得没得图像哒"等。尤其是单音节动词后面带结果补语,更离不开有表完成体的时体成分,不然就有语义未完的感觉。

在有些方言里,也有结果补语后面不跟表完成体的时体成分的特例,不过跟一般被动句相比,谓语动词的形式发生了特殊的变化,就是让带补语的单音节谓语动词本身重叠,从而使句子不带表完成体的时体成分而有完成体的效果。例如:

浙江金华:渠个碗打打破。碗被打破了。(曹志耘,1997)

浙江金华:约大水头桥冲冲走。桥被大水冲走了。(曹志耘,1997)

谓语动词后带程度补语的,例如:

湖南洞口:其肯定着我吓倒要死。他肯定被我吓得要死。(胡云晚,2010)

湖北咸宁:一群女生把他吓得乱叫。一群女生被他吓得乱叫。(王宏佳,2009)

湖北湘阴:床上送得他搞得邋遢死得。床上被他弄得很脏。(蔡旺,2018)

江苏高淳:我都把它哭辣心软掉了。我都被它哭得心软了。(石汝杰,1997)

江苏高淳:他呆讨古桩事弄辣急杀了。他被这件事弄得急死了。(石汝杰,1997)

安徽颍东:自行车子叫你骑坏成啥样了。自行车子被你骑坏成啥样了。(焦继伟,2019)

湖南攸县:暗边基,天边得快落山咯日头照得绯红。傍晚,天边被快落山的太阳照得绯红。(董正谊,2009)

湖南岳阳:身上尽火烧得乌焦巴弓哒。身上被火烧黑了。(李晓钰,2019)

四川成都客家:渠拿分家咪吓到不敢开腔。他被妈妈吓到不敢吭声了。(钟琰婷,2016)

四川成都客家:渠拿分人家打残废了。他被人家打残废了。(钟琰婷,2016)

河南扶沟:你小时候还叫牛犊子吓出过病咦嘞。你小时候还被牛犊子吓出过病呢。(刘琳霞,2016)

湖北洪洞：麸片儿得风刮得满天飞。麸片儿被风刮得满天飞。（乔全生，1999）

安徽颍东：小孩儿叫老公鸡吓哩满到哩跑。小孩儿被老公鸡吓得到处跑。（焦继伟，2019）

湖北安陆：菜园里得菜尽强徒（小偷）偷得一根毛都有得。菜园里的菜被小偷偷得一点都没有了。（盛银花，2015）

例句中的这些程度补语，跟结果补语相比来说，用时体助词做结果的要求就宽缓得多，程度补语后面用时体助词的就相对少一些。

表示程度的方式各不相同，有的是抽象地概括，甚至用极度夸张的方式，比如"吓倒要死""搞得邋遢死得""弄辣急杀了"；有的是形象地描绘，比如"烧得乌焦巴弓""刮得满天飞""偷得一根毛都冇得"。用形象描绘的方式表示程度的程度补语，有人称为状态补语。这些程度补语，除个别情况外，都是表示受损程度。

谓语动词后带处所补语的，例如：

湖南新化：去年看龙舟，有个细人唧逗别个打桥高落挤到河里去哩。有个小孩被人家从桥上挤到河里去了。（罗昕如，2009）

湖北罗田：你再不收拾，尽他丢到塘里去了。你再不收拾，被他丢到塘里去了。（徐英，2017）

湖南洞口：鱼乞楚平运到车上哩。鱼被楚平运到车上了。（胡云晚，2010）

处所本身，无所谓积极消极，处所补语的受损负面性，是通过动词谓语动词体现的，比如"挤""丢"等。

谓语动词后带时间补语的，例如：

河南扶沟：一袋面能叫他吃俩月。一袋面能被他吃俩月。（刘琳霞，2016）

湖南涟源：一本书拿赐佢看得几个月。随便一本书他都能看上几个月。（陈晖，1999）

湖南洞口：楚平着王师傅关呱一夜。楚平被王师傅关了一夜。（胡云晚，2010）

湖南涟源：一餐饭拿赐佢吃得半日。一顿饭被他吃了半天。（陈晖，1999）

四川筠连：王三儿抢东西着关了两年。王三儿抢东西被关了两年。（徐静，2018）

从语义说，通过补语来反映动作行为作用的时间，同样多是负面状况，时间长度未必是精准的。比如"一餐饭拿赐佢吃得半日"一句，说话人要宣泄的是一种不满情绪，说某人行动迟缓，做事磨叽，一顿饭都被他吃半天，其中的"半日"就不可拘泥字面的时间长度。

谓语动词后带数量补语的，例如：

湖南宁远：与一根树子绊了一跤。被树绊了一跤。（卢晓群，1997）

湖南湘乡：我拿狭爷打解一餐。我被狭爷打了一顿。（黄伯荣，1996）

江西安义：小张等骂了一餐，气得走泼了。小张被骂了一顿，气得走开了。（万波，1997）

四川泰兴客家：连上去劝个人都遭佢踹诶两脚。连上去劝的人都被他踹了两脚。（兰玉英等，2007）

山东章丘：他被他爹批评唠一顿。他被他爹批评了一顿。（高晓虹，2011）

湖北孝感：昨天不小心尽狗子咬了一口。昨天不小心被狗咬了一口。（左林霞，2004）

山东博山：晌午我叫自行车碰了一下。中午我被自行车撞了一下。（钱曾怡，1993）

湖南洞口：不怕着你笑，我讨姆妈打呱一顿闹热个。不怕被你笑，我被妈妈打了一顿。（胡云晚，2010）

充当数量补语的，更多的是由"一＋量词"构成的数量短语，句意的负面性，也是通过动词谓语动词体现的，比如"绊""骂""批评""打"等。有时候，数量补语与其他类型的补语可能同时出现，如最后一例的"打呱一顿闹热个"。

（四）动词带补语和宾语

关于被动句中谓语动词带宾语，前边分析宾语成分的时候已经谈到，由于被动句的宾语通常都是受事成分，因而被动句中谓语动词出现宾语的概率比较低，如果出现宾语，语义类型也比较特殊，只有宾语与主语有着某种语义关联的隶属性宾语、生成性宾语、领属性宾语等。所以动词带宾语的情况就不再多说。

动词既带补语又带宾语的，宾语仍然是上面说过的宾语与主语有着某种语义关联的几类特殊宾语，从语序说只能是补语在前宾语在后，没有发现有宾语在前补语在后的语例。补语的类型从语义特征来说，一般都是结果补语。例如：

湖南洞口：老王把其个婆娘抓烂呱面巴子。老王被他老婆抓破了脸。（胡云晚，2010）

湖南益阳：他着鞭炮炸伤哒一只眼睛。他被鞭炮炸伤了一只眼睛。（崔振华，2009）

四川成都客家：店门口拿分人家堆满了货物。店门口被人家堆满了货物。（钟琰娉，2016）

动词既带补语又带宾语的，除了补语在前宾语在后的表达方式之外，更多地采用被动句与处置句套用的句式，用处置标记词将动词的宾语移位到动词之前。例如：

陕西合阳：我教钉子把手划烂咧。我被钉子划破了手。（邢向东，2010）

陕西西安：我不小心叫钉子把手扎流血嘞。我不小心被钉子把手扎流血了。（兰宾汉，2011）

陕西西安：小明把手叫开水烫咧好几个大泡。小明的手被开水烫了好几个大泡。（兰宾汉，2011）

甘肃酒泉：剩下的银钱叫人把半数抢掉了。剩下的钱叫人抢走了一半。（孙占鳌等，2013）

陕西西安：老房子把墙根叫老鼠打了好些窟窿。老房子的墙根叫老鼠打了好些窟窿。（兰宾汉，2011）

广东汕头：隻骹车分人对个钟拆走去了。这个自行车被人把铃铛拆走了。（施其生，1997）

我们注意到，处置标记词引介宾语构成的介宾结构，一般放在动词和被动标记词引介宾语构成的介宾结构之间，例如"我教钉子把手划烂咧""我不小心叫钉子把手扎流血嘞""剩下的银钱叫人把半数抢掉了""隻骹车分人对个钟拆走去了"；有时候也可以改变语序，处置标记词引介宾语构成的介宾结构放在被动标记词引介宾语构成的介宾结构之前，例如"小明把手叫开水烫咧好几个大泡""老房子把墙根叫老鼠打了好些窟窿"。

(五) 连谓结构

连谓结构，通常指的是由两个或两个以上动词性短语充当谓语构成的结构，比如"乘坐出租车赶赴现场""摆姿势拍照片""一早起来到学校参加家长会"。我们这里所说的被动连谓结构，是一种特殊的连谓结构。

被动连谓结构，虽然也是两个或多个动词性短语充当谓语构成的结构，但这些动词性短语与通常的连谓结构不同，带有被动句的特点。不同的句子之间也有一些差异。例如：

福建晋江：牛乞伊借去犁地。牛被他借去犁地。（林天送，2015）

江苏高淳：我讨他拉出去吃辣顿夜饭。我被他拉出去吃了顿晚饭。（石汝杰，1997）

湖北崇阳：伊把得学堂选去参加比赛了。他被学校选去参加比赛了。（林天送，2018）

四川筠连：幺哥被婆婆背起赶街上耍了。弟弟被外婆背着去街上玩了。（徐静，2018）

河南扶沟：破衣裳叫我收拾收拾扔来。破衣裳叫我收拾收拾扔了。（刘琳霞，2016）

江西南城：恁崽上课眠畀阿畀喊醒来罚站。你儿子上课睡觉被我给叫醒来罚站。（周迪，2015）

上面举到的被动句，都包含有连谓结构，可以分为三种情形，每种情形里的两个或多个动词性短语，情况都不一样。

前四个句子是一种情形：第一个动词性短语是含有被动标志词的动词性短语，形式是"被动标志词+施事成分+动词"或"被动标志词+动词"，表意特征是动词所表示的动作行为并不是被动句主语所表示的人或事物主动发出的。跟随在后的第二个动词性短语，与通常连动结构的动词性短语没有区别，动词所表示的动作行为就是主语所表示的人或事物主动发出的。

比如，在第一句"牛乞伊借去犁地"中，"乞伊借去"是第一个动词性短语，形式上符合"被动标志词+施事成分+动词"；从意义上说，"借去"不是主语"牛"主动行为而是被"收拾"。第二个动词性短语"犁地"是主语"牛"的主动行为。在第二句"我讨他拉出去吃辣顿夜饭"中，"讨他拉出去"是第一个动词性短语，形式上符合"被动标志词＋施事成分＋动词"；从意义上说，"拉出去"不是主语"我"的主动行为而是被"拉出去"。第二个动词性短语"吃辣顿夜饭"是主语"我"的主动行为。第三、第四两句大致类此。

第五个句子是第二种情形：第一个动词性短语是含有被动标志词的动词性短语，形式是"被动标志词＋施事成分＋动词"或"被动标志词＋动词"，表意特征是动词所表示的动作行为并不是被动句主语所表示的人或事物主动发出的。跟随在后的第二个动词性短语，与通常连动结构的动词性短语有区别，动词所表示的动作行为不是主语所表示的人或事物主动发出的。

比如"破衣裳叫我收拾收拾扔来"中，"叫我收拾收拾"是第一个动词性短语，形式上符合"被动标志词＋施事成分＋动词"；从意义上说，"收拾收拾"不是主语"破衣裳"主动行为而是被"收拾"。跟随在后的第二个动词性短语，与通常连动结构的动词性短语有区别，动词所表示的动作行为"扔"不是主语所表示的人或事物主动发出的而是被"扔"。

第六个句子有三个动词性短语，是第三种情形：第一个动词性短语，与通常连动结构的动词性短语没有区别，动词所表示的动作行为就是主语所表示的人或事物主动发出的。跟随其后的第二个动词性短语是含有被动标志词的动词性短语，形式是"被动标志词＋施事成分＋动词"或"被动标志词＋动词"，表意特征是动词所表示的动作行为并不是被动句主语所表示的人或事物主动发出的。第三个动词性短语，与通常连动结构的动词性短语有区别，动词所表示的动作行为不是主语所表示的人或事物主动发出的。

比如"恁崽上课眠界阿界喊醒来罚站"中，"上课眠"是第一个动词性短语，动词"眠"的行为是主语"恁崽"自身发出的；第二个动词性短语"界阿界喊醒"是含有被动标志词的动词性短语，形式上符合"被动标志词＋施事成分＋动词"；"喊醒"的行为不是主语"恁崽"的主动行为而是被"喊醒"；第三个动词性短语"罚站"不是主语所表示的人或事物主动发出而是被"罚站"。

第五章　汉语方言被动式的语法标记

汉语方言的被动标记书写形式多样，分布地域广阔，来源复杂。对于方言间被动句的比较研究来说，很多方言在被动标记的选择上有所差别，研究其中的被动标记种类、特征和具体的分布差异是本书的一个非常重要的内容。

前人对汉语方言中被动标记的种类和分布有过考察。曹志耘（2008）考察了930个方言点，收集了68类被动标记，不过有些被动标记虽然有不同的读音，但有着共同的书写标记。比如"把"有时可以用作被动标记，除了念作[pa]外，在安徽宿松方言里读[ma]，在湖北英山方言里读[me]，其实用文字记录下来都是"把"。我们统计了曹志耘的68类被动标记，发现其中只有42种不重复的书写形式。① 另外，我们参考了陈章太、李行健（1996：4547）、黄伯荣（1996：665-674）对方言中被动标记的考察，统计出有52种不重复的被动标记。外加这几年一些有关论著和文献，结合作者的实际考察，涉及近1000个方言点，共有90种不同书写形式的被动标记。

第一节　被动标记的来源

根据语法演变规律，结合汉语史，一般在汉语中起到语法作用的标记虚词都是由实词虚化过来的，属于语法化的一个过程。汉语方言的被动标记也是一些实词经过语法化后的结果，因此这些标记在理论上都能

---

① 曹志耘：《汉语方言地图集（语法卷）》，商务印书馆2008年版，第94—95页。

够找到相应的语义来源。Heine 和 Kuteua（2002）① 提出人类的被动标记一般有 10 种来源：反使役式（anticausative）、伴随格（comitative）、人称代词（peis-pron）、第三人称单数（third plural）、吃（eat）、掉下（fall）、得到（get）、反身代词（reflexive）、看（see）、遭受（suffer）。王统尚（2019）考察了曹志耘的《汉语方言地图集（语法卷）》中所列的被动标记，统计了"叫""被""让""着"等 7 个方言被动常用标记的使用地域量；考察了黄伯荣主编的《汉语方言语法类编》，统计了河南洛阳、江苏淮阴、山东烟台、浙江金华、云南鹤庆、宁夏固原等 19 个方言区的被动标记带不带施事宾语的情况；在这些考察统计的基础上，考虑被动标记来源的语义相宜性，得出方言被动标记主要有使役（如"叫、让"）、遭受（如"着、遭、被、捱、挨"）、给予（如"给、乞、畀、把"）、取得（如"拿、得、讨"）、等待（如"等"）5 种语义来源。对比汉语史上的主要被动标记的语义来源，得到这样的认识：汉语方言被动标记的语义来源大致和汉语史上被动标记的语义来源重合。因此我们在考察方言被动标记的语义来源时借用了汉语史上的一些书面汉语语料作为对比。

我们对照了汉语方言的被动标记，从语义上看，被动标记最多的来源是：遭受、给予、使役，此外还有一些其他的来源。这里需要指出的是，虽然"取得"和"给予"是两种不同的语义，但是从语义来源来说"取得"和"给予"是有关联的，两者经常可以互为转换。比如"持拿"表面上看是一种"取得"，其实"拿"有"拿来"和"拿去"之分，而且方言中被动标记的双音节中很多带"拿"的都有给予义，比如"拿赐""拿分"等，卢保安、邓葵（2006）指出方言中的被动标记"拿"是由动词"拿"的给予义虚化而来，所以我们就把"拿"这种表面上看具有"取得"义的词在被动标记归类中归入到"给予"义的来源中。不过有时候"给予"是由"取得"引申出来的，比如带有"获得"义的被动标记"得"，阮桂君（2004）认为被动标记"得"是由"获得义"转变为"给予义"的。由于"取得"和"给予"两者语

---

① Heine & Kuteua World Lexicon of Grammaticalization, Cambridge: Cambridge University Press: 333.

义本质相同，经常相互影响，比如北方方言的"给他一本书"这种在很多南方方言中只能用"拿一本书到他那里"表达，也即有时候持拿或者获得义动词可以充当给予义动词的功能，而事实上很难探讨究竟是源于"取得"还是"给予"，所以我们在探讨语义来源时，将"获得"和"给予"进行了合并。此外王统尚（2019）列出的被动标记"等"归入到"等待"义语义来源值得商榷，我们认为"等"语义来源可以是"使役"义，也可以是"给予"义。例如在湖南的邵东话被动标记"等"源于给予，有如下用法：

你等狗咬个一口。你被狗咬了一口（黄磊，2004）【"等"作为被动标记】

等本书你唠。给你一本书。（黄磊，2004）【"等"为给予义】

这里的"等"和"给"的语义功能差不多，可以相互替换。

再比如在湖北阳新方言中也含有被动标记"等"，其被动语义源于"使役"义：

这件事莫等佢晓得了。这件事别让他知道了。（黄群建，2016）【"等"作为被动标记】

嗯等渠哭。你让他哭。（黄群建，2016）【"等"为使役义】

这里的"等"和"让"的语义功能差不多，可以互换，而"让"基本上表示被动是由"使役"义而来。

一　源于给予类动词

关于被动标记的来源，不同方言区其被动标记来源也有所不同。比如罗荣华（2018）指出赣语的被动句标记主要来自使役动词，而卢小群（2007）指出湘语绝大多数的被动标记词源于给予类动词。所以我们重点从给予和使役动词入手来探讨方言被动标记的来源。

汉语学界一般学者认为被动标记的一个重要来源为给予类动词。

首先我们要明确给予动词并不能狭义地理解为给予动作，而是包括有"持拿义"在内的给予功能的动词。因为南北方在表达给予时是有差异的。南方常用"持拿动词+受事+对象介词+对象宾语"表示给予功能，而在北方常用"给予动词+对象+受事"。比如：北京方言的"给他一支烟"到了南方江西安义方言中就变成了"拿只烟到他"。①

由于方言很多都保留有古汉语的诸多特点，因此看一个被动标记源于哪些词，可以参考用于被动标记的词本身除了作为标记词外，在日常使用中还具有哪些实词的意义或用法。这也是我们判定一个方言被动标记语义来源的依据。

比如严格意义来说湘方言并没有真正的给予义动词，给予义动词多是从持拿义动词演化而来的。湘方言中的被动标记词"拿""拿赐"这些带有"持拿义"的被动标记，在很多时候可以理解为"给予"义的动词。如娄底话有"买3斤苹果赐佢（买3斤苹果给他）""块衣衫快滴拿赐佢（这衣服快点拿给他）"。并且在娄底话中"拿赐"和"把赐"可以互换，比如"块衣衫快滴拿赐佢"可以说成"块衣衫快滴把赐佢"，语义基本相同。卢小群（2007：316-320）指出，湘语绝大多数的被动标记词源于给予类动词（这里就包括了很多的持拿义动词）。我们统计了所收集的90类不同书写形式的被动标记，发现源于给予义的被动标记有21个，主要依据是这些被动标记在方言中作为实词用时都有给予义的意思，具体如下：

（1）把，主要分布在吴语、江淮官话、西南官话、赣语、湘语、客家话、晋语等方言区。

如：

湖北大冶：嗯还没把我钱。你还没有给我钱。

（2）把赐，主要分布在湘语中。

湖南娄底：块衣衫快滴把赐佢。这衣服快点拿给他。

（3）把倒（到），主要分布在赣语、西南官话中。

如：

湖北大冶：嗯没把到钱我。你还没有给钱我。

（4）把得，主要分布在江淮官话、西南官话、湘语中。

如：

湖南湘阴：你得本书把得我我。你得给我本书。

---

① 关于为什么南北方在"给予"表达的功能上出现形式和用词上的差异，张敏2011年指出是源于南北方在给予义动词的演变的进程不同造成的。

（5）把乞，主要分布在湘语、赣语中。

如：

湖南洞口：书把乞我。书给我。

（6）把在，主要分布在赣语中。

如：

安徽宿松：钱把在我。钱给我。

（7）畀，主要分布在粤语中。

如：

香港粤语：留翻畀我。留给我。

（8）传，主要分布在赣语和闽南语中。

如：

湖南涟源：传本书我。给本书我。

（9）赐，主要分布在湘语中。

如：

湖南娄底：买3斤苹果赐他。买3斤苹果给他。

（10）得，主要分布在赣语、客家话中。

如：

福建长汀客家：拿一本书得我。拿一本书给我。

（11）分，主要分布在湘语、客家话、赣语、吴语、潮汕话、闽南语中。

如：

湖北大冶：单位分嗯十斤肉。单位分你十斤肉。

（12）丐，主要分布在吴语中。

如：

温州：书丐渠了。书给他了。

（13）给，主要分布在吴语、冀鲁官话、中原官话、湘语、西南官话、粤语中。给本身就具备给予义，且也常用作被动标记。

如：

河南洛阳：书给俺。书给我。

（14）互，主要分布在闽南语中。

如：

福建泉洲：书互佢。书给他。

（15）互人，主要分布在西南官话中。

如：

四川巴中：互人我好多花。给我好多花。

（16）护，主要分布在闽南语中。这个主要是同音借用，语音上和"互"有些微差别，但是基本功能一样。

如：

福建福州：书护佢。书给他。

（17）拿，主要分布在赣语、西南官话中。

如：

湖南涟源：书拿哈佢。书给他下。

（18）拿赐，主要分布在湘语中。

如：

湖南娄底：块衣衫快滴拿赐佢。这衣服快拿给他。

（19）拿分，主要分布在吴语、西南官话中。

如：

四川泰兴：碗拿分渠了。碗给他了。

（20）拿给，主要分布在西南官话中，还有一些北方方言区

如：

四川成都：这钱拿给他撒。这钱给他。

（21）拿狭，主要分布在湘语中。

如：

湖南涟源：书拿狭佢。书给他下。

（22）乞，主要分布在赣语、闽东语中。

如：

湖南洞口：乞他吃一口。给他吃一口。

（23）讨，主要分布在吴语、赣语中。语义上和"乞"接近。

如：

江苏高淳：猫讨了鱼吃。猫（被）给了鱼吃。

（24）与，主要分布在湘语中。

如：

湖南宁远：把肉与点渠。把肉给他点。

（25）与倒，主要分布在湘语中，可以理解为"与"的双音节形式。

如：

湖南宁远：把肉与倒点渠。把肉给他点。

我们发现源于"给予"义的被动标记词在南方分布较多，而且多由"持拿"义的词充当。为什么南方方言被动标记多源于"给予"义的动词，而且关涉"持拿"义？张敏（2011）研究得出：上古至中古时期给予义动词主要由"与"字充当，到了宋代"与"字走向了衰微，北方方言中给予义动词逐渐由"给"字代替，而南方方言此时早已脱离中原，因此同时期并未受到中原话"给"的波及，所以当南方方言的给予义动词"与"消亡后，一时没有了专门的给予义动词，这时就不得不寻找其他方式或者词语来表达给予的意义。那时"持拿"最易充当给予义，因为"持拿"的主要目的就是为了给予，随着语法结构的固定，而"持拿动词"多接双宾语，于是又发生分化，产生类似"拿杯水给他"的结构，于是"持拿"类动词的"给予义"更加明显，而且随着语法化的发展"给予义"又逐渐演变为"致使"义，最后再虚化为被动标记。如涟源市的方言被动标记"拿哈"就是经过"持拿义动词→给予义动词→致使义动词→被动标记"的历程。简单来说就是南方的方言中受到共同语的影响较小，且语法化程度还不那么完全，因此多停留在给予义的演化阶段。这可以理解为语言接触和语法发展的不均衡性造成的。

二 源于使役义动词

"使役义动词"也叫"使役动词"，是表示使、令、让、帮、叫等意义的不完全及物动词。

桥本万太郎（1987）指出，北方方言的被动标记大都是由使役义动词转化而来，依据是满文中的被动标记是由使役标记表示的，而北京话是满族入主中原后形成的官方语言，汉语在和满语接触融合的过程中多少会受到满语影响。江蓝生（2000）也指出一些动词的使役化用法是被动标记来源的最后演化阶段，一般被动标记大都会经历过使役义的变化，因为"给予动词无论在南方还是北方，自古以来都是使役和被动兼用的"，而且给予义可以转换为使役义，比如当"给+N"扩展为"给+V"和"给+N+VP"时，给予义就会引申为使役义。蒋绍愚（2002）也指出了给予义和使役义的关系，他列举的三个例子：

（1）往常老太太又给他酒吃。（《红楼梦》）

（2）我的梯己两件，收到如今，没给宝玉看见过。（《红楼梦》）

（3）千万别给老太太、太太知道。（《红楼梦》）

蒋绍愚（2002）认为这里的三个"给"就是"给予义、使役义、被动标记"共现，而且转换历程是"给予义→使役义→被动标记"。现在"给"的用法仍然是这三个，依然存在于各种语境中。

冯春田（2000）和刘云（2018）也支持使役来源说。比如北京话中的"给"就经历了"给予义→使役义→被动标记"的转换历程。

关于给予和使役的关系，我们可以用下面两个句子表示：

小王不给小李酒喝

小王不允许小李喝酒

小王不让小李喝酒

第一个句子根据常理，如果一个人不允许别人做某事，自然不会把相关东西给他，而"不给"自然就是"不允许"，因此使役义可以理解为一种抽象的给予行为，也即是"使役"就是"给予"的引申，给了就是允许做某事（使役）。

其实单纯就使役义来说，很多其他类型的动词在虚化为被动标记时都可能转换为使役义，这种被动标记的来源属于兼具使役和给予义。而本节所探讨的主要是那些从使役单独转变而来的被动标记，类似"给"这种在发展过程中"给予"和"使役"兼具的词本节不作讨论。

根据被动标记词在汉语发展史以及方言中作为实词用法所表现出来的语义特征，我们认为90个被动标记中，源于使役义的有"叫""教""让""听""由"，主要是根据这些被动标记在方言中还有表示客观"容任"或者"使得"某人做某事的意思。具体如下：

叫，主要分布在中原官话、冀鲁官话、晋语、江淮官话、兰银官话、西南官话等北方方言区，此外在吴语中也会零星存在。

如：叫我们怎么个了得？（冀鲁官话：使得我们怎么办？）

教，主要分布在中原官话中。

如：谁教你去的？（河南方言：谁使你去的？）

让，主要分布在江淮官话、西南官话中。

如：莫让他搞七搞八。（武汉话：不要使得他瞎搞。）

听，主要分布在湘语中。

如：莫要管听他去。（常德方言：不要管让他去。）

由，主要分布在赣语中。

如：莫管佢由佢去。（大冶方言：不要管他让他去。）

需要指出的是，如果被动句的语义来源为使役义，其使役强调多为较弱的容让义。（使役动词的使役强度一般分为三个等级，根据由强到弱依次是：命令型、致使型、容让型）比如"听他去""身子叫他搞垮了"的"听"和"叫"都表示容让，可以用"让"替换。这主要是因为在使役动词的三个等级中，命令型动词使役是它主要功能，经常单独充当谓语，因此一般不容易虚化为被动标记，而容让型使役性最弱，这样就对施事的依赖最小，谓词属性最不强，就容易虚化为被动标记。

三 其他来源

有些方言被动标记源于遭受义，王统尚（2019）归纳出"被、着、遭、㨃、挨"这些被动标记最初所表达的意义都和遭受有关。

笔者赞同王统尚的观点，首先"被"源于"遭受"这个学界目前基本达成共识，其次这些词语中最接近"遭受"义的是"遭"，而这些被动标记在方言中可以同"遭"进行互换，"㨃"和"挨"语音相近，其实它们在作为被动用法时，其语义都有"遭受"的意思，和被动标记"遭"语义近似。例如：

广西崇左江州蔗园话：落了一场大雨，衫裤挨淋湿了。下了一场大雨，衣服被淋湿了。（李连进、朱艳娥，2009）

广西南宁：条村㨃公安局抓晒几次六合彩。村子被公安局抓六合彩。（林亦等，2008）

四川泰兴客家：屋下遭贼娃子偷诶了。家里被贼偷了。（兰玉英等，2007）

"遭""挨""㨃"都可以用"被"，而且三个都有遭受的语义。

而"着"虽然表面上看不出其语义特征，但是读音接近"遭"。只不过在南方和北方在"遭"和"着"的选择上有倾向性的差别。宁夏固原、银川，山西新绛等地使用"遭"表示被动，而一些西南官话区和湘方言中使用"着"表被动。甚至同在西南官话区，"遭"和"着"都有，而且都表示被动。例如：

四川自贡：茶杯遭他打破了。茶杯被他打破了。（殷润林，2005）

四川自贡：茶杯着他打破了。茶杯被他打破了。（殷润林，2005）

这也充分说明在一些方言中，"遭"和"着"分得不是那么清楚，所以"着"和"遭"是近亲。

其实"着"在西南官话、湖南一些方言中的语义功能和"被"差不多。如现代汉语的"他被蛇咬了"，在西南官话中常常表述为"他着蛇咬了"。

我们看属于西南官话区的贵州都匀方言中"着"的使用情况：

贵州都匀：裤子着雨淋湿啊。裤子被雨淋湿了。（罗玉琪，2020）

树林着火烧啊。树林被火烧了。

他着自行车撞断啊腿。他被自行车撞断了腿。

这三个例句中，做主语的受事对象都是遭受某种灾难或问题，从而造成一种不幸的结果事件。据此，罗玉琪（2020）指出在都匀方言里的被动标记"着"的来源是遭受义动词。

我们发现使用"着"标的被动句含有不愉快、不如意、不企望等消极方面的色彩这一点和"被"很像。虽然在现代汉语中"被"所接的对象也会出现一些积极色彩的词，但总体上"被"多接消极事情。德国汉学家 Haenisch[①]（1933）曾经认为汉语的被动结构主要源于遭受，尤其是表达遭受不好、不幸的事情时会用到"被"字句，以至于很长一段时间，包括王力先生很多汉语学界的学者基本都赞同汉语的被字句多表达不好的消极意义。

王力（1990）曾经指出正是因为"被"由"遭受"义演变而来，而"遭受"多为不好的事情，所以出现"被"字句时，一般多为不好

---

① Haenisch, E. 1933 Grammatische Bemerkungen zur Chinesischen Literatursprache. C. zum Ausdruckdes Passivs, Vol. IX：172. 另转见周法高《中国古代语法（造句编）》，中华书局1982年版，第96页。

的事物，而方言的被动标记"着"和"被"的功能非常接近，结合"被"的"遭受"表达以及前文论证的"着"和"遭"的近亲关系，"被""着""遭"三者所表达的感情色彩和遭受义密切相关。

综上，我们可以推理得到这样的结论："被""着""遭""挨""捱"的语义来源皆源于"遭受"义。

虽然在汉语方言中这三类常见的被动标记语义来源不同，但从上述描述中我们发现，其实各类被动标记内部都具有很强的规律性、稳固性和一致性，甚至这几类被动标记的几种语义来源还有相互关联性，比如不管是源于给予、使役还是遭受，都在虚化为被动标记过程中经历"容让"义，这恰好反映了方言和民族共同语的关系，同宗同源，个性发展，既有所区别，又相互关联。被动标记语义来源的不同，反映了汉民族在不同历史时期和不同地域环境下对被动事件的认知差异，这种差异是由于时代的不同，以及所受客观条件不同的制约而产生的。对同一个事件不仅不同民族的认知存在差异，同一民族在不同历史时期的认知视点也可能存在差异，这样就造成了对同一语法格式的不同解读和分化，而这种分化是基于同一母语的分化，因而又保留有一些共性和规律性的特征。

第二节　被动标记的判断依据及出现条件

什么样的词算是被动标记？人们有着不同的判断标准。我们借鉴前人的判断依据，尝试性地提出自己的判断。我们认为，语义、句法功能、词性或词的功能应该成为被动标记的主要判断依据。当然，被动标记的具体使用，也会受到一定的制约，如语言环境、临时语义等。

一　被动标记的判断依据

一个词通常情况下不可能从一诞生就能成为被动标记，多半会伴随着历史的发展和语言的演变，甚至还要结合实际的语言环境。王力在《汉语语法史》（1990：383）中阐述被动式产生的历程时，对于一些被动标记或者被动式的判断，曾多次否定自己以往的观点。例如在谈到"故内惑于郑袖，外欺于张仪"时，他就否定了自己以前的观点。以前他认为这时"于"应该是被动标记,但是后来修正说,其实这里的"于"不能看作被动标记,甚至这句话也不能看作是被动句,其理由是虽然语义上似乎有被动的含义,但是此时的"于"的用法和引导处所状语的用法没有区别,所以他认为以上例句中的"于"不是被动标记。对于有人认为"左右皆曰可杀"中的"可",王力也进行了反驳,认为"可"此时也不能算作被动标记,只是表示意愿的能愿动词。经过严谨的考察研究,王力把汉语最先出现被动标记认定为"不为酒困"中的"为"。从这里我们看出,准确判断一个词是不是被动标记,其实还是有难度的,尤其对于方言的一些说法,由于方言研究一般都是通过语音形式来反观句法、语义形式,所以相对于有文字可考的古代汉语和现代汉语来说更加复杂。

从被动式的判定过程中,我们也可以列举判定方言中被动标记的一些依据。

首先从语义上,被动标记一定出现于被动意味的句子中,这里的"被动义"多半伴随着"遭受""意外"等语义特征。这是判断被动标记的一个先决条件,比如"让"在"我让雨淋湿了"中是被动标记,但是在"我让他走"中就不是被动标记,主要是因为第一个句子有被动义,第二个没有。但是在"我让他玩了"这个句子中,"让"既可以是被动标记,也可以理解为一个动词"使"。比如"真没想到他是这种人,我就当让他玩了","我已经让他玩了一天游戏"。增加两个语境,我们就可以很好区分,第一个是被动,第二个不是,这时的"让"两个用法也不一样。

其次从句法功能上,一般被动标记是放在核心动词前,可以连接前后两个名词,但是其功能又和一般动词不同,主要是强调两个名词的关系,以及动词的语义指向。无论被动式中前后两个名词是否都出现,被动标记后接的动词语义指向都是前指的,这个与处置、致使式都不同。例如"我让小孩打了"和"我让小孩吃了(饭)","被"这里只能是被动标记,而"让"只能是致使标记,主要原因除了语义的制约外,其动词的语义指向是不同的。前一个动词指向"小孩"是前指,而后一个动词语义指向是后面。

另外,从标记词的词性或者是功能上,一般被动标记词都是虚词,而非实词。因为标记词都是由实词虚化而来，它的作用主要是表示关系或者强调与动词的关系，而不是行为动作。不过在一些古汉语中，也有实词充当被动标记的情况，多半是由于该词还处于实词转虚的过渡时期。如"吾长见笑于大方之家"，这里的"见"可以理解为助动词，是典型的实词转虚的标志，现在"见"的这种用法很少，而逐渐被"被"取代。

根据以上三个标准，我们就可以在方言中去判断一些被动标记。我们以不常见而又容易和其他词混淆的"落"为例，来判断为什么这个词在一些方言中可以成为被动标记词。

"落"虽然是动词，但是在湖南岳阳方言中却是一个常用的被动标记。我们看以下几个句子：

（1）他落到水里去哒。他掉到水里去了。（李晓钰，2019）
（2）集体个事他搞么哩都落钱。集体的事，他做什么都克扣钱。
（3）他鞋哩都跑落哒。他的鞋子都跑掉了。
（4）钱落他用落哒。钱被他用光了。

"落"在这几个句子中有不同用法，但是只有最后一句才是被动标记，可以理解为介词。前面两句，"落"是实词，从句法结构和语义关系来看，"落"前面接的是施事，而且没有被动意思。第3句的"落"虽然在一个看似带有被动意义的句子里，可以理解为"鞋被跑掉"，但是"落"所处的句法位置不对，位于核心动词后，不符合。第4句中，只有第一个"落"是被动标记，因为第一个虽然前后都有名词，但是是介词，介引的名词是施事，而且后面又间隔接动词，动词"用"的语义指向主语"钱"，整体表示被动的语义，但是后面的"落"放在动词后，是实词，所以不可能为被动标记。

从被动标记的发展来看，岳阳话的"落"非常具备语法化为被动标记的便利条件。李晓钰（2019）曾经论证过岳阳话"落"的发展大致是：脱落>掉落>陷入>遭受>被动标记，这一点和"被"由遭受义虚化为被动标记的历程相似，而且"脱落""掉落""陷入"等实义都和不好的事情相关。所以"落"能发展为岳阳方言中的被动标记是顺理成章的事情。王力（1990）曾经认为被动标记词很多源于遭受义，一般表示的是不好的、不愉快的事情。岳阳方言的"落"也一般出现在表达有不愉快、不希望的意思的语境中，甚至本身就有"遭受"的意义，例如"落难"。其形成规则有点类似"被"，因此具备像"被"一样虚化为被动标记的条件。

同时，这也说明带有遭受义的动词都有虚化为被动标记的可能，只不过不同的方言背景中所选用的遭受义的动词可能不一样。

二 被动标记的出现条件

在有些句子中"被动标记"是必须出现的，删除了就不通顺，而有的则可以删。这个现象不仅在普通话中存在，在方言中也是如此。我们看一些方言的例子：

湘南土话：渠<u>俵</u>流氓打了一次。他被流氓打了一次。渠流氓打了一次＊（卢小群，2004）

临武方言：书<u>阿</u>弟弟撕坏的。书是被弟弟撕坏的。书弟弟撕坏的。（黄伯荣，1996）

这两个句子被动标记分别为"俵"和"阿"，第一个必须出现，删去后话说不通，而第二个句子则删去被动标记后依然可以说。为什么第一个必须要标记上，而第二个不需要呢？我们从语义、语法和语用三个方面来分析。

从语义层面来看，如果主要有如下情况，被动式的标记词是必现的。

（1）如果在被动式中施事和受事同现，且共同具有［＋人］的语义特征时，一般被动标记不能省。这主要是因为被动式的被动标记一般连接施事和受事，如果去掉后，则受事和施事的关系所指对象不明，也就是说去掉后分不清前后两个名词是谁作用于谁。但是如果没有［＋人］特征，或者有一个名词不是［＋人］特征时，则有时候被动标记时是可以省略的。这一点，我们可以用一个生命显著度理论来解释。生命显著度是一个相对概念，一般人的生命度比动植物都高，而且会默认高生命度的会支配低生命度的。比如"苹果"和"人"放一起，不管谁前谁后，都是"人"去作用或者支配"苹果"，此时就不需要添加标记来凸显这种关系，我们可以说"苹果我吃了"，也可以说"苹果让我吃了"，意思一样。但是生命显著度差不多的放一起，就很难说谁支配谁，比如"小王"和"小李"放一起,他们是谁作用谁,如果没有标记则很难准确判断。比如"小王小李气死了"和"小王让小李气死了"意思差别就很大,因此这种情况被动标记一定不能删,删了要么说不通,要么会产生歧义。

我们看几句方言的例子:

湖南娄底:只收音机赐佢拆开哩。这收音机被他拆开了。只收音机赐佢拆开哩。(彭逢澎,2009)

福州方言:城里侬传乡下侬骗去。城里人被乡下人骗去了。城里侬传乡下侬骗去。*(陈泽平,1998)

这两个句子,只有第一个句子的两个名词的生命显著度差别大,所以第一句两个名间的被动标记省略后依然可以说。而第二个句子两个名词生命显著度差别小,如果删了被动标记词,意思就完全变了,所以第二句的被动标记不能省。

(2)语义上,如果要强调遭受义的话,一般被动标记不能省。如:"渠俫流氓打了一次"表达的是遭受义,主语遭遇到不好的事情,所以这个被动标记一般也不能省略。

但是如果不需要强调遭受义,比如核心动词本身有遭受义的话,一般就不需要再强调遭受,也就不需要加被动标记。如岳阳话中"落"可以表示"丢失"的意思,本身除了表达遭受到不好事情外,还带有一定被动性,所以不需要再借助被动标记来强调。比如"我的包落哒(我的包掉啦)",一般不说"我的包着落哒"或者"我的包被落哒"。

从语法角度或者说从句法结构来看,被动标记词在以下情况是必现的。

(1)如果删除标记后,句子结构变得不完整了,则一般不能删去被动标记。如:"我活活把渠骂死了"(大冶方言,我活活地被他骂死了)这句话如果把被动标记"把"删去的话,其句法结构变得不完整,前面的副词结构后面就直接接的是名词,这样不符合语法规则,所以这种情况一般不能省略。

(2)在被动标记和其他标记词一起连用或者套用的情况下,被动标记词也不能省。例如"牲口被套绳把腿绊住了",这里"被"和

"把"连用，如果省略了"被"则说不通。

除了"被……把"共现结构外，在方言中还有其他组合结构式的被动标记是不能省的。如：

"K……给"结构中的被动标记词不能省略。我们看一些方言例句："渠让老对手给灭了"，这句话不能说"渠老对手给灭了*"。要么去掉"给"，改为"渠让老对手灭了"就可以说。

这说明在一些固定结构中的被动标记词是不能省略的，一旦被动标记和其他成分一起组配出现，则被动标记必须出现。

（3）被动标记前面有修饰词时，一般是不能省略被动标记的，省略了被动标记就会显得句法结构不完整了。例如"他今天不小心仰摩托车撞哒一下"（长沙方言）中的被动标记词"仰"就不能省。

另外，我们还发现，如果被动式中动词前的施事省略，而动词后接表示结果义的动补结构时，被动标记一般不出现。如："新买的屋子装修完了""信写好了"这样结构的句子，虽然有被动意义，但是被动标记却不需要出现，而且出现了被动标记后句子反而说不通了。

甚至在有些方言中，如果施事省略的话，有些被动标记一般也不会出现。如湖南岳阳方言的"落"作为被动标记时，一般出现在长被动句中，也就是存在于"NP1 + 落 + NP2 + VP"的结构中，如果施事"NP2"省略，则"落"也省略。例如：

湖南岳阳：山上个树<u>落</u>别人盗完哒。_{山上的树被别人偷完了。}（李晓钰，2019）

山上个树<u>落</u>盗完哒。*

山上个树盗完哒。

强盗<u>落</u>公安局捉起走哒。_{小偷被公安局抓走了。}

强盗<u>落</u>捉起走哒*

强盗捉起走哒

从上述岳阳方言中的例句我们可以看到，当施事省略时，被动标记"落"也应该省略，否则说不通，只有省略了被动标记后才能说得通。比如"山上个树落盗完哒""强盗落捉起走哒"都不能说，而必须在省略施事的同时把被动标记也给省了才能说，如"山上个树盗完哒"和"强盗捉起走哒"就都可以说。

不过有些地方施事省略时，某些被动标记也不一定省略，如北京方言"这小孩儿准是给饿坏了"，这里的"给"作为被动标记出现在句子中，而施事却省略了。我们发现，除了"给"能这样用以外，很少有其他被动标记有这种用法。这说明，在方言中，这种被动标记必现或必省的规则，有着个体性差异。

从语用的角度来看，被动标记词在以下情况是必现的。

首先，如果说话者想强调或凸显某种行为的被动特点或者是强调他的遭遇，则一般不能省略被动标记词，而是要有意识地准确使用被动标记去强化表达。如：

阳新方言：渠活活地被敌人磕死了。他活活被敌人敲死了。（黄群建，2016）

阳新方言：渠觉得从头到脚都被热气包围了。他觉得从头到脚都被热气包围了。（黄群建，2016）

这里的"活活地"和"都"都有强调的意味，这两个句子的被动标记都不能省略。

其次，有些句子如果要强调被动意味的，也可以添加被动标记，即使平时这类句子不需要被动标记。例如"书借出去了""衣服卖光了"，这两句话，虽然动词后面构成了具有结果意味的补语，但是如果要强调的话，还是可以添加被动标记词。如"书被借出去了"和"衣服被卖光了"，只不过这里可能强调的是一种意外，前面可以加个"没想到"。

因此，我们看到一般情况下，除受语法因素影响外，只要想强调"被动""遭受""意外"等不如意的语用特征，都需要添加被动标记来凸显，也就是被动标记必须同现；而如果动词本身已有这种不如意意味，那么强调就不是必需，被动标记既可现亦可省。

第三节　被动标记的音节类型

下面从音节数的角度，考察被动标记的类型。

一 单音节标记

我们结合实际方言语料发现，一般被动标记只有单音节和双音节的，所以我们在描述时根据音节多少主要分为这样两类来进行描述和分析。经结合前文判断被动标记的标准考察方言语料，我们发现有如下51种的单音节被动标记词（同一标记词若有书写变体，看成一种，书写变体用括注标志）。

（1）阿

湖南临武方言：书阿弟弟撕坏的。书被弟弟撕坏的。（黄伯荣，1996）

（2）挨

安徽怀远方言：小明昨天挨狗咬了。小明昨天被狗咬了。（黄伯荣，1996）

（3）安

湖南嘉禾方言：碗安他打烂者。碗被他打烂了。（邓永红，2005）

（4）把

湖北武汉方言：凳子把他踩垮了。凳子被他踩垮了。（赵葵欣，2012）

（5）被

湖北安陆方言：屋里西瓜怕被人偷了几个。家里西瓜估计被人偷了几个。（盛银花，2015）

（6）俵

湖南宜章方言：渠俵流氓打了一次。他被流氓打了一顿。（邓永红，2005）

（7）畀（俾）

香港方言：佢畀选为代表。他被选为代表。（张双庆，1997）

（8）拨（剥）

江苏海门方言：茶杯拨伊敲破哉。茶杯被她敲破了。（王洪钟，2011）

（9）吃

湖南隆回方言：划不来，吃佢打一餐。不划算，被他打了一顿。（丁加勇，2009）

（10）传

福建福州方言：城里侬传乡下侬骗去。城里人被乡下人骗了。（李如龙，

2007）

（11）赐（锡）

湖南娄底方言：只收音机赐佢拆开哩，听不得哩。这收音机被他拆开了，听不了了。（彭逢澎，2009）

（12）拨

湖南益阳方言：鱼拨猫吃哒。鱼被猫吃了。（崔振华，2009）

（13）搭

浙江台州方言：小张搭人打去了。小张被人打了。（阮咏梅，2018）

（14）得（嘚）

湖南常宁方言：佢个衫得人撕烂啊。他的衣服被人撕烂了。（吴启主，2009）

（15）等

浙江金华方言：我去年在渠大门口等狗咬矣一口。我去年在他大门口被狗咬了一口。（曹志耘，1997）

（16）逗（度、堵）

湖南常德方言：千万莫逗人家讲笑话。千万别被人笑话。（郑庆君，1997）

（17）分

江西铅山方言：衫分佢扯烂了。衣服被他扯烂了。（胡松柏，2013）

（18）丐（貝甘）

浙江温州方言：书丐渠破爻。书被他扯破了。（郑张尚芳，2008）

（19）给

湖南衡山方言：他给领导表扬了一通。他被领导表扬了一通。（黄伯荣，1996）

（20）哈

青海西宁方言：照相机哈别人借啊去了。照相机被别人借去了。（王双成，2009）

（21）互（护）

福建泉州方言：恁互伊骗去。你被人骗了。（李如龙，2007）

（22）叫

天津方言：大伙儿都叫他说笑了。大家都被他逗笑了。（马庆株，2014）

第五章　汉语方言被动式的语法标记

（23）教

陕西合阳方言：碗教他打烂咧。碗被他打烂了。（邢向东，2010）

（24）尽（儘）

湖北罗田方言：这好的东西尽他搞丢了，好可惜。这么好的东西被他弄丢了，真可惜。（徐英，2017）

（25）捞（落）

湖南长沙方言：杯子捞他打烂了。杯子被他打烂了。（卢小群，2007）

（26）拿

江西赣县方言：该本书拿别人撕了几页。这本书被别人撕了几页。（刘纶鑫，2001）

（27）乞

湖南洞口方言：乞其讲，我悟不通。被他说，我想不通。（胡云晚，2010）

（28）请

湖南邵阳方言：辣椒秧子请冰雹子冻死哩。辣椒秧子被冰雹冻死了。（姚双云，2012）

（29）让

陕西平利方言：一点酒，没注意让你偷偷地喝完了。一点酒，没注意被你偷偷喝完了。（周政，2009）

（30）惹

湖南浏阳方言：你呢字惹狗齧吓？你被狗咬啦？（夏剑钦，1998）

（31）散

湖南桂阳方言：杯子散佢打烂得。杯子被他打烂了。（邓永红，2005）

（32）送

湖南长沙方言：绳子衣咸送虫咬烂哒。绳子都被虫咬烂了。（张小克，2002）

（33）讨

江苏高淳方言：鱼讨猫哩吃呱得。鱼被猫吃光了。（石汝杰，1997）

（34）提（替）

安徽黄山方言：渠老是提人家欺负。他老是被人家欺负。（平田昌司，1997）

(35) 听

湖南长沙方言：被子听他拿起去哒。_{被子被他拿去了。}（卢小群，2007）

(36) 驮

江西南昌方言：衣裳都驮涿湿了。_{衣服都被淋湿了。}（张燕娣，2007）

(37) 揋［uA^{55}］

江西定南方言：我个刀子揋渠借走了。_{我的刀被他借走了。}（刘纶鑫，2001）

(38) 狭

湖南湘乡方言：他狭蛇咬哩一口。_{他被蛇咬了一口。}（黄伯荣，1996）

(39) 献

福建晋江方言：偷挽龙眼献伊看着，汝就解夭寿。_{偷龙眼被他看到，你就倒霉了。}（黄伯荣，1996）

(40) 挧（捱）

江西定南方言：再多柴火也挧佢烧净了。_{再多的柴火也被他烧完了。}（王颐，2015）

(41) 要

海南文昌方言：我其钱要侬偷了去了。_{我的钱被他偷走了。}（符其武，2008）

(42) 仰

湖南长沙方言：他今天仰摩托车撞哒一下。_{他今天被摩托车撞了一下。}（张小克，2002）

(43) 与

湖南宁方言：与一根树子绊了一跤。_{被一根树枝绊了一跤。}（卢小群，2004）

(44) 约

浙江金华方言：部脚踏车约别农偷去罢。_{这脚踏车被别人偷走了。}（曹志耘，1997）

(45) 遭

四川泰兴方言：遭狗咬哒。_{被狗咬了。}（兰玉英等，2007）

(46) 则

浙江余姚方言：碗盏则渠拷碎哉。_{这碗被他摔了。}（肖萍，2011）

(47) 做

海南文城方言：我其钱做侬偷了去了。我的钱被你偷走了。（符其武，2008）

(48) 着（招、找）

贵州遵义方言：衣裳着雨淋得焦湿。衣服被雨淋湿了。（胡光斌，2010）

(49) 准

江西安福方言：三只猪崽儿是准豺狼啮死个。三只猪崽是被豺狼咬死的。（雷冬平，2009）

(50) 沾

湖南鄢县方言：茶杯子沾佢打烂哩。茶杯被他摔碎了。（黄伯荣，1996）

(51) 整

湖北五峰方言：猪草整猪子拱翻哒。猪草被猪拱翻了。（阮桂君，2014）

我们考察发现，大部分的被动标记都是单音节的，这一方面由于方言基本上自古以来都是当地历史语言的保留，多半保留着近代汉语和古代汉语的特征，而在古汉语词汇以单音节为主，很多方言继承和保留了这一特点；另一方面是由于语言经济性和口语交流省力原则的要求，这些充当被动标记功能的词除了个别出于读音和书写形式都相同容易造成歧义而改用双音节（如"把"充任被动和处置两种不同标记功能，所以有些方言改用"把到"表示被动）外，一般基本上利用单音节词就能胜任被动标记的表达作用而不会产生歧义，因此没有必要再产生双音节的被动标记。

二 多音节标记

多音节标记，其实更多的是双音节标记。相对于单音节被动标记，双音节被动标记要少一些。双音节被动标记主要有34种：

(1) 安过

湖南嘉禾方言：碗安过他打烂者。碗被他打烂了。（卢小群，2004）

(2) 把在

安徽宿松方言：电视机把在我修好着。电视被我修好了。（唐爱华，2005）

（3）把乞

湖南洞口方言：把乞其讲呱一餐，倒真划不来。被他说了一顿，真不划算。（胡云晚，2010）

（4）把得

湖北武汉方言：你伢把得狗子咬了。你小孩被狗咬了。（赵葵欣，2012）

（5）把倒（到）

湖北武汉方言：包包把倒别个划了，还好冇偷倒么事。包包被别人划了，还好没有偷到什么。（赵葵欣，2012）

（6）把去

湖南邵东方言：古只细伢子把去车撞了。这个小孩被车撞了。（黄磊，2004）

（7）把赐

湖南娄底方言：把赐他打了一餐。被他打了一顿。（卢小群，2007）

（8）把是

湖北蕲春方言：水把是他喝了。水被他喝了。（陈淑梅，2005）

（9）拨辣

上海方言：皮夹子拨辣小偷偷脱勒。钱包被小偷偷了。（黄伯荣，1996）

（10）拨勒

江苏苏州方言：鱼拨勒猫吃脱哉。鱼被猫吃了。（刘丹青，1997）

（11）兜倒（逗倒）

湖南宁远方言：贼佬兜倒/与我逮倒呱了。贼被我抓到了。（张晓勤，1999）

（12）分拿

（13）分畀

（14）分乞

（15）分锡

这四个双音节标记词作用用法完全一样，因此排列在一起。仅举一例以赅其他。

福建连城方言：猪肉分拿狗打去呃。猪肉被狗偷走了。（项梦冰，1997）

（16）给得

湖北麻城方言：水给得他喝了。水被他喝了。（陈淑梅，2005）

（17）撩几

湖南东安方言：杯子撩几他打烂膏。杯子被他打烂了。（邓永红，2005）

（18）拿赐

湖南娄底方言：块衣衫拿赐佢撕烂哩。衣服被他撕烂了。（彭逢澎，2009）

（19）拿分

四川泰兴方言：碗拿分渠打烂了。碗被他打烂了。（兰玉英等，2007）

（20）拿给

四川西充方言：头等奖拿给他摸走了。头等奖被他拿走了。（石毓智，2008）

（21）拿狭

（22）拿乞

（23）拿畀

（24）拿锡

这四个双音节标记词作用用法完全一样，因此排列在一起。仅举二例以赅其他：

湖南湘乡方言：嗯拿狭硕头打塔嗒。你被石头砸到了。（黄伯荣，1996）

福建连城方言：手骨拿畀火烙一下。手被火烫了一下。（项梦冰，1997）

（25）互人

福建厦门方言：许本册互人借去。那本书被人借走了。（谭邦君等，1996）

（26）让得

湖北武穴方言：我让得他打了一棍子。我被他打了一棍了。（陈淑梅，

2005）

（27）让到

湖北麻城方言：他让到狗一把咬了。他被狗咬了。（陈淑梅，2005）

（28）让是

湖北蕲春方言：钱让是他驮去了。钱被他拿走了。（陈淑梅，2005）

（29）惹吖

湖南浏阳方言：咯眼灯盏惹吖/惹风吹熄吖。这盏灯被风吹熄灭了。（夏剑钦，1998）

（30）互人

湖北新洲方言：衫互人偷走。衣服被人偷了。（高杜，2016）

（31）送得

湖南长沙方言：他屋里惠伢子只怕是送得人贩子拐起跑咖哒。他家的孩子只怕是被人贩子拐跑了。（张小克，2002）

（32）送把

湖南长沙方言：小王份子昨天送把他爷老倌骂咖一餐扎实的。小王昨天被他爸爸狠狠骂了一顿。（张小克，2002）

（33）得手

四川宜宾方言：他得手蛇咬了一口。他被蛇咬了一口。（左福光，2005）

分析这些双音节被动标记发现可以分为以下三个类型：

第一，双音节被动标记词的词根或者核心语素，都和单音节被动标记词有关。

有些双音节标记只是单音节标记的变体——在单音节标记后加上个助词，与单音节的表意功能一样。比如湖南嘉禾方言的"安过"就是被动标记"安"后面加上助词"过"形成的，"安过"和"安"可以任意互换；武汉话的双音节被动标记词"把倒"是在单音节被动标记"把"的基础上形成的；湖南浏阳方言的"惹吖"和"惹"功能一样，两者可以互换，都是用来表示被动。

第二，双音节被动标记词，是由两个单音节被动标记词复合而成。

比如"分拿""分畀""分乞""分锡""拿分""拿乞""拿畀""拿锡""拿给"都是由单音节被动标记词复合而成的。最初也许是两个单音节被动标记词的连用,久而久之,就成为双音节被动标记词,原来独立成词的单音节标记词就降格成为双音节被动标记词的构词语素。

第三,双音节被动标记词,是由一个兼具处置标记和被动标记的单音节标记词加上一个虚语素而成的。

比如湖南邵东话的"把"在邵东话里既可以作处置标记也可以作被动标记,"我把你气死了",在一种语境里可以理解为"我气死你了",而在另一种语境里可以理解为"我被你气死了"。不过当"把"和"到"或"去"连用,就构成了纯粹表示被动的复合标记"把到"和"把去":"古只细伢子把到车撞了""古只细伢子把去车撞了",这里只能理解为"被车撞"。不仅在邵东话里,在湖南其他一些方言里,"把到"和"把去"都只能用作被动标记。

就第三种情况说,双音节的被动标记词之所以出现,是因为某些单音节的标记词在方言中既能表示处置又能表示被动,有可能给交际者带来了理解的混乱;而通过增加一个音节构成双音节被动标记的形式,就可以有效地区分处置和被动。

被动标记由单音节词发展为双音节词,正好反映了汉语表达从粗疏到严密的演变规律,也顺应了汉语语音系统逐渐简化的大趋势。

从汉代开始,双音节词开始增多,而且多半是复合词,到了南北朝以后双音词已经占有绝对优势,单音孳生法已基本不再使用。复合双音词开始占据优势的一个重要原因,就是魏晋之后汉语的语音系统大大简化。比如一些双唇浊音都消失了,由此带来的结果是许多原来不同音的词变得同音了。这样一来,汉语中的单音节同音词就会大量涌现,比如读"jiàn"的词就有 30 个之多。为了避免同音词多带来的理解歧义,使语言更加有效的表达,汉语在发展过程中就通过增加音节形成复音词来替换单音词。比如用"看见"替换"见",用"践踏"替换"践"。出于同样的原因,对于汉语方言中的一些被动标记,尤其是有些被动标记处置标志兼具的单音节标记词,也就通过增加一个音节构成双音节被动标记的方式有效避免混淆。比如"把"在一些方言中有两种标记功能,"把 1"可以理解为处置标记,"把 2"可以理解为被动标记。而后来双音化后,"把到""把给"等就是分担了"把 2"的功能。而"把"

字单用则在演变中继承了处置标记的功能。

我们在前面说到，从方言中双音节的被动标记构成中可以发现，一般双音节被动标记的构成成分里会出现单音节被动标记词，这类单音节被动标记词往往既可以表示处置也可以表示被动。这种情况不是少数方言中存在，而是涉及很多方言。上边提到的湖南邵东话之外，宿松方言、鄂东方言都有这种情况。比如在鄂东方言中，"小李把他哥哥骂了"这句话中的"把"不仅仅表示处置，也可以表示被动。"小李把他哥哥骂了"可以表示"小李骂了哥哥"，也可以表示"小李被哥哥骂了"。而在"把"后边加上一个"到"，双音节的"把到"就不再有处置义而只有被动义了。

石毓智（2008）也发现了这一现象，认为"汉语方言中大量存在着被动式和处置式共用同一个语法标记的现象"，而"在被动式和处置式标记一致的方言中，就会采用标记度的差别来消除歧义"。我们认为，通过增加音节而形成的双音节被动标记，就是一种标记度差别的方式。我们这样判断的依据，一方面是根据增加音节后，复合而成的被动标记词一般没有处置和被动的歧义；另一方面就是所增加的语素一般没有实在的意思，多半来自表示引介地点或者方位的介词或助词，少数有动词语素。比如宿松方言的"把在"，鄂东方言和湘方言里的"把到""把去"，这些双音节被动标记词的第二个语素都是来自表示引介地点和方位的介词。

这种双音节被动标记通过标记度差别一般确实有消除歧义的功能。不过语言是复杂的，在有些方言中，处置式和被动式并不共用相同标记却也存在双音节被动标记。如：

湘阴方言"得"是处置标记词，也就是只表示处置不能表示被动，如"你得本书得我（你把本书送我）"。而加上"把"加上"得"的双音节标记词"把得"和"送得"却成为被动标记词，如"那本书送得/把得他撕完得（那本书被他撕完了）"。

我们认为这主要是因为"把"和"送"语素在这些方言中原本是动词性的，在其后加上"得"，目的不是为了区分表处置和表被动，而是起到让动词性的"把""送"成为格标志的作用。所以这里双音节被动标记"把得"和"送得"的出现，不是为了和"得"标志区别；

"把得"和"送得"的形成或者说构词过程是对"把"和"送"的改造。

前面说到，多音节标记其实更多的是双音节标记，只有个别方言中有三音节的被动标记。

湖南有些方言中存在有"送得把"这样的三音节的被动标记，如：

湖南长沙：才买的一只热水瓶就送得把他打咖哒。刚买的一个热水瓶就被他打碎了。（张小克，2002）

福建方言中，由"分""乞""拿""畀"四个单音节被动标记进行不同的排列组合，形成六个三音节被动标记，分别是："分拿乞""分拿分""分拿畀""分乞畀""拿乞畀""拿畀乞"。

第四节　被动标记的语义类型

除了从音节的角度划分被动标记词的类型之外，我们还参照卢小群（2007：83）的分类法，对被动标记词进行了语义角度的区分。按照出现频次的高低，我们把汉语方言的被动标记分为13个语义类型。

（1）"叫"类

这类被动标记无论是出现频次还是分布范围在方言被动标记中都是最高的。这类被动标记有"叫""教""让"，虽然涵盖的标记词不多，但是这一类别中的标记词，每个成员使用概率都比较高。

（2）"被"类

这类被动标记主要是"被"和"畀"。"被"是汉语共同语专用被动标记，方言中也存在大量的"被"，这主要是受到共同语的影响。有的方言由于发音规则的制约，用"畀"代替"被"，例如香港的粤语表被动有时候常用"畀"。

（3）"着"类

"着"在很多方言中也是一个专用的被动标记，只不过相对于专用标记"被"来说，"着"又有特殊的地方。在一些方言中，"着"除了做专用的被动介词外，又有实词的功能。比如在湘方言中，"着"可以用作动词，表示"遭受"。例如"着灾"（遭受灾难）、"着吓"（遭受惊吓）；也可以表示"添加义"或者"放置义"，如"着油"（放置油)、"着糖"(放置糖)。

(4)"乞"类

这类标记主要有"乞"和"把乞"等,如湖南洞口方言"把乞其讲呱一餐,倒真划不来。(被他说了一顿,真划不来)"这类被动标记在从读音上很难找到和以前一些被动标记的关联,但是从语义上可以推断出这类标记源于给予义的演化。

(5)"给"类

这类的被动标记主要是"给"。"给"这里一般已经没有"给予"或者"传递"之意,在很多方言中已经成为一个语法词。如湖南湘乡的方言"他给我打夹一餐"中"给"已经没有实际动词的意义,而是已经完成虚化。

(6)"把"类

这类被动标记成员比较多,有"把""把赐""把得""把到""把去""拨"等,基本都是来源于核心"把",而且分布也较广。同时为了避免"把"的被动用法和处置用法搞混淆,常常会增加一个音节来消除歧义。

(7)"捞"类

这类标记成员主要是"捞",其读音接近"拿"。不过这时已经完全没有了任何实义特征,已经完成了实词虚化的过程。如长沙方言"杯子捞他打烂"中"捞"就是一个专门的被动标记,没有实际的语义。

(8)"听"类

这类标记成员不多,只有"听"一个。如"他听别个打了"(他被别人打了)。这里的"听"和一般常见的被动标记语音差别较大,而且已经没有实在的动作语义,只是起到介词的作用。

(9)"拿"类

这类标记成员有"拿""拿赐""拿分""拿给""拿狭"等,多半跟"拿"有关,其形成机制依然是由于之前单音节的被动标记所具备的功能多,有处置或被动等,所以在原有核心语素的基础上,形成了双音节专门表示被动标记。如湖南娄底方言中的"拿"有"拿走"和"拿来",那么双音节的"拿赐"就可以和以前单音节的"拿"相区别,主要表示"拿走",是一种给予义,后来和大多数给予义动词语法化为被动标记一样,成了一个专门的被动标记词。

（10）"得"类

这类标记成员有"得",如湖南衡山方言"他得我骂诂一餐"（他被我骂了一顿）。

其语义来源是来"取得"或"获得"。

（11）"吃"类

这类标记成员不多,只有"吃"等。如湖南隆回方言中"我吃佢骂得该死子（我被他骂得要死）",这类标记从语义上可以归入到获得义中。

（12）"兜"类

这类标记成员比较多,有"逗""逗倒""兜""都到"等,其原因就是"兜"和"逗"语音比较接近,尤其是在一些方言中,这样就造成这类标记的语音趋同,而且也是通过添加音节数来消除歧义。

（13）"挷"类

这类标记不常见,主要是"挷"。湖南益阳方言说"他挷工厂开除了"（他被工厂开除了）。这种标记大部分分布在湖南,其语音的来源和语义的来源和其他标记不太好关联,所以单独列为一类。

这十几个语义类型是从语义角度对被动标记的一次聚合分类,主要是为探讨其语音和语义关系,寻找其语义来源找到一些共性规律。一般情况下,归入到同一个语义类型的标记词其语义来源相同,而且不同语义类型,如果语音较为接近,有时候也可以归入到共同的语义来源中。因为毕竟在方言中主要是以口语化的方式流传,所以语音近似的词其语法功能和语义来源都十分接近。

第五节　被动标记的分布

汉语方言的被动标记可以说在各个方言区都有分布,而且各个方言区被动标记的使用差别也很大。在方言区这样的大的区域里,不同的方言点的被动标记的分布情况也有更具体的差异。下面这一节,我们主要结合曹志耘（2008）编写的方言地图,来探讨一些被动标记在方言区、方言点的分布情况。

一 被动标记的方言区分布

中国各地在使用被动标记时，有一些区域性的共同表达方式，但是也存在一些个性化的地方独特表达。

根据曹志耘（2008）编写的方言地图，我们统计了当时他们所归纳的被动标记分布情况，如表5.1所示。

表5.1　　　　　　　　被动标记分布表

被动标记	省/区	城市/地区	数量	总计
被	海南	三亚、陵水、东方、定安、琼海、文昌、海口	7	59
	广东	始兴	1	
	广西	临桂、全州、资源	3	
	江西	宁都、永丰、乐安、南城、新干、金溪、奉新	7	
	湖南	桂阳、东安、通道、隆回、邵阳县、桃江、汨罗、平江、安乡、临澧	10	
	浙江	黄岩、遂安旧	2	
	安徽	池州、安庆、桐城、霍山、舒城、宣城、广德、芜湖县、合肥、滁州	10	
	湖北	阳新、咸宁、洪湖、武汉、应城、枣阳、远安、秭归、恩施	9	
	四川	成都、遂宁、北川	3	
	江苏	泰兴、江都、射阳、涟水	4	
	河北	石家庄、徐水	2	
	新疆	和田	1	
遭	湖南	桂东	1	1
遭要	浙江	淳安	1	1
捱	广西	宁明、崇左、扶绥、邑宁、南宁粤、南宁平、隆安、平果、田东、田阳、百色、巴马、梧州、河池、罗城、柳城、柳州、柳江、鹿寨、蒙山、永福、灵川	22	28
	江苏	扬中、泰兴、如皋、靖江吴、如东、东台	6	

续表

被动标记	省/区	城市/地区	数量	总计
捱着	湖南	新宁、邵阳、邵东、新邵	4	5
	贵州	大方	1	
着	广西	博白、灵山、玉林、兴业、横县、宾阳、武鸣、上林、来宾、马山、都安、宜州、三江、龙胜、平乐、钟山、苍梧、藤县、容县、岑溪	20	76
	云南	思茅、临沧、保山、大理、富源、会泽	6	
	贵州	安龙、荔波、黎平、都匀、安顺、晴隆、贵阳、天柱、镇远、余庆、遵义县、威宁、铜仁、德江、正安、习水	16	
	湖南	靖州、会同、洞口、洪江、中方、芷江、新晃、溆浦、泸溪湘、辰溪乡、辰溪湘、麻阳、凤凰、泸溪乡、吉首、保靖、龙山、张家界、桃源、南县、沅江、益阳	22	
	江西	崇仁、弋阳	2	
	重庆	重庆、綦江、云阳	3	
	四川	西昌	1	
	甘肃	西和、华亭、环县	3	
	山东	利津	1	
	河北	武强、安国	2	
着被	云南	马龙、楚雄、昭通	3	11
	广西	北流	1	
	湖南	常德	1	
	江西	黎川	1	
	重庆	武隆、大足、忠县	3	
	四川	资中	1	
	河北	河间	1	
着拿给	云南	盐津	1	1
给	云南	华宁、昆明、永胜	3	12
	广西	兴安	1	
	福建	仙游	1	
	江苏	句容、丹徒、宝应	3	

续表

被动标记	省/区	城市/地区	数量	总计
给	浙江	慈溪	1	12
	安徽	铜陵县、无为、和县	3	
给被	安徽	宁国、南陵	2	9
	江苏	南京、盱眙、泗洪、灌云、赣榆	5	
	湖北	钟祥	1	
	河南	商城	1	
给畀	福建	莆田	1	2
	云南	文山	1	
给叫	江苏	邳州	1	15
	安徽	利辛、玉河	2	
	河南	民权、社旗	2	
	山东	东明、乳山	2	
	甘肃	临夏县、定西、永登、高台	4	
	河北	晋州、冀州、高骅	3	
	辽宁	宽甸	1	
给拨	安徽	芜湖市	1	1
给闯	江西	广昌	1	1
畀	广东	遂溪粤、吴川、茂名、化州、高州、电白粤、阳西、阳东、阳春、信宜、罗定、恩平、台山、开平、斗门、新会、新兴、中山、鹤山、高明、顺德、高要、云安、郁南、番禺、宝安、东莞、增城、广州、三水、四会、广宁、花都、惠州、博罗、龙门1、龙门2、从化、佛冈、阳山、龙川	41	48
	澳门	澳门	1	
	香港	香港	1	
	广西	昭平	1	
	福建	建宁	1	
	江西	玉山	1	
	安徽	东至、黟县	2	

第五章 汉语方言被动式的语法标记

续表

被动标记	省/区	城市/地区	数量	总计
畀着	广东	封开、德庆	2	5
	广西	钦州、桂平、平南	3	
畀分	广东	湛江粤	1	1
分	海南	万宁、琼州	2	47
	广东	廉江、电白闽、惠阳、惠东、怀集、乳源、英德、翁源、新丰、连平、紫金、陆河、揭西、五华、丰顺、饶平、兴宁、梅州、大埔、蕉岭、平远	21	
	福建	武平、上杭、龙岩、清流、宁化、宁德	6	
	广西	合浦、防城港、陆川、贵港、象州、荔浦、贺州、阳朔	8	
	湖南	江华、江永、道县、宁远	4	
	安徽	祁门	1	
	台湾	桃园、新竹县、苗栗	3	
	香港	新界	1	
分乞	广东	潮州、澄海	2	2
分得	福建	明溪	1	1
侪	广东	连州、连南	2	2
互	海南	儋州	1	32
	福建	漳浦、平和、龙海、厦门、漳州、南靖、长泰、同安、安溪、德化	10	
	台湾	高雄县、屏东、台东、台南市、嘉义市、云林、南投、彰化、台中县、花莲、宜兰、台北	12	
要	湖南	新化	1	3
	海南	屯昌、澄迈	2	
要四	湖南	冷水江	1	1
央	浙江	义乌	1	1
乞	海南	乐东、昌江	2	63

续表

被动标记	省/区	城市/地区	数量	总计
乞	广东	徐闻、雷州、遂溪闽、湛江闽、陆丰、惠来、普宁、潮阳、揭东、汕头	10	63
	福建	东山、诏安、云霄、华安、惠安、福清、平潭、大田、连城、永安、三明、尤溪、永泰、长乐、连江、福州、闽侯、闽清、沙县、南平、古田、罗源、屏南、宁德闽、周宁、福安、福鼎、寿宁、柘荣、霞浦、松溪、浦城闽	32	
	浙江	苍南闽、苍南吴、泰顺闽、泰顺吴、庆元、平阳、瑞安、文成、景宁吴、龙泉、云和、温州、洞头、乐清瓯、青田、永嘉、丽水、松阳、宣平旧	19	
乞互	福建	永春	1	1
乞度	福建	晋江	1	1
讨	湖北	石首	1	5
	江苏	高淳	1	
	安徽	泾县	1	
	江西	瑞金、高安	2	
讨抢	湖南	临湘	1	1
等	江西	石城、井冈山、安福、峡江、芦溪、萍乡、宜春、抚州、鹰潭、上饶县、余江、万年、余干、南昌市、南昌县、鄱阳、都昌、星子、德安、瑞昌、九江县、壶口、彭泽、景德镇	24	29
	湖北	黄梅	1	
	湖南	湘潭县、湘阴、岳阳县、岳阳市	4	
等把	江西	上栗	1	1
等约	浙江	汤溪旧	1	1
叫	安徽	怀宁、濉溪	2	113
	湖北	红安、宜都、老河口、房县、郧县	5	
	四川	旺苍	1	
	青海	乐都、西宁、湟源、门源	4	
	甘肃	西峰、兰州、武威、岷县、张掖	5	

续表

被动标记	省/区	城市/地区	数量	总计
叫	宁夏	海原、盐池、陶乐旧	3	113
	陕西	平利、城固、略阳、佛坪、镇安、商洛、户县、西安、永寿、铜川、大荔、延安、志丹、靖边、米脂、神木	15	
	河南	确山、镇平、西峡、项城、西平、鲁山、嵩县、禹州、扶沟、洛阳、渑池、郑州、开封县、滑县、鹤壁、清丰	16	
	江苏	丰县	1	
	山东	单县、滕州、苍山、兖州、郓城、沂南、日照、新泰、肥城、聊城、夏津、章丘、淄博、桓台、潍坊、平度、蓬莱	17	
	河北	磁县、广平、永年、威县、隆尧、故城、赞皇、平山、阳原	9	
	天津	天津	1	
	山西	平路、临猗、万荣、阳城、陵川、长子、大宁、平遥、左权、太原、娄烦、忻州、临县、岢岚、代县、偏关、右玉、大同、灵丘	19	
	内蒙古	阿拉善左、临河、包头、鄂尔多斯、集宁、太仆寺	6	
	辽宁	瓦房店、大连、岫岩、辽阳县、兴城、北镇	6	
	新疆	伊宁市、博乐、沙湾	3	
叫被	安徽	淮南、亳州、灵璧	3	21
	湖北	广水	1	
	四川	盐亭、平昌	2	
	陕西	黄龙	1	
	河南	信阳、新蔡、柘城、夏邑、灵宝	5	
	山东	成武、莱阳、荣成、无棣、青岛	5	
	河北	霸州	1	
	山西	中阳	1	
	辽宁	彰武、青岩	2	

续表

被动标记	省/区	城市/地区	数量	总计
叫 让	河南	沁阳	1	61
	陕西	富县、志丹、清涧	3	
	甘肃	瓜州	1	
	山东	平邑、诸城、临朐、济南、临邑	5	
	河北	南皮、涞源、宣化、张北、丰宁、围场、承德县、青龙、丰润、昌黎、唐海、香河	12	
	北京	北京市区、延庆、平谷	3	
	辽宁	凌源、朝阳县、沈阳	3	
	内蒙古	通辽、乌兰浩特、赤峰、扎兰屯	4	
	吉林	集安、靖宇、东辽、安图、桦甸、吉林、长春、双辽、松原、台城	10	
	黑龙江	牡丹江、哈尔滨、延寿、齐齐哈尔、海伦、勃利、佳木斯、富锦、伊春、孙吴、克山、呼玛、漠河	13	
	新疆	喀什、焉耆、吐鲁番、哈密、乌鲁木齐、吉木萨尔	6	
叫着	宁夏	隆德	1	1
叫刀	甘肃	秦安	1	1
让	浙江	衢江、武义、仙居、兰溪、建德、三门、分水旧、孝丰旧、寿昌旧	9	22
	安徽	岳西	1	
	湖北	黄石、蕲春	2	
	湖南	祁阳	1	
	陕西	镇巴	1	
	山西	襄桓、平定	2	
	宁夏	中卫、吴忠、银川	3	
	甘肃	嘉峪关	1	
	江西	广丰	1	
	内蒙古	呼和浩特	1	
让被	安徽	当涂、巢湖、霍邱	3	10
	湖南	汉寿	1	

续表

被动标记	省/区	城市/地区	数量	总计
让被	湖北	大冶、鄂州、鹤峰、英山	4	10
	四川	富顺、华蓥	2	
让着	湖南	永顺	1	1
让把	安徽	黄山区、望江、太湖、潜山	4	4
让把	湖南	祁东	1	1
把	广东	东源、和平	2	16
	江西	铅山	1	
	湖南	安化、浏阳、双峰、郴州	4	
	湖北	通山	1	
	安徽	石台、旌德、青阳、郎溪、马鞍山	5	
	江苏	江阴、丹阳、靖江官	3	
把得	江西	吉安县、吉水	2	2
	湖北	赤壁、崇阳、通城	3	2
摆	江西	宜丰、上高、永新	3	3
拨	浙江	乐清台、天台、宁海、象山、奉化、舟山、鄞州、镇海、上虞、萧山、桐庐、富阳、临安、海宁、湖州、长兴、嘉善、平湖、绍兴县、新登旧、于潜旧、杭州、余杭、武康旧、安吉、崇德旧、德清、桐乡	28	48
	江苏	吴江、苏州、无锡、宜兴、溧阳、金坛、常熟、海门、常州、昆山、太仓、张家港	12	
	上海	崇明、奉贤、嘉定、青浦、上海市区、闵行、南汇、松江	8	
拨搭	江苏	昌化旧	1	1
拨勒	江苏	启东	1	3
	上海	浦东、宝山	2	
拿	广东	曲江、韶关、南雄、仁化、乐昌	5	25
	福建	建瓯、建阳、武夷山	3	
	江西	全南、信丰、安远、会昌、大余、崇义、南康、上犹、赣县、于都、万安、兴国、铜鼓、靖安、安义	15	

续表

被动标记	省/区	城市/地区	数量	总计
拿	湖南	宜章	1	25
	江苏	南通	1	
拿 奔	江西	遂川	1	1
拿给	四川	泸定、宝兴	2	2
拿得	江西	修水	1	2
	湖南	宁乡	1	
拿给	湖南	娄底、湘乡	2	2
得	广西	灌阳、桂林	2	33
	福建	将乐、泰宁、顺昌、邵武、光泽	5	
	江西	南丰、宜黄、新建、横峰、东乡、贵溪、武宁	6	
	浙江	江山、金华、磐安、东阳、浦江、诸暨、余姚	7	
	山西	霍州	1	
	湖南	蓝山、资兴、永兴、耒阳、常宁、安仁、茶陵、攸县、衡东、衡南、衡阳县、衡山	12	
担	浙江	遂昌、常山、龙游、开化、永康、新昌	6	7
	江西	婺源	1	
担帮	江西	德兴	1	1
捞/劳	福建	长汀	1	4
	湖南	株洲、望城、长沙县	3	
擎	福建	政和	1	1
安	湖南	嘉禾、新田	2	2
度	福建	南安	1	1
度~腾	福建	泉州	1	1
碰到	江西	樟树	1	1
紧	湖北	潜仁	1	2
	江西	永修	1	
奔/本	浙江	海盐、嘉兴	2	5
	上海	金山	1	
	湖南	炎陵	1	
	江西	泰和	1	

续表

被动标记	省/区	城市/地区	数量	总计
科	广东	南澳、海丰	2	2
[ta413]/[ti55]	浙江	嵊州	1	5
	江西	浮梁、万载	2	
	安徽	休宁、屯溪	2	
[t(h)u(55)]	湖南	古丈、沅陵	2	2
其他	广东	连山、南海	2	28
	广西	龙州、富川、恭城、融水	4	
	湖南	临武、永州、长沙市、华容、武冈、花垣、涟源、醴陵	8	
	福建	漳平	1	
	江西	龙南、定南、新余、进贤	4	
	浙江	缙云、临海	2	
	安徽	歙县、绩溪、宿松、繁昌	4	
	江苏	通州	1	
	湖北	武穴	1	
	陕西	宝鸡	1	
无对应介词	浙江	玉环、温岭	2	13
	江苏	溧水	1	
	安徽	枞阳	1	
	湖北	嘉鱼、监利	2	
	四川	长宁、昆山、米易、乐山、汉源、青川	6	
	青海	同仁	1	

不过由于当时统计的范围和方言点有一定局限，在其基础上我们又扩大了范围进行相关的调研。

通过我们对九大方言区进行的重新调查，具体被动标记的方言分布情况如表5.2所示：

表 5.2　　　　　具体被动标记的方言分布表

序号	地区	标记
1	闽语	畀（俾）、传、度（逗）、分、分拿、分拿乞、分拿分、分拿畀、分畀、分乞、分乞畀、分锡、互（护）、拿、拿分、拿乞、拿乞畀、拿畀、拿畀乞、拿锡、乞、乞护、献、要、做
2	赣语	把、把倒、把得、把乞、把在、被、畀（俾）、吃、传、得、等（登）、分、尽（儘）、拿、乞、让、惹、惹吼、讨、提（替）、驮、搲、搲（搲）、着（招）、准、沾
3	湘语	把、把得、把乞、把赐、赐（锡）、捼、得、兜倒（逗倒）、分、给、捞（落）、拿赐、拿狭、请、让、送、送得、送把、送得把、提（替）、听、狭、仰、与、着（招）
4	吴语	把、拨、拨辣、拨勒、搭、得、等（登）分、丐（贝甘）、给、哈、叫、拿分、让、讨、约、遭、则
5	平话	挨、给、畀、捱、着
6	晋语	把、叫、着（招）
7	客家话	拿、拿分、讨、搲、遭、畀、等、把、得、分
8	徽语	提（替）
9	粤语	畀、被、叫、分、捱、着
10	江淮官话	挨、把、把得、把乞、把在、把是、被、叫、尽（儘）、让、着（招）
11	冀鲁官话	给、叫
12	兰银官话	叫、让
13	西南官话	挨、安、安过、把、把倒、把得、被、得、度（逗）给、给得、互人、叫、尽（儘）、拿、拿分、拿给、让、让得、让到、让是、遭、着（招）、整
14	湘南土话	阿、俵、撩几、散、拿、度
15	粤北土话	俵
16	中原官话	给、哈、叫、教、让、遭、着（招）

总体来看，在湘语、赣语、西南官话中被动标记是覆盖最多的，大部分被动标记都比较集中，只有少数比较分散。

二 被动标记的方言点分布

我们结合曹志耘《方言地图集》关于被动句的采样描述，对使用频率比较高的 7 个方言被动标记进行了调查统计，得到方言点分布情况，如表 5.3 所示：

表 5.3　　　　　7 大被动标记方言点分布数量统计表

序号	方言被动标记	方言点（单位：个）
1	叫	213
2	被	115
3	让	100
4	着	99
5	乞	69
6	畀	56
7	给	40

另外，我们也对 90 个被动标记词的地理分布进行了统计，这些被动标记词在各方言点具体分布情况如表 5.4 所示：

表 5.4　　　　　被动标记的方言点分布情况统计表

序号	标记	地区	语例	来源
1	阿	湖南：临武	书阿弟弟撕坏的。	汉语方言语法类编
2	挨	安徽：怀远 江苏：涟水、宿迁 广西：桂林、柳州、蔗园	小明昨天挨狗咬了	汉语方言语法类编
3	安	湖南：嘉禾	碗安他打烂者	湘南土话的被动标记和处置标记
4	安过	湖南：嘉禾	碗安过他打烂者（有音标）	湘南土话中表示给的字

续表

序号	标记	地区	语例	来源
5	把	江苏：高淳 湖北：武汉、孝感、咸宁、巴东鄂南 湖南：洞口、绥宁、隆回、湘乡 江西：吉安 陕西：陕北黄河沿岸神木等7县	凳子把他踩垮了	高淳方言的动词谓语句上书 湘西南洞口老湘语虚词研究 武汉方言语法研究 孝感方言研究 陕北晋语沿河方言把字句与教字句的套合句式 赣语泰和方言的动词谓语句 绥宁方言的介词 隆回方言的介词 咸宁方言研究
6	把倒（把到）	湖北：武汉、鄂南、随县、鄂东各县	包包把倒别个划了，还好冇偷倒么事	武汉方言语法研究 汉语方言语法类编
7	把得	湖北：新洲、孝感、安陆 湖南：益阳、岳阳、长沙	你伢把得狗子咬了	新洲方言语法研究 孝感方言研究王求是 安陆方言研究 益阳方言语法研究
8	把乞	湖南：洞口	把乞其讲呱一餐，倒真划不来	湘西南洞口老湘语虚词研究
9	把在	安徽：宿松 湖北：鄂东各县	电视机把在我修好着	宿松方言语法研究
10	把赐	湖南：娄底	把赐他打了一餐	湘语语法研究
11	把是	湖北：蕲春、黄梅	水把是他喝了	鄂东方言"把得"被动句
12	被	湖北：安陆、新洲 湖南：常德、常宁、东安	屋里西瓜怕被人偷了几个	安陆方言研究 新洲方言语法研究 湖南方言的介词 常宁方言的介词 湘南土话中表示给的字

续表

序号	标记	地区	语例	来源
13	俅	湖南：宜章 广东：连州	渠俅流氓打了一次	湘南宜章一六土话"等""俅"表被动的成因略论
14	畀（俾）	香港 广东：广州、阳江 福建：连城、宁化 江西：南城 广西：客家话 湖南：临武	佢差的畀佢推倒我呀	香港粤语的动词谓语句 南城方言被动积极被动标记
15	拨（剥）	上海 浙江：鄞州、上虞、嘉善、奉化 江苏：海门、苏州 浙江：绍兴	茶杯拨伊敲破哉	汉语方言语法类编 鄞州方言研究 浙江方言语法的一些特点 浙江方言语法的一些特点 海门方言研究 苏州方言的动词谓语句 绍兴地区方言的被动标记
16	拨辣	上海	皮夹子拨辣小偷偷脱勒	汉语方言语法类编
17	拨勒	江苏：苏州	鱼拨勒猫吃脱哉	苏州方言的动词谓语句
18	吃	湖南：隆回	划不来，吃佢打一餐	隆回方言的介词
19	传	福建：泉州	城里侬传乡下侬骗去	闽南方言语法研究
20	赐（锡）	湖南：涟源、娄底 福建：连城	只收音机赐佢折开哩，听不得哩	涟源方言研究 娄底方言的介词 连城方言的动词谓语句
21	挼	湖南：益阳	鱼挼猫吃哒	益阳方言语法研究
22	搭	浙江：台州、绍兴	小张搭人打去了	百余年来台州方言的处置式、被动句、致使式语法标记

续表

序号	标记	地区	语例	来源
23	得	江西：樟坪、铅山、洪洞、黎川、南城、临川、南丰 湖南：攸县、常宁、衡山、安仁 山西：临汾 贵州：铜仁 浙江：宁波、诸暨、绍兴	佢个衫得人撕烂啊	贵溪樟坪畲话研究 铅山太源畲话研究 湖南方言的介词常宁方言的介词 洪洞方言研究 攸县方言的介词
24	得手	四川：宜宾	他得手蛇咬了一口	四川宜宾方言的被动句和处置句
25	等（登）	浙江：金华 江西：石城、芦溪、吉安、南昌 湖南：柏祥 湖北：巴东	我去年在渠大门口等狗咬矣一口	金华汤溪方言的动词谓语句 江西客家方言概况 芦溪方言研究 赣语泰和方言的动词谓语句 南昌方言研究 岳阳柏祥方言研究
26	度（逗、堵）	湖南：常德、花桥、东安 福建	千万莫逗人家讲笑话	湖南方言的介词 东安土话研究 湘南土话中表示给的字 闽南方言语法研究
27	兜倒（逗倒）	湖南：宁远	贼佬兜倒/与我逮倒呱了	宁远平话研究

第五章　汉语方言被动式的语法标记

续表

序号	标记	地区	语例	来源
28	分	湖南：江永 福建：永定、连城、福州 江西：铅山 江苏：泰兴 广东：汕头、梅州、梅县 海南 印尼	衫分佢扯烂了	湘南土话中表示给的字谢永昌《梅县客家方言志》（转引） 客家方言语法研究 铅山太源畲话研究胡松柏胡德荣 泰兴客家方言研究兰玉英 汕头方言的动词谓语句施其生 梅县方言的动词谓语句林立芳 琼北闽语词汇研究 印尼客家方言与文化
29	分拿	福建：连城	猪肉分拿狗打去呃	连城方言的动词谓语句
30	分拿乞	福建：连城	云分拿乞风吹走呃	连城方言的动词谓语句
31	分拿分	福建：连城	杯子分拿分栢烂呃	连城方言的动词谓语句
32	分拿畀	福建：连城	手骨分拿畀火烙一下	连城方言的动词谓语句
33	分畀	福建：连城	老人硬分畀渠装扮死	连城方言的动词谓语句
34	分乞	福建：连城	鱼分乞猫公食撇呃	连城方言的动词谓语句
35	分乞畀	福建：连城	书分乞畀我老弟捏去学堂底呃	连城方言的动词谓语句
36	分锡	福建：连城	衫拿赐水推走呃	连城方言的动词谓语句
37	丐 （贝甘）	浙江：温州、瑞安	书丐渠破爻	温州方言志 浙江方言语法的一些特点
38	给	江苏：淮阴 山东：章丘 河南：南阳 湖南：衡山、宁远、隆回 湖北：五峰 广西：南宁	他给领导表扬了一通	汉语方言语法类编 章丘方言志 南阳方言衡山方言研究 湘乡方言的介词 五峰方言研究 广西南宁白话研究

续表

序号	标记	地区	语例	来源
39	给得	湖北：团风、武穴、麻城、浠水	水给得他喝了	鄂东方言"把得"被动句
40	哈	青海：西宁 浙江：温州	照相机哈别人借啊去了	西宁方言与吴方言的一些语言现象之比较
41	互（护）	福建：厦门、泉州	恁互伊骗去	厦门方言志 泉州方言志
42	互人	福建：厦门	衫互人［hɔŋ］偷去	厦门方言志
43	叫	河南：洛阳 山东：烟台 内蒙古：呼和浩特 河北：沧州 天津 安徽：怀远 甘肃：酒泉 湖北：恩施、五峰、武汉 江苏：涟水 山东：苍山、莱州、宁阳等6地 陕西：平利、三原、西安 四川：成都、西充	大伙儿都叫他说笑了	汉语方言语法类编 天津方言研究与调查怀远方言语法特点 酒泉方言研究 恩施方言的被动标记"着" 五峰方言研究 武汉方言语法研究 涟水方言研究 苍山方言志 莱州方言志 宁阳方言志 章丘方言志 博山方言研究平利方言调查研究 三原方言 西安方言语法调查研究 成都方言语法研究 西充方言语法研究
44	教	陕西：合阳、神木、佳县 山西：忻州 河北：昌黎 云南：鹤庆	碗教他打烂咧	合阳方言调查研究 汉语方言语法类编 定襄方言句法研究

续表

序号	标记	地区	语例	来源
45	尽（儘）	湖北：罗田、恩施、孝感、安陆、随县、宜都 湖南：岳阳	这好的东西尽他搞丢了，好可惜	罗田方言的"尽"字被动句 恩施方言的被动标记"着" 孝感方言研究 安陆方言研究 宜都方言研究 汉语方言语法类编 岳阳方言的介词"尽"与"驾"
46	捞（落）	湖南：长沙、岳阳	杯子捞他打烂了 我落狗哩咬哒一口	湘语语法研究 湖南岳阳市区方言的"落"字被动句
47	撩几	湖南：东安	杯子撩几他打烂膏	湘南土话的被动标记和处置标记
48	拿	江西：赣县、安远、定南 湖南：宜章、湘乡、汝城 福建：连城	该本书拿别人撕了几页	江西客家方言概况 定南方言，湘南土话中表示给的字） 汉语方言语法类编
49	拿赐	湖南：涟源、娄底	块衣衫拿赐佢撕烂哩	涟源方言研究 娄底方言的介词
50	拿分	江苏：泰兴 福建：连城 四川：成都	碗拿分渠打烂了	泰兴客家方言语法 成都客家话研究 连城方言的动词谓语句
51	拿给	四川：西充、攀枝花、成都	头等奖拿给他摸走了	西冲方言语法研究 攀枝花本土方言与习俗研究 成都方言语法研究
52	拿乞	福建：连城	衫拿分水推走呃	连城方言的动词谓语句
53	拿乞畀	福建：连城	鱼拿乞畀猫公食撒呃	连城方言的动词谓语句
54	拿畀	福建：连城	单车唔知拿畀那人骑夫	连城方言的动词谓语句

续表

序号	标记	地区	语例	来源
55	拿畀乞	福建：连城	手骨拿畀乞火烙一下	连城方言的动词谓语句
56	拿锡	福建：连城	佢偷东西拿锡侪知得呃	连城方言的动词谓语句
57	拿狭	湖南：湘乡	我拿狭爷打解一餐	汉语方言语法类编
58	乞	湖南：洞口 福建：福州、连城	乞其讲，我悟不通	湘西南洞口老湘语虚词研究 闽南方言语法研究
59	乞护	福建：平和		
60	请	湖南邵阳	辣椒秧子请冰雹子冻死哩	湖南邵阳城区方言的"请"字被动句
61	让	陕西：平利 湖北：五峰、罗田、黄州、襄樊、孝感 湖南：攸县、常德、洪江 浙江：武义、义乌 安徽：阜阳 山西：定襄 河南：安阳 江西：都昌、南昌 山东：微县 甘肃：山丹 河北：保定 内蒙古：呼和浩特	一点酒，没注意，让你偷偷地喝完了	平利方言调查研究 五峰方言研究 攸县方言的介词 湖南方言的介词
62	让得	鄂东所有县市	我让得他打了一棍子	鄂东方言"把得"被动句
63	让到	鄂东所有县市	他让到狗一把咬了	鄂东方言"把得"被动句
64	让是	湖北：蕲春	钱让是他驮去了	鄂东方言"把得"被动句
65	惹	湖南：浏阳	你呢字惹狗齧叮？	浏阳方言研究

续表

序号	标记	地区	语例	来源
66	惹叮	湖南：浏阳	咯眼灯盏惹叮风吹熄叮	浏阳方言研究
67	散	湖南：桂阳	杯子散佢打烂得	湘南土话的被动标记和处置标记
68	送	湖南：长沙	绳子衣咸送虫咬烂哒	长沙方言的介词
69	送得	湖南：长沙、岳阳	他屋里患伢子只怕是送得人贩子拐起跑咖哒	长沙方言的介词
70	送把	湖南：长沙	小王份子昨天送把他爷老倌骂咖一餐扎实的	长沙方言的介词
71	送得把	湖南：长沙	才买的一只热水瓶就送得把他打咖哒	长沙方言的介词
72	讨	江苏：高淳 湖南：洞口 江西：信丰、上犹、瑞金、南昌	鱼讨猫哩吃呱得。	高淳方言的动词谓语句 湘西南洞口老湘语虚词研究 江西客家方言概况 安义方言的动词谓语句
73	提（替）	安徽：黄山 湖南：资兴 湖南：洞口	渠老是提人家欺负	休宁方言的动词谓语句
74	听	湖南：长沙、湘潭	茶壶听他打烂啦	湘语语法研究
75	驮	江西：南昌	衣裳都驮涿湿了	南昌方言研究
76	搣	江西：定南	我个刀子搣渠借走了	江西客家方言概况
77	狭	湖南：湘乡	他狭蛇咬哩一口	汉语方言语法类编
78	献	福建：晋江	偷挽龙眼献伊看着，汝就解夭寿	福建晋江闽南话的被动句
79	揌（捏）	江西：定南 广西：贺州、南平	再多柴火也揌佢烧净了	定南方言 昭平方言的被动标记词
80	仰	湖南：长沙	他今天仰摩托车撞哒一下	长沙方言的介词

续表

序号	标记	地区	语例	来源
81	要	海南：屯昌	我其钱要侬偷了去了	琼北闽语词汇研究
82	与	湖南：宁远 福建：泉州	与一根树子绊了一跤	湘南土话中表示给的字
83	约	浙江：金华	部脚踏车约别农偷去罢	金华汤溪方言的动词谓语句
84	遭	江苏：泰兴 湖北：五峰 宁夏：固原	遭狗咬哒	泰兴客家方言语法 五峰方言研究阮桂军 汉语方言语法类编
85	则	浙江：余姚	碗盏则渠拷碎哉	余姚方言志
86	做	海南	我其钱做侬偷了去了	琼北闽语词汇研究
87	着（招、找）	贵州：遵义 湖北：恩施、安陆、五峰、随县、巴东 湖南：辰溪、洞口、溆浦、益阳 江西：铅山临川、南城 四川：成都、攀枝花、西充 云南：鹤庆、大理 贵州：铜仁 山东：临沂、寿光、荣成 山西：晋城	衣裳着雨淋得焦湿 他招狗咬了	遵义方言语法研究 恩施方言的被动标记"着" 安陆方言研究 五峰方言研究 辰溪方言的介词系统 湘西南洞口老湘语虚词研究 溆浦方言研究 益阳方言语法研究 铅山太源畲话研究 成都方言语法研究 攀枝花本土方言与习俗研究 西冲方言语法研究 汉语方言语法类编 晋方言语法研究
88	准	江西：安福	三只猪崽儿是准豺狼唃死个	江西安福话的准字被动句
89	沾	湖南鄢县	茶杯子沾佢打烂哩	汉语方言语法类编
90	整	湖北：五峰	猪草整猪子拱翻哒	五峰方言研究

通过上表的分析，我们发现，在汉语方言中分布最广的被动标记词，其实并不是"被"，而是"叫"。在930个方言采集点中，有230个方言点都有"叫"作为被动标记。从中国东北的黑龙江、吉林、辽宁到西北的内蒙古、新疆、青海、甘肃、宁夏、陕西，再到北方的北京、天津、河北、河南，以及南方的湖北、安徽、重庆、江苏、四川，都有被动标记"叫"。

为什么我国方言分布最广的是"叫"而不是"被"？我们认为这和南北方被动标记的历史发展、语体、使用习惯差异等因素有关。

首先，我们知道现代的方言一般都保留有当地古时所传承的口语方式，而汉语方言更接近于近代汉语乃至古代汉语的特点。而在被动标记的演变过程中，各个被动标记来源及产生的时间不同。王嘉天、彭爽（2018）指出"叫/让"等被动标记源于北方方言，在元明清时期，由于都城都是北京，所以官话受北方方言影响很大，类似"叫/让"这种北方方言的被动标志，逐渐进入到了当时民族共同语中，特别是清朝作品中使用最多。王嘉天、彭爽（2018）统计了当时清朝的文献，发现"被"字使用频率不及"叫/让"。虽然"被"最早产生于战国时期，是生命力最强、使用的历史跨度最大的被动标记，尤其现代汉语共同语主要是以"被"为专职被动标记。而"叫"是明清年间开始流行于市面的口语化被动表达，但是由于汉语方言比较接近近代汉语，而受到现代汉语共同语的影响以致被同化还需要假以时日，所以各地方言在选择被动标记时，更多地倾向于选择"叫"，这与语言融合制约程度有关。

其次"叫"是一个口语词，而"被"最开始是书面语，后经发展，口语受书面语影响也可以用"被"作为被动标记。但方言主要是口语，所以很多时候用"叫"比用"被"更加自然和贴切。

再次，其实"叫"在发展过程中经历了一次"叫""教"合并的过程。在汉语史上，曾经有过相似的被动标记词"教"，后来在新中国成立后对汉语进行了规范化，同音异形的"教"就由"叫"替代了，因此方言中原来习惯用"教"做标记的也写成了"叫"。这样一来各地方言中"叫"在口语中出现的频率又大为增加，综合起来超过了"被"。

另外，我们对近75个有被动标记的方言进行了统计，总体上南方方言区的被动标记要远多于北方，发现使用被动标记的最多方言有22

个之多。具体如表5.5所示：

表5.5　　　　　　　不同方言点被动标记使用情况列表

序号	地区	标记1	标记2	标记3	标记4	标记5	标记6	标记7	标记8	标记9	标记10	标记11
1	江西：定南	揦[ia^{51}]	拿		揪							
2	江西：南城	着	得	畀								
3	江西：南昌	等	驮	让								
4	湖北：恩施	着	尽	叫								
5	湖北：襄樊	叫	让	给								
6	湖北：孝感	着	把	尽	把得							
7	河北：昌黎	教	让									
8	湖南：东安	du^{13}	被									
9	四川：西充	叫	着	拿给								
10	四川：宜宾	着	拿跟	被								
11	四川：成都	拿分	分	拿给								
12	湖北：新洲	把得	被	互人	互							
13	湖南：洞口	讨	着	乞	把	把乞	替	等				
14	湖南：黔城	着	让	把乞								
15	湖南：岳阳	送得	落									
16	湖南：永春	互	乞2									
17	四川：攀枝花	着（遭）	等	拿给								
18	四川：成都	着	分	拿给	给	着	拿分					
19	湖南：益阳	着、	拨	把得								
20	安徽：怀远	挨	叫									
21	安徽：阜阳	叫	让	给								
22	天津	给	叫									
23	湖北：武汉	把	把倒	叫								
24	福建：福州	传	度	护	乞							
25	福建：晋江	乞	度	与	传	献						
26	福建：泉州	与	乞	互	传							
27	福建：连城	拿	分	乞	畀	锡	拿分	拿乞	拿畀	分拿	分拿分	分拿乞
28	四川：成都	着	拿给	叫								

续表

序号	地区	标记1	标记2	标记3	标记4	标记5	标记6	标记7	标记8	标记9	标记10	标记11
29	海南	要、	分	做								
30	江西：南昌	等	驮	让								
31	江苏：泰兴	分	拿分	拿给	遭							
32	河北：保定	给	叫	让	着							
33	河南：安阳	叫	让									
34	河南：南阳	给	叫									
35	山东：章丘	给	叫									
36	陕西：平利	叫	让									
37	四川：成都	拿分	拿给	遭	拿							
38	广东：广州	叫	畀									
39	广西：南宁	给	畀	揞	着							
40	湖南：涟源	拿赐	赐									
41	湖南：宁远	与	兜倒 [təu215 tie3]	给								
42	湖南：浏阳	惹 [ɲia24]	惹叮 [ɲia24 ta3]									
43	湖南：益阳	着 [tso35]	拨 [ts'ɤ11]									
44	江苏：涟水	挨	叫	给 [kɛ55]								
45	湖北：孝感	被	把	把得	尽							
46	湖北：五峰	幣	计	给	被	遭	叫	着				
47	湖北：安陆	尽	把得	着	被							
48	湖北：随县	把到	尽									
49	江西：铅山	分	着	得								
50	江西：都昌	等	让	揞	驮							
51	江苏：高淳	讨	把									
52	浙江：金华	等	约									
53	浙江：绍兴	拨	得	搭								

续表

序号	地区	标记1	标记2	标记3	标记4	标记5	标记6	标记7	标记8	标记9	标记10	标记11
54	广东：汕头	分	乞									
55	广西：昭平	捱	畀	分								
56	江西：吉安	等	把									
57	香港	畀 [pei35]	被 [pei22]									
58	湖南：长沙	把得	仰	捞	拿	送	送得	送把	送得把			
59	湖南：洞口	把	把乞	乞	等	替	着	讨				
60	湖南：常宁	被 [pʻi24]	由	得								
61	湖南：攸县	得 [te44]	让									
62	湖南：绥宁	把	[tɕʻiou51]									
63	湖南：常德	逗	逗	逗								
64	湖南：娄底	拿赐	赐									
65	湖南：隆回	把	吃	给								
66	湖南：湘乡	把	狭	拿狭								
67	海南	要	分	做								
68	上海	拨	拨辣									
69	山东：德州	让	叫	给								
70	山东：莱州	叫	给									
71	山西：忻州	教	让	给								
72	云南：鹤庆	着	教									
73	云南：富源	着	挨									
74	新疆：阿勒泰	叫	被									
75	浙江：台州	拨	赚	让	搭	被						

需要提出的是，在此表格中，福建连城方言中的被动标记并没有完全列举，根据项梦冰《连城方言的动词谓语句》一文所述，连城方言有单音节被动标记 5 个，双音节被动标记 10 个，三音节被动标记 6 个，共 21 个，我们筛除了作者所说的很不常用的几组，在表格中列举了其

中的 12 个。根据表格所示，除了福建连城方言以外，汉语方言中被动标记最多的是湖南的长沙，有 8 个被动标记，湖南和湖北可以说不仅是被动标记分布面大的省份，而且在被动标记类型和数量上比其他方言要多。

第六节　被动标记的共用

在考察被动标记的过程中，我们发现有的方言中，同一个标记词即可以作为被动标记，又可以作为处置被标记；还发现在一些方言中虽然主动标记和被动标记不同，但是主动标记和被动标记可以在一句话中同时出现，也就是主动式和被动式套用。这一节我们就讨论被动标记同时作为处置标记的情况，以及不同标记共现（主要指处置标记和被动标记共现）的情况。

一　处置被动共标

这里处置被动共标指的是，被动式和处置式共用同一个标记词。在一些方言中我们经常看到，一个标记词兼具被动和处置两种不同的功能，如湖北东南部一些方言的"把"或"把得"，既可以作处置标记，也可以作为被动标记。我们看：

湖北崇阳：筲些东西把得狗喫了。这些东西被狗吃了。（祝敏，2018）

　　　　　　筲些东西把得狗喫哕。这些东西给狗吃吧。

湖北孝感：我把他害了。我被他害了/我把他害了（左林霞，2004）

湖北新洲：他把姐姐说哭了。他把姐姐说哭了/他被姐姐说哭了。（高社，2016）。

从这四个句子中，我们看到"把"在湖北大冶方言中既可以作被动标记，也可以作处置标记，这一点不同于现代汉语中的"把"一般只能作处置标记的情况，甚至有时候由于"把"既表示被动又表示主动，所以后两句的当地方言中是有歧义的。

处置标记和被动标记同形的情况并不少见经过考察，我们还发现了还有其他方言也有这种情况。比如在湖南燕塘话中的"拿"，既可以作为被动标记，也可以作处置标记。比如：

a. 洒我打跌一拳拿他。我把他打了一拳。
b. 洒我拿他打跌一拳。我被他打了一拳。

这里虽然"拿"同时可以作为处置标记和被动标记，但是句式上有所区别，因此不会产生歧义。而在湖南桂阳流丰话中，被动和处置都可以用标记词"拿（ta45）"，不过由于形式完全相同，就容易产生歧义。比如"我被他打了一顿"和"我把他打了一顿"都可以说成"我拿他打了一顿"，其形式完全一样，当地人往往是根据具体语境来进行区分。

类似的还有湖南湘乡方言中的"给"，福建方言中的"互"，河南周口、开封及安徽颖东方言中的"叫"，河南信阳的"给"，晋城方言中的"招"，都既是被动标记，也是处置标记。

我们调查发现在那些存在有相同标记词（即处置标记和被动标记为同一个词）的方言中，即使处置标记和被动标记有相同的表述，但是在具体使用中，人们还是会通过语序、重音、增减词等形式彰显处置和被动的差异。

通过轻重音区别的，比如湖北大冶方言中"我差点把佢打死了"有两种意思：如果表述是强调处置，则"把"没有重音；而表述成被动遭受时，"把"往往会重音强调。

通过增减词区别的，比如同湖南的嘉禾（卢小群，2004）广发方言的被动标记有"安"和"安过"，处置标记则只有"安"。"他把我吓了一跳"和"他被我吓了一跳"都可以说成"他安洒吓者一跳"。说成"他安过洒吓者一跳"则只有"他被我吓了一跳"的意思。

二　处置被动标记同现

更常见的是，处置标记词和被动标记词不是同一个词，但可以同现于一个句子中，这些同现句子属于"把被"同现句，例如：

湖北大冶：我被佢把腿给打断了。我被他把腿给打断了。
湖北大冶：佢生怕被警察把车子没收了。他生怕被警察没收了车

有时候"把""被"可以连用，中间不插入任何成分，如：

北京：不明白这些人被把头割下了。不明白这些人被割头了。

当然在有些方言中，两种表达范畴的句子不一定只是"把"和

"被"同现，因为在汉语方言中处置标记除了"把"以外还有很多，而被动标记除了"被"以外，也有很多。比如：

甘肃酒泉：剩下的银钱叫人把半数抢掉了。剩下的钱叫人抢了一半。（孙占鳌等，2013）

安徽休宁：渠提公安局帮渠抓出来着。他被公安局抓出来了。（平田昌司，1997）

云南富源：我的单车着他将轮胎压爆掉了。我的单车轮胎被他压爆了。（张徽，2017）

这里分别有"把、给"同现、"将、让"和"叫、把"同现，都是不同的处置标记和被动标记同现，只不过格式上有两种，前两句属于处置套用被动，而后面是被动套用处置。这些标记共用，一般既表示一种处置，又表示一种共用。

值得注意的是，有些方言中处置标志与被动标记同现时，其语法功能会发生改变，比如在湖南平江方言中，被动标记词"落"可以单用表示被动，也可以和"把"字句同现表示被动，如：

湖南平江：我个手落扫帚打哒个泡。我的手被扫帚磨出了水泡。（王众兴，2008）

湖南平江：落我俚老妹把药下倒哒。我妹妹把药都倒掉了。（王众兴，2008）

虽然"落"可以为被动标记，但是和"把"同现时，"落"的句法位置发生了变化，整个句子还是表示一种处置的语义。此时的"落"不再是表示被动的介词，而变成了语势助词，而且一般放在句首，前头一般没有其他成分，"落"与其后接的名词也没有结构联系和语义关联。

三　共标和同现的原因

首先对于方言来说，大多数语料都是口语，而口语具有临时性和不规范性，在语序和语法形式上可以不那么规范，再加上汉语是一个注重意合的语言，所以只要意义表达清楚，至于这种意义以什么正确的形式来表达，这个在快节奏的口语交际中显得稍微不那么重要了。这是各地方言中出现类似把被同现和把被共标现象的前提环境。

同时，无论是处置或被动共用一个标记，还是处置标记和被动标记在一个句子中同现，其实都是语言经济性原则在起主导作用。处置和被动共标记现象，是语言在信息传达准确的前提下，对不同功能词的合并，这样一方面能减少字词的数量而基本不会产生歧义，另一方面可以简化汉语表达。而处置和被动同现，就是说话人通过压缩、整合，将两种事件存储进了一个同现合用句式，在增加信息量的同时并没有增加太多句子的长度，从而给听话人减轻了负担，符合话语交际中的简明原则，而且更省力。

其次，"把""被"的同现和说话者希望多角度的焦点凸显有关。事实上把字句和被字句都可以理解为是经过变换句式而来，而变换的目的之一就是要对话语信息中的某一部分进行凸显，只不过角度不同而已。如果说话人两个角度都要强调，同时又想以最为简洁的形式展现的话，那么就需要一定程度的信息再整合。根据 Fauconnier & Turner 等人的概念整合理论，沈家煊（2005）（2006）进一步将整合分为"糅合型整合"（这种整合就是分不清以前的参与组合元素，进行了渗透式的融合）和"截搭型整合"（这种整合可以分清，哪个部分来自哪里）两种类型。我们认为，被动式与处置式的同现合用句式即采用了"截搭"的造句方式，各取被动式结构与处置式结构的一部分重新截搭而成，而这个各取的部分，就是要强调的焦点。只不过由于是"截搭型整合"所以其各自强调的部分仍然是相对独立，且不影响整体的表达。

以"那棵树被他把树枝剪断了"为例，"那棵树被他剪断了树枝"和"他把那棵树的树枝剪断了"都是对同一事件——"他剪断了那棵树的树枝"的描述，只是前者使用被动句将焦点指向了"那棵树"，强调树所受的影响和遭遇；后者使用把字句将镜头对准了"树枝"，强调了树枝所受的影响和遭遇。"树枝"所受的影响是"因"，"那棵树"所受的影响是"果"，二者之间的因果关系决定了他们可以截搭整合成同现合用句格式——"那棵树被他把树枝剪断了"。

另外，把被共标和把被同现在方言中之所以会存在，还和被动标记的历史演变以及历时的叠加有关。从历史发展来看，被动标记是不断发展，且在发展过程中不断增加新的成员的，要么是出现新的标记代替了原有标记，要么就是新的出现，旧的没有消亡，两者共存。比如在西南官话中,"着"作为被动标记一开始是没有的,后来成了被动标记成员,而且和其他一些被动标记共存,而有些被动标记此时还保留有其他功能,这样"着"就和其他标记,甚至是处置标记同现了。

再比如从"把"的语义来看,在南方有给予的意思,在被动标记的来源中给予容易发展为被动,但是随着语言的演变,"把"逐渐加入了处置义家族成员当中,而"把"表示被动的情况逐渐变弱,同时方言又受到共同语的影响吸收了外来的表被动的成员"被"等标记,这些成员取代了"把"表被动的位置,使得"把"在现代汉语里已经只有处置用法,但方言中由于保留有汉语历史的痕迹,"把"的被动功能仍然在一些方言中有所体现,和其他的语用标记共存,这样一来就存在"把"字既表示被动又可以表示处置,同时还可以和"被"同现。

第七节 被动标记的演化

一 源于动词的被动标记的演化

石毓智(2008)曾经统计过,被动标记在汉语史上先后有十余种,而根据搭配组合而成的被动构式有几十种,而且处于不断演变的过程中。

笔者认为,根据被动标记来源词的词性不同可以分为两类,一类是由动词演化而来,一类是由名词演化而来。

首先我们考察一些由动词演化而来的被动标记。一般而言,标记的形态和读音接近他们的语义来源也基本相同。比如"把"和"把到"形态接近,它们的语义来源相同,而"叫"和"教"语音基本相同,他们的语义来源也相同。据此,我们根据被动标记间的形态和语音的相似度及实际语料中表现出来的语义相似度,对被动标记进行了再分类,以便细致考察被动标记来源。

A. 着、遭、捱、挨类被动标记的演化

这类动词在语义上都曾经或可以含有共同的义项"遭受",例如:

成都客家:捱们那里着了水灾。我们哪里遭了水灾。(钟琰婷,2016)

他遭到敌人的毒打。

湖北武汉:我今天捱了打。我今天遭了打。

北京：你小子挨揍。你小子遭揍。

这些例句中的"着、遭、捱、挨"都可以替换为动词"遭"，意义上都有"遭受"的意义，且后面可以接宾语，有的是名词性的，有的是动词性的，当后接动词性短语做宾语时，整个词的动词性特征减弱，它们的演化路径基本类似"被"的虚化路径。因为学界基本达成共识，"被"是由动词义"遭受"虚化为助动词后再度虚化而来，所不同的是"被"的动词义"遭受"是由"覆盖"义转化而来，而这些词的"遭受"义起初源于不同渠道。

所以这类词的大致演化路径为：具体动作动词＞遭受义动词＞遭受义助动词＞被动标记

B. 拿、拿赐、把赐、把、把到、畀类被动标记的演化

这类被动标记在语义上都曾经或可以含有共同的义项"给予"，例如：

湖北大冶：把伞拿渠。把伞给他。

湖南娄底：块衣衫快滴拿赐佢。把衣服拿给他。

湖南娄底：块肉快滴把赐佢。把肉拿给他。

湖北大冶：快点把渠。快点给他。

湖北黄石：嗯有把到我。你没有给我。

香港粤语：留翻畀我。留给我。

这些例句中的"拿、拿赐、把赐、把、把到、畀"都可以替换成"给"，而且都有"给予"的意义，基本上后接宾语，此时是典型的给予类动词。而被动标记的一大重要来源就是给予义动词，不过给予义动词虚化为被动标记前，还应该成为介引目标的介词，这些词介引的目标不一样，有的是"受益/获得"目标介词标识，有的是"给予"目标介词标识。

所以这类词的大致演化路径为：具体动作动词＞给予义动词＞介引目标的介词＞被动标记

C. 叫、教、让、听、由类被动标记的演化

这类被动标记都含有共同的使动用法，例如：

我叫他去打酱油。（我让他去打酱油）

敢教日月换新天。（敢让日月换新天）

敢让小红拿东西。（敢使小红拿东西）

嗯听渠在家里捣蛋。（湖北黄冈方言：你让他在家里捣蛋）

什么事都由渠做。（湖北黄冈方言：什么事都让他做）

这些例句中的"叫、教、让、听、由"都可以替换成使役动词"让"或"使"，前文分析过，被动标记有一部分源于使役动词，使役根据使动的强弱分为三个等级由强到弱依次是命令型、致使型、容让型，而这类大多都是容让型的使役动词，由实际的容让义逐渐变成了一个使役助词。这种演变并不是语义上的关联，更多是句法格式的关联，使役式的句法结构和被动式一样，都是 K + NP2 + V，因此被动标记逐渐由表示容让式转而表示被动式。

D. 给类被动标记的演化

这类被动标记在语义上和 B 类词接近，而且都含有共同的义项"给予"，和 B 类不同的时，"给"在演变为被动标识前，会分化为使役义标记和受益类标记，而根据前文分析，一般是由使役义虚化为被动标记。例如：

你给我笑一个。

小王给（他）买的衣服。

房子给（他）卖了。

这里的"给"其实都可以理解为是虚词，不过只有最后一个"给"是表示被动，第一个是使动，第二个是表示受益，其中第二个的用法是独立于"被动"之外的。因此"给"类被动标记不是简单地从"给予"义中直接演变为被动，中间还要转化为"使役"义后才接着又虚化为被动标记的用法。

综上，由动词演化而来的被动标记，大致演变路径有：

（1）具体动作动词→遭受义动词→遭受义助动词→被动标记

比如"着、遭、捱、挨"被动标记的演变属于这一路径。

（2）具体动作动词→给予义动词→介引目标的介词→被动标记

比如"拿、拿赐、把赐、把、把到、畀、传"等被动标记的演变属于这一路径。

（3）具体动作动词→使役义动词→容让标记→被动标记

比如"叫、教、让、听、由"等被动标记的演变属于这一路径。

（4）具体动作动词→给予义动词→使役义动词→被动标记

比如"给"等被动标记的演变属于这一路径。

二 源于名词的被动标记的演化

这类被动标记主要是"被"。"被"在现代汉语普通话和汉语方言中都经常充当被动标记，虽然方言中使用"被"的情况较少，但是由于语言接触的影响，很多方言都受普通话影响把"被"作为被动标记来使用。

"被"的本义是被子。《说文解字》对"被"解释是："被，寝衣，长一身有半。"《楚辞·招魂》："翡翠珠被，烂齐光些。"王逸注："被，衾也。"被子的功能是覆盖在人身上御寒的，因而后来引申覆盖，比如张衡《东京赋》："芙蓉覆水，秋兰被涯。"阮籍《咏怀》："凝霜被野草。"被子覆盖于人的身体，对身体来说是一种负担，因而引申出了蒙受、遭受的意思，如《战国策·燕策》："秦王复击轲，被八创。"诸葛亮《后出师表》："然涉险被创，危然后安。"由蒙受、遭受义，后来又演变为被动标记。所以王力（1990）指出"被"字表被动标记是从遭受义演化而来。

综上，由名词演化而来的被动标记主要是"被"，其具体演变线索为：

名词（被子）→动词（覆盖）→遭受义→被动标记

三 被动标记演化规律

关于被动标记的演化，很多学者都有过讨论，虽然各个被动标记的来源各家说法不一，一直处于争论之中，不过可以肯定的一个规律就是：被动标记的演化路径呈现多元化的情况。有的方言被动标记由"获得义"演化而来，而有的方言标记由"使役"义演化而来，有的由"遭受义"演化而来：

如"把""叫"都是方言中的常用被动标记，"凳子把佢踩垮了（大冶方言）""凳子叫他踩垮了（武汉方言）"都可以说。但是其中的演变路径是不一样的。

"把"最开始是"手拿"的意思，如"禹亲把天之瑞令以征有苗"

(《墨子·非攻下》)。

后又由"手拿"引申出了"传递"或者"诊断"等和"手"有关的意思，比如我们常说的"把脉"就是"诊断脉搏"，再比如大冶方言中有"把你钱"的用法，这时"把"有了"传递、给予"义。后期"把"的演变过程出现了分化。一种由"手拿"义演变成了"处置义"，再由"处置"慢慢虚化成了处置标记。我们看下面两句：

诗句无人识，应须把剑看。（唐姚合《送杜观罢举东游》）

莫言鲁国书生懦，莫把杭州刺史欺。（唐白居易《戏醉客》）

这两句中"把剑看"其实不一定要"手拿着剑看"，这里的"把"其实也可以理解为一个处置"剑"的动作。而"莫把杭州刺史欺"中的"把"已经没有"手拿"义，也不属于处置动词，而是虚化为了处置标记。

而"把"的另一种演变路径则从"手拿"往"给予"义方向演变，再后来成为被动标记，如除了方言中"把嗯钱（给你钱）"保留有"给予"义以外，在一些古汉语书面语中"把"也有表示给予的意思，如：她家女儿把了人家了哇（集藏/宝卷《靖江宝卷》）。这里的"把了人家"，就是"给了人家"，其实隐喻为"嫁了人"。

在一些赣方言区和西南方言区"凳子把他"和"凳子把他踩垮了"这两种说法随处可见，前者表示的是"给"，后者则演变为了被动标记。

也有人认为从给予到被动标记的转换过程中，往往还会发展出一个致使义。也就是说在"把"字从给予到被动的转变过程中，往往还会有致使义，理由是：转变为给予类动词后，一般就能后接连动或者双宾语，如果出现两个动词的现象，表达的其实是两个事件，一个是给了事件，一个是行为事件（"把你钱花"中"把你"是给予，"花钱"是一般行为）那么后面的动词会比前面的动词语义更重，根据前景凸显原则及语用学的信息焦点理论，靠近句尾的行为事件一般是焦点，而前面的信息就变成背景信息，当给予事件变成背景信息时，人们就会忽视动词的给予义，这样一来前面的给予类动词逐渐语义虚化，而相应的它与后面的行为事件的使成关系因为后面动词所表达动作的凸显而得到强调，这样原先的句法结构和语义解构就要重新分析，原来的句式就变成了致使和兼语相结合的结构，而此时带有给予义的动词语义逐渐向致使义转换，直至演变为虚词。这点洪波、赵茗（2005：44-48）在给予义转变为致使义的描写中也进行了相似解释。我们考察后发现，在一些方言中"把"的语义除了给予外，还有"致使"的意思，比如：

（1）湖北阳新：嗯把佢多少钱？你给他多少钱？

（2）湖北阳新：把一个人去也可以的。让一个人去也可以的。

（3）湖北阳新：嗯把佢说，莫理佢。你让他说，别理他。

这三个句子中，（1）中的"把"是"给予"，而（2）和（3）中的"把"可以理解为"容许"，表示容让的致使义，并且可以构成致使句式。这说明"把"的语义演变路径可以是：手拿义→给予义→（致使义）→被动标记。

"叫"演变为被动标记的路径同"把"又不一样。"叫"在演变过程中，既没有"手拿义""获得义"又没有"给予义"，而是经过"使役义"再到被动标记的过程。"叫"在唐以前都是动词"叫喊"，到了宋朝出现了分化，几种用法并存。如"叫孩子们松了马肚带（《水浒传》）"，这里的"叫"除了是言语动词以外，还可以表示使役，再到后来就出现"衣服都叫淋湿了"的纯被动标记用法。

另外，被动标记的演变进程也呈现不均衡性，不但被动标记产生的时间不尽相同，而且时间跨度也不一样。

如"被"和"吃"虚化为被动标记的时间和历史跨度不一样，"被"的被动义已经有 2000 年的历史，如《战国策·齐策》记载有"万乘之国，被困于赵"，这里"被"已经虚化为介词了，只不过和现在被动标记后面直接跟施事有细微差别。

被动标记"吃"有被动用法的情况出现较晚，江蓝生（1989）指出"吃"作为被动用法在晚唐开始萌芽，在宋朝已经出现被动标记用法。如：

我在庄中吃打骂无休。（宋《刘知远诸宫调》）

这里的"吃"已经没有动词"实"的语义了，而是虚化为"被"。

"吃"表被动明代盛行，出现频率较高，但是在清代逐渐消亡，而在一些湖南方言中仍然保留。

从汉语的发展史来看，原始汉语里是没有被动句的，关于被动句的发展，王力（1990）指出"被动式在先秦时已经出现，不过很少见"①。

汉语最初有被动表达意思的是"与"。江蓝生（2000：221－236）就指出，"与"表被动用法在战国时期文献中就已经存在。后来"与"字在发展过程中，功能逐渐增多，其被动的功能逐渐退化。而一些其他的词经过演变，慢慢具有了被动功能，甚至成为专用被动标记（比如"被"逐渐由"遭受"演变为专用被动标记），这样"与"逐渐淡出历史舞台，各种具备被动功能的词承担了被动标记的角色，不过由于政治历史文化心理等方面的原因，各个被动标记在使用频率和使用范围上各不相同，造成了其演化的程度以及演化的路径发生了异同，因此要考察被动标记的演化，需要针对不同的情况区别对待。

需要补充的是，对于不同方言来说，即使是同一个被动标记，其语义来源和演化路径也会不同。比如在湖南，曾毓美（2001：83）提到湘潭方言中的被动标记"得"，源于"遭受"义。而彭婷（2016）在分析湖南祁东方言时，指出祁东方言的被动标记"得"来源于"持拿"义，是从"持拿"义逐渐演变成"给予"义动词和致使义动词，最后演变为被动标记。事实上，"得"在语义演变中，就有"遭受""持拿"和"给予"。如：

他得了一场病。

湖南祁东：他得本书得我。他拿了本书给我。（彭婷，2016）

这里第一句现在普通话中经常用，此时的"得"可以带有"遭受"的意味；而第二句两个"得"，第一个"得"是"持拿"义，第二个"得"就有"给予"义。

我们发现很多"持拿"类动词都有机会发展为"给予"义，这主要是因为"获得"和"给予"本来就经常关联，而在南方方言中，"持拿"义动词用于"给予"的现象非常普遍，在句式的选用上，会用"V + NP_{受事} + 介词 + NP_{与事}"。如：

江西安义：拿支烟到我。拿支烟给我。（万波，1996）

---

① 王力：《汉语语法史》，《王力文集》第11卷，山东教育出版社1990年版，第385页。

这里的"到"是介词，和后面间接宾语构成介宾词组，说明动作的趋向、处所，涉及的范围对象等。久而久之"持拿"义动词在这种句式影响下就有了"给予"的用法。如在祁东方言中"得"就有"给予"义用法。如"古本书得己（这本书给他）"。

北方方言中一般直接用"给予"类动词接间接宾语，而不习惯添加介词来引导间接宾语。比如"拿支烟到我"，北京话一般说成"给我一支烟"。

需要说明的是，并不是说南方方言在选择间接宾语时都习惯通过添加介词来引导间接宾语，其实南方很多方言也有动词接双宾语格式，只不过这种"持拿义"动词接间接宾语时习惯选用引导与事的介词来表达。

之所以会产生这种差异，主要是因为南北方方言在语言演变中所展现的不均衡性差异。张敏（2011）曾作过分析，指出"给予"在上古主要由"与"充当，而到了宋代北方方言中"与"逐渐被"给"取代。但是由于当时南方方言已经脱离中原母体，"与"消失后一时还没有合适的词取代，于是专用了最具语义关联的"持拿"义动词，因为"持拿"的主要目的之一就是为了给予。但是由于"持拿"是二价动词后面一般只接一个宾语，所以表达间接宾语时，往往要添加介词来引出宾语，这一点可以说也沿用了"与"的用法。

一旦动词发展成了给予义动词，那么它想再继续变为被动标记词就较为简单，前文中分析了两条路径，一个是直接虚化，一个是再经过一个使役义的发展演变后再虚化。例如，在祁东方言"你得己看书"（你让他看书）中"得"就是"让"的容让性用法。这说明祁东方言的"得"是经过给予、使役再到被动标记的演变路径。经过湖南湘潭方言和祁东方言中"得"的演变分析，我们发现即使是同一个被动标记，也可以有不同的语义来源和演变路径。

综上，我们可以看到汉语方言的被动标记的演化虽然非常复杂，但基本都有几条比较固定的路线，多半都是源于"遭受"和"给予"，"遭受"义转变为"被动"比较简单、直接和容易，而"给予"虽然有时候可以直接演变为"被动"，但是往往会经过"使役"义后再虚化为被动标记。同时源于"给予"义的被动标记，其语义来源可能还进一步是由"持拿"义动词演化而来。另外,在汉语方言被动标记的演变中还呈现地方性差异,即使同一个被动标记,在不同方言中其语义来源和演变路径也可能不同,这主要是由一些历史因素造成的地方方言发展不均衡现象引起的。

第六章　汉语方言被动式的语义特征和语用功能

第一节　被动式的语义特征

语法和语义，是相互关联相互影响的两个语言子系统；被动表达既然是一个语法范畴，就必然会涉及语义表达。对于汉语方言的被动句来说，语法与语义的关联性更加密切。不同形式的被动句，虽然都有表示被动的共性，但是因为被动标记的复杂多样，再加上被动标记的语义来源各有不同，使用不同被动标记词的被动句就会有语义特征的差异。不同来源的被动标记对被动句所反映的语义特征的影响总会有着或多或少的不同，这是显而易见的。

关于被动式的语义特征，学界有着较长时间的讨论。比较有代表的是：（1）消极说。认为被动句的语义多数是表达消极的或者不愉快的事情，代表人物是王力。王力（1957）在基于考察和统计大量被动式的语义表达后，对汉语被动的表义特征是"表示那些对主语所代表的事物来说是不幸或不愉快的事情"这一结论持肯定态度。（2）遭受说。认为被动句的语义多半源于遭受义，所以被动句多表示遭受，代表人物是丁声树。丁声树（1961：98）认为"被"表达的是一种遭受，被字句主要是说明主语有所遭受，既然是遭受自然是不情愿的，因此只能表示有损害或不愉快、不愿意一类行为。（3）不如意说。认为被动句的语义特征是多表达意外，或者说被动句表达的内容是背离了施事者的意愿，代表人物是沈家煊。沈家煊（2002）指出汉语使用被动式的最典型的语义因素就是"不如意的遭遇"。这三种说法虽然用来概括的词语各不相同，但从意义上来说则是比较近似的。这种被动式表示"消极义""遭受义""不如意义"语义特征说，可以说是传统语言学界的普遍观点。不过随着外来语的影响，一些"被表扬""被授予"等褒义现象的屡屡出现，学界对被动句语义特征的传统结论提出了质疑。

虽然"消极义""遭受义""不如意义"受到过当下学界某些学者的反驳，但是这些学者却忽略了这些早期结论的时代性。

语言是不断变化发展的，任何语言形式都很难保持一种语义特征始终不变。所以我们探讨被动句的语义特征，也要着眼于一定的时间和范围。王力和丁声树在考察语料时，多研究的是古汉语和改革开放前近现代汉语的语料，他们的结论不可避免地会受到时代和社会等因素的制约影响。现在有些学者虽然列举了很多当下的例子用来反驳既往的观点，但也多是从当代现代汉语的角度来看待，而很少从方言中去总结和归纳被动式的语义特征。

众所周知，方言更接近近代汉语，甚至很多方言还保留有古代汉语的痕迹，这就给方言中被动式语义特征的考察提供了较为稳定的语言环境，其语义特征相对于与时俱进性更强的现代汉语普通话来说总体保守一些，而方言里所反映的语义特征，也许更符合也更能凸显本民族语言的自身特点。

一 影响性

这里的影响，主要是对动作行为作用于受事的影响。

首先我们认为，被动句具有影响性。这是由被动标记所接名词的语义格关系决定的。我们判定被动句的标准，首要一条就是动词和所接名词所表达的关系一定是施受关系，换句话说只有施受关系才能构成被动。拿被动标记后面所接的名词来说，这个名词所代表的人或事物一定是动作的受事。而典型的受事格，其语义特征一定是具有强受动性和影响性的。

那如何判断受事是否具有较强的受动性或者影响性呢？我们认为对某个客体产生影响一定是能够让客体产生变化。张云秋（2004：47 - 56）认为"变化性"是受事区别于其他语义格的本质特征，他将受事的变化分为三种，分别是状态的变化（包括位置、形态、样态等，比如

"割肉"中"肉"表面上看没有变化,但是其位置从身体上发生了位移,因此状态变化了。"吹气球"中的"气球"形态由瘪到圆,是形态的变化。"装修房子"中的"房子"属于样态发生变化,由旧到新)、属性的变化(比如"热菜"中"菜"的属性会由"凉"变"热",这是一种非本质属性)、有无的变化(比如"折纸船"中的"纸船"是从无到有的变化)。这三种变化中,前两种可以转换成被动,而第三种转换被动的比较少见,比如"纸船被折好了"的说法一般不常见。主要是因为第三种所表示的变化涉及的语义关系可以理解为结果格,和典型的受事格有一定区别。李宗江(2004)指出一般典型的受事可以转换为被动式,而结果宾语则很难转换。比如"挖路""挖地"和"挖坑"中的"挖"既可以带受事宾语,也可以带结果宾语。受事宾语可以表示受损者,可以转换而且可以很自然地转换成被动句,而结果宾语一般不强调受损,如果转换成被动式就不自然。如:前两个例子可以说"路被挖了""地被挖了",但"挖坑"却不能转换成被动句,说"坑被挖了"或者"坑被挖"就都显得不自然。

我们认为影响不能等同于变化,但是可以依据变化来判断影响。判断一个客体是否受到较大影响,可以根据是否有变化、是否有损益、是否有位移来体现。第一种是否有变化,主要是包括形态或者样态的变化,比如"吃苹果",这里的"苹果"受到动词"吃"的作用而慢慢变小;第二种是否有损益主要指的受损或者受益来进行判断。比如"打了人"中"人"受到动词"打"的影响而可能受损;第三种是否有位移,主要是指处置的空间和时间的改变,可以理解为强受动和受影响,比如"搬走书桌"中"书桌","遗忘经典"中的"经典"都可以理解为强受动。

而一些表示感知类的动词如"看见、听、闻"等,一些表示心理活动类的动词如"爱、喜欢、欣赏、想念"等,一些表示言语交际类的动词如"说、宣传、讲、表示、讨论"等,这类动词所接宾语一般都不会受到动词的影响。因为从严格意义上说不是"受事",因而不能变成被动式。比如"我喜欢你",一般不能说成"你被我喜欢";"我看见你",一般不能说成"你被我看见";"我在讲话"一般不能说成"话被我讲"。这些动词的宾语其实都是动词作用的"对象"而非"受事"。

而关于"对象格"的语义特征，汪梦翔（2018）曾经指出是"弱受动性""致动性"和"关涉性"，"对象格"这些特征和受事有所区别。不过如果这些动词所接名词处于被动式中的话，那么名词和动词的语义关系就不仅仅是"相关"或者"弱受动"了，而且这种"受动"会加强，变成"强受动"，也即是"被动式"能够赋予动词一定的受影响力。就我们现有的语料来看，这些被动式中的感知类或者交际类动词所接名词无一例外都强调受到动作行为很大的影响。例如"批评、欺骗"这些动词，按照语义特征其实可以归入到交际动词中，原则上是接的"对象"，但是由于"批评"和"欺骗"对所关涉的名词影响较大，"批评、欺骗"的对象一般自身会遭受损害，所以"批评""欺骗"一类词可以进入被动式中，说成"我被批评了一顿"，"我被欺骗了"。而对所关涉的名词影响较小的"宣讲""讨论"之类的词就不能进入被动句，一般不能说"我被宣讲了""我被讨论了"。有时候会出现"我被说了"或者"我被约谈了"这样的被动句，这些句子里的动词表示的动作行为一定是对"我"产生了很大的影响，而且都是相对不好的影响，如：这里"我被说了"其实就是"我被批评了"；"我被约谈了"这个被动句里"约谈"，不是一般的"谈话"，"约谈"这个词，本身有着特定的含义，"约谈"的主体一般是纪检部门，"约谈"的对象往往是疑似存在问题的，对"约谈"的对象，极大可能会带来消极影响，甚至可以说必然会对"约谈"对象产生不好的影响。如果不是疑似存在问题，一般不用"约谈"，而只用"谈话"。但是"我被谈话"的说法，一般不成立；如果真的出现了这种说法，一般则意味着"我"会受到不好的影响。比如"被谈话"在北大 CCL 语料库中出现 7 例，真正属于"被＋动词"且作为被动结构的，只有 3 例，而且都是表示不好的事情，无一例外后面还跟着一个带有消极语义色彩的动词"诫勉"。例如：

6 名形象较差、办事效率低的领导干部被谈话诫勉。(《人民日报》，1998)

最后有 1 名公示对象被谈话诫勉。(《人民日报》，2000)

有时候，一般"被谈话"这种被动结构如果出现，被动标记前还会插入一个动补结构，比如"叫去""找去"等，例如：

听说小李来大楼上班，头一个月就被叫去谈话了。(《张炜文集》)
尚被蒙在鼓里的高肇甫被叫去谈话。(1994报刊精选)

这里的"叫去"的补语"去"表示位移，符合影响性的标准，所以能够用于被动句，如果去掉"去"则没有位移变化，也就不符合影响性的标准，所以一般在被动句中不能存在。事实上，我们在语料中也没有发现一个单含"被叫"这类结构的句子，这也正说明被动句是一个包含有影响性语义特征的构式，而且这种影响倾向于消极影响。

这样的倾向性在各个方言的被动句中也很明显。方言被动式所表达的语义特征都会有因损益、位移和形态的变化而造成主体或客体的影响，而且有的是综合几种变化而带来的影响，我们看下面这些方言语料：

湖北恩施：杯子着我打破哒。茶杯被他打破了。(王树瑛，2017)【因客体形态变化导致强影响性】

山东烟台：书叫小王拿去嗹。我的书被他拿去了。(钱曾怡，1993)【因客体位移导致强影响性】

湖南益阳：小王着厂长骂咖一餐。小王被厂长骂了一顿。(徐慧，2001)【因客体受损导致强影响性】

此外，方言中有些动词本身没有处置性，其所接的名词一般不对它产生影响，但是如果作为被动句出现，则一般还含有让客体受影响的意义。比如：

湖北武汉：莫把他看到了。别被他看到了。

湖北阳新：莫把佢晓得了。别被他知道了。(黄建群，2016)

这两个例子中，"看到"和"晓得"一般所接的宾语不受动词支配，严格意义上也不是动词的受事，但是之所以能以被动句的形式出现，是因为这会对动作的对象产生影响。我们考察了这两句话经常出现的前后语境，一般常出现在"把这个东西藏好，莫把他看到/晓得了，要不然你就遭殃了"这样的语境中。这里的"看到"和"晓得"可以理解为"发现"，"被他发现"这一事件，对受体来说可能产生损害以致"遭殃"，也就是因受损而受到影响，这符合"被动式"运用的语义环境。因此即使动词本身不表示处置，只要表达的是所接宾语受到了负面影响，也可以出现在"被动式"中。

我们考察了 60 多个方言的被动式，无一例外，所有的被动式的主语都会受到动词或多或少的影响。那些没有受到影响的名词，在方言表达中如果出现在主语位置，成为受事主语的话，一般显得不自然。

比如"我爱你"这种普通话常见的表达，在方言中也大多数是主动语态，很少出现被动句的"你被我爱"之类的表达，我们在调查中也没有发现这类例句，如果有也必然很少，而且会添加一些其他成分。

另外在形式上判断一个动词对名词的影响性，我们认为可以从动词的补语入手。因为补语本身就是描述动作的状态、结果、程度等，自然会涉及变化，因而会反映出对所接名词产生的影响。被动句中的动词后如果带有补语的，比如程度补语"死"，趋向补语"去、到"等，一般都可以表示动词所接的名词受到动词较强的影响。如：

湖北阳新：我活活把佢骂死了。我被他活活骂死了。（黄建群，2016）

广西柳州：我挨他哄去了。我被他骗了。（黄伯荣，1996）

这两个例句中"说"和"哄"表面上都是言说动词，一般是不具什么影响的，而且很少能出现被动态，但是添加完补语后，强调了动词对作用对象的影响性，所以能够用作被动表达。也就是说一些补语能够赋予句子以较强影响义，这种强影响导致了被动式的生成。

那么是不是说如果不是被动表达就不能表示受影响呢？很显然这个说法不能成立。比如在湖北有些方言中只有"把你一万块钱"或"把一万块钱你"，无论是"钱"和"你"都受到影响，一个是领属关系转移，一个是有受益，但是在这些方言中很少有"你被把了一万块钱"的说法。这说明在被动式和主动式的选择上还存在有一种习惯性的约定俗成倾向，有的给予事件并不是主动式和被动式对称出现。换句话说要想表达影响性不一定非要选择被动，但是如果选择被动式，则一定会对"受事"产生影响。

此外，我们考察各方言的语料发现，被动式中受事主语所受到的影响多半是消极的。这一点和当下有些现代汉语的表达有所不同。比如普通话中可以说"这些学生是被我教的"，而方言中这种类似表达多半不用被动标记，而是说"这些学生是我教的"。但是如果换成"这些学生是被我教成了这个样子的"，方言表达多半会加入被动标记。

二　非控性

非控性也叫作不可控，与之相对的是"可控"。马庆株（1988）曾经用"可控与非可控"，作为判断动词自主性特征的依据之一。"可控"一般是形容动作的概念，指的是人能够通过努力加以调控。邵敬敏、罗晓英（2004）认为"可控"一定是和人相关，和人不相关的动作一般是不可控的。但这并不意味着，不可控一定和人没有关系，比如"考取大学"很显然和人相关，但是它却是不可控的。张万禾（2008）在考察被动意义与意愿关系时指出：对于主动和被动来说，一般主动表达是意愿和可控的，而被动表达一般是非意愿和不可控的。比如"我被你骗了"就是非意愿不可控的，没有人愿意"被骗"。

对于被动式句来说，如何判断其句法格式是表达可控还是非可控义呢？一是看语义，我们主要看被动式中的动作或者作用对象是否能够受到人的控制。比如"我被他敲诈了"，这里受事主语"我"很显然是不能控制"敲诈"这个动作的，要不然就可以避免敲诈行为的发生，所以"被敲诈"是不可控的。

二是看是否能够添加一些标记。邵敬敏、罗晓英（2004）提出可以利用是否能添加"别"来进行区分，一般能用"别"修饰的行为就是可控行为，例如"别跑"就是可控的。关于"别"具有形式上判断是否可控的功能，这一点基本得到学界的认同。"别"作为一个具有主观意愿的否定副词，本身就具有赋予自主可控的功能。例如"别看"和"别看见"，之所以前者可以说，后者不能说，主要是因为"看"这个动作可控，而"看不看得见"就不是主观可控了。不过也不是说所有的不可控对象都不能和"别"搭配。如果一个不可控的动词和"别"能进行搭配，多半是为了凸显主观意愿。如：

这时我已是个哑巴，我不但希望我的耳朵聋掉，还希望我的眼睛也瞎掉，什么也别看见什么也别听见。（人民网）

这里出现"别看见"是说话人的主观愿望，客观是否能"看见"，不是由说话人能控制的，但主观上说话人希望可控。此时"看见"这些非可控动词实现了可控化，能被"别"修饰。

由此可见用"别"来判断是否可控并不恰当，尹美玲（2012）也指出,"别"字结构具有赋予变非可控对象以可控的语义功能,能否带"别",关键是其语义是否完整和独立。对于被动式来说,被动结构基本都是一个完整的语义个体,因此被动式是否可控不能只根据动词前是否加"别"来判断。

我们认为真正判断是否可控的标记词是被动标记,因为被动标记虽然大部分语义已经虚化了,但是其功能表达的必须是被动,只要是被动的语义就不可能可控。鲁素霞(2011)"被"字本身就有"不是自己意愿"的意思。据此,只要是被动标记引导的都应该是非可控的。而那些没有被动标记的被动式,我们只能根据语义来判断。例如:

福建福州:鸡饲咯了。鸡被喂了。(陈泽平,1997)

湖北武汉:这个细伢海藻缠死了。这个小孩被海藻给缠死了。

这两个没有被动标记的句子,都是非可控的。

三 已然性

已然性是从时间的角度上归纳出的特征。已然,一般指的是已经发生,也就是从时间性来说,汉语各方言被动式所表达的语义是已然的,不是未然的。在汉语中,已然的标记一般用助词"了、过",或者副词"已经"来标示。已然性体现在有标被动式的谓语动词上,这些动词不能是光杆动词,要么是带完结义的助词"了",要么是动宾或动补结构。

当然这里需要指出的是,加了"了"等助词并不一定表示完成,但是一般被动式加"了"一定表示已然事实。熊学亮、王志军(2003)曾举例进行过说明,我们可以看以下两组被动句:

a. 我被他骗了,我得记住这个教训。

b. 我被他骗了,可我没有上当。(*)

第一个句子里的"我被他骗了"是已然的事实,自然可以说。

第二个句子里的"我被他骗了"虽然加了"了",但是实际上"骗"的行为并没有得逞,这说明"骗"这个动作还没有成为已然,但是"我被他骗了"这句话只能理解为已然事实,这样就前后矛盾,因此第二句"我被他骗了,可我没有上当"很难被人们接受。

无论怎样,上面的句子可以说明,在被动句中其实暗含有已然事件的表达。

我们考察了北大 CCL 现代汉语语料库中 435131 条含有"被"的句子，经过筛选（除去含有"被告/被告人"之类的 7482 条，"被监护/被监护人"之类是 124 条，"被子"2351 条等明显排除对象）有 425174 个"被"字句，其中接"了"的 46935 条，接"过"的有 9925 条，用"已经"修饰的有 6483 条，总的占到近 15%。

但是在方言语料中，我们利用方言在线语料库（dialectcorpus.cn）进行检索，发现在该语料库中 178 条被动句中，有 114 条被动句都是表示已经完成的动作或事件，所占比例为 64%。这说明，汉语方言被动句已然性的语义特征，比现代汉语中的已然性更为突出。同时，在考察过程中我们还发现，方言被动句表现已然性的方式较共同语更加多样化。比如：

湖北随州：去寻柴，着人家打了一顿；挖草药，又着蛇咬到了。去找柴，被人家打了一顿；去挖草药，又被蛇咬着了。（黄伯荣，1996）

福建厦门：好册过尽护侬请去唠。好书都被借走了。（李如龙，2007）

湖南益阳：他搞赌博着厂里开除哒。他搞赌博被工厂开除了。（徐慧，2001）

湖南黔城：哦个狗尽倒在哦粒叫，毛毛都着他叫醒嘎咧。那只狗一直在那里叫，弟弟都被他叫醒了。（孟玉珍，2011）

四川成都：他着复旦大学录取了。他被复旦大学录取了。（张一舟，2001）

江西南城：凯仔系几停当个人啊，都得好宝个人昇 [thiao35] 要折哩。凯仔是多聪明的人呀，都被好蠢的人给骗了存折。（周迪，2015）

贵州纳雍县：你着拿倒没有？你被发现没有？（肖亚丽，2015）

贵州凤冈：他小的阵着他妈打得有。他小时候被他妈妈打过。（肖亚丽，2015）

从以上的例句中，我们看到在湖北、湖南、福建、江西、贵州等方言中有"了""唠""哒""咧""哩""没有""有"等标记词来表示已然。其中"了""唠""哒""咧""哩"可以理解为语气助词，而"有/没有"则是表示完成时态的助动词，类似于英语中的助动词"have"。

此外，在一些方言中，还有"着"表已然的，这点和现代汉语"着"表示进行时态不同，汉语有些方言中的"着"放在句末，相当于"了"，如：

安徽岳西：车子让大哥骑走着。车让大哥骑走了。（储泽祥，2006）

安徽岳西：渠让人家撵出来着。他让别人撵出来了。（储泽祥，2006）

另外，一些方言中即便被动式有时出现在假设复句中，其语义也是表示假设已然或未然的完成动作。如：

湖北崇阳：要是我嘎崽把得别个打了，我就报警。如果我的儿子被别人打了，我就报警。（祝敏，2018）

湖南岳阳：要是我捏白，就给我落雷公菩萨打死。如果我讲假话，就让我被雷劈死。（李晓钰，2019）

前一句句尾虽然用了"了"，但是不表示完成，但是在语义上表示的未然的完成动作，是一种假设已然。

由此可见，在方言中表达已然的方式多种多样，方言被动式已然性语义特征更加突出。

四　意外性

杉村博文（1998）（2003）指出，汉语所表达的"被动"是以受事为视角叙述意外事件的发生，汉语被动表达的核心意义是"意外的遭遇"。这种"意外"，可以扩展出"出乎意料"和"难事的实现"两种情况。例如：

没有想到，这台电脑真的被你修好了。（出乎意料）

主意终于被她想出来了。（难事的实现）

这一观点的提出，可以很好地解释为什么现在有很多被动式有时候可以表示好的事情，而不再是说被动式只是强调不好的、不愉快的遭遇。比如"我被授予博士学位"这种事情显然不是遭受，也不是不愉快，而是表达"难事的实现"，"被"的前面可以加"终于"，属于"意外"语义范畴的扩展。所以汉语的被动表达一般含有意外性。

意外性，是从认知的角度来探讨被动式得到的语义特征。颜力涛（2014）认为被动式一般想表达的是与人的预期有差异的、让人意外的。比如"桌子被装成了四条腿"这个句子不能说，而"桌子被装成了三条腿"就可以说。这是因为"桌子三条腿"是对人类基本认知的偏移，这种偏移可以理解为意外，而超出人们意外的则是需要进行强调表达的。而且他总结出：无论是王力为代表的"不如意说"还是丁声树的"遭受说"，被动式的语义表征都是一种对理想认知模型的偏离。并指出汉语被动式少用否定形式，也是源于被动式中"偏离"义的表达，因为"偏离"本身就带有否定。

意外，一方面可以认为源于人的认知预期的偏差；另一方面其实这种意外也可认为是源于之前探讨过的不可控。因为只有不可控，才能导致不可预知，进而产生意外或者认知偏离。

我们把意外分为认知偏离、出乎意料、难事的实现三种情况，其中"出乎意料"和"难事的实现"源于被动式的不可控语义特征，而"认知偏离"主要源于人的认知预期偏差。

对于汉语方言来说，被动式无论是表达消极还是积极，也都透露出意外，并且也显现出三种不同的意外类型，例如：

（1）浙江宁波：一晌工夫两幅图画拨伊画好嘞。一会儿工夫两幅图被她画好了。（阮桂君，2014）【认知偏离型意外】

（2）湘西南洞口：简家年轻一把车撞死呱可惜哩。这么年轻就被车子撞死了太可惜了。（胡云晚，2010）【出乎意料型意外】

（3）湖南益阳：电视机硬是着他修好哒。自行车硬是被他修好了。（崔振华，2009）【难事的实现型意外】

这三句中的被动式都有意外义。第一句"图被人画"属于常理，一般不需要被动式来表达；人对画画的理想认知应该是"需要花费较长时间画画"，但是这句话的语境两幅画只用"一会儿工夫"，说明用时之短，用被动式是说明和人们理想认知有所偏离，所以是认知偏离型意外。

第二句里的"简家年轻一把车撞死"，主要体现在很年轻就被车撞死了，超出了人们能够接受的心理限度，属于出乎意料的意外。

第三句，"零件被人修"是常规的事情，一般不用被动表达。但"一车的零件"都被修好了却超乎常规，反映了事情的难度超出了人的想象，所以这里用被动表达是一种难事实现型意外。

第二节 被动式的语用功能

汉语和世界上的其他语言，大都以主动表达为主，但是有时候我们却不用主动式，而采用被动式；在选用被动式时，有时候我们还会选择特定的被动标记词来引导被动句。尽管被动式都可以表达被动，但是人们在进行被动表达时，并不是随手拈来一个被动式，而是对被动标记有所选择甚至还会进行一番刻意选择。相对现代汉语普通话来说，汉语方言所使用的被动标记要多得多。汉语方言中为什么需要那么多被动标记呢？为什么不像现代汉语那样只用一个或几个类似"被"的万能的被动标记来表示被动呢？这是有历史、地理和社会等方面的原因的。下面我们主要从语用功能的角度，分别探讨主动式和被动式的语用差异，被动式内部带有不同标记的被动式的语用功能差异，考察被动式强调被动以外大多还会强调"拂意"语用功能的现象。

一 被动式和主动式的语用功能差异

之所以不用主动式，而采用被动式，而且有时候选用特定的被动标记，很多时候是为了满足各种不同语境下的语用需求。

我们先比较两个句子：

a. 他各方面都很优秀，在学校里为同学们做了不少事情，今年又被评为三好生。

b. 他各方面都很优秀，在学校里为同学们做了不少事情，今年大家把他评为三好生。

我们比较这两个句子发现，a 句用的是被动式，而 b 句用的是主动式，但是我们明显感觉到，这个时候应该用被动式。虽然被动式一般以前被一些学者描述为后接不好的事情，但是这种情况描述的是带有积极意义的事情——"被评为三好生"。如果我们脱离语境，发现"被评为三好生"可以换成"大家把他评为三好生"。

那么这个时候为什么要用被动式而不用主动式呢？这其中就涉及语境的影响。

首先，被动式与"话题"有关，一般情况下，我们都会围绕话题来组织语言。如果一句话的话题是一个对象的话，我们一般不会轻易地去更换。尤其是在前后语境中，为了满足话语中心一致原则，如果受动者作为话语中心，那么后续习惯用"被动式"来表达语义。

这种因为保持句间的形式统一而使用被动式表达的情况在方言中也是如此。比如在一些湖北地区，其主动处置式和被动式有时是同形的，比如湖北阳新可以用"把"表主动处置和被动，但是在上述的语义环境中，很少说"大家把他评为三好生"，甚至都不用"把"，而是用"被"来表达。我们作过调查，"被评为三好生"的使用频率远高于"把评为三好生"，而且阳新在使用"把"表示被动时，一般后面会接施事，所以这种情形下为了保证形式的统一不仅会选用被动式，而且会尽量选择强被动义，并且会选用复合句式环境且没有和其他标记相互纠结的被动表达。

其次，在行文中采用"被动式"还兼顾了主语位置、句法结构和句间关系等形式上的和谐因素。比如 a 句中，主语也是受事的"他"连续性出现或隐含，很显然这种和谐流畅的表达形式是受人肯定和推崇的，但是如果中间突然出现了个"大家"，无论是主语，还是在整个行为节奏和形式表征上，显得不太和谐。于是"被动式"的出现就很好地解决了这一个问题。这里说的和谐，主要是在句间关系上，不要杂乱无章；在结构形式上，主语尽量保持一致；在话题切换上，尽量保持受事话语中心的位置；在有无被动标记上，尽量考虑语义表达的完整和规范。如"学生家长接走了"和"学生让家长接走了"比较，明显这里加了被动标记"让"的句子表达更加规范。而无被动标记的句子类似汉语的主谓谓语句，这不过是主动式的一种临时性的语用变异句而已，除非特殊的语境，一般还是要加被动标记，用被动式表达这类意思。

此外，被动式相对于主动式来说，更能凸显动作行为。从焦点信息理论出发，人们一般关注的是焦点，而焦点一般是未知或者是新信息。从中国人说话习惯和表达方式来看，一般句子末尾是新信息，是焦点分布的常规优势位置。主动式一般采用常规的主谓宾句式，宾语是放在末尾，因此宾语往往是关注的焦点。如"我今天吃了苹果"中"苹果"一般是强调的对象。但是在被动句中，一般句子的末尾是谓词，此时强调的焦点是谓语动词，如"苹果今天被我吃了"，一般强调的是动作。

不过汉语中还有"把字句"把宾语提到动词前，这个时候也强调的是动作，只是和被动式比较起来，"把字句"是强调对动作宾语是如何处置，而"被动式"强调的是受事主语受动作如何影响。如果在一个具体语境中，说话人想要强调动作，并且强调动作对主语的影响，一般在句式中会优先选用"被动式"。例如，我们看下面两个句子：

湖北阳新：我差一捏就把作业做了了。我差一点儿就把作业做完了。（黄建群，2016）

广西南宁：佢捱你喊噉大一声，争啲吓死哦。他被你喊了这么一大声，差点吓死。（林亦等，2003）

第一句"把"强调的是动作"做"对受事者"作业"的处置状态，第二句"被"强调的是受事主语的受到动作"喊"的影响。

如果第一句要强调受事主语受动作的影响的话，显然用"把字句"达不到这样的语用效果。可以改为"作业差一捏就被我做了了"。同理，如果第二句要强调动作是如何对其作用的对象进行处置的话，应该用"把字句"而不是"被动式"，比如可以改为"你喊噉大一声把佢争啲吓死哦"。

所以我们认为被动式和主动式的语用功能主要差别在于在特定语境中，被动式能够更加强调受动者作为话语中心的地位，兼顾了主语位置、句法结构和句间关系等形式上的和谐因素，另外被动式相对于主动式来说，更能凸显动作行为，尤其是动作行为对受事主语的影响，这种影响多半是较为消极的。

二 被动式内部语用功能的差异

被动式虽然可以利用不同的被动标记词来引导，但是它们绝大多数在运用过程中，相对于其他语用标记词来说都会表达有拂意功能。而且很多时候，我们选择被动标记时，不同的标记词带有不同的拂意效果。我们认为拂意表达效果的强弱是有些方言中选某个被动标记而不选其他被动标记的一个重要原因。

所谓拂意，指的是"不如意、不愉快、受伤害、不在意料之中"；这种"不如意、不愉快、受伤害、不在意料之中"的场合，可称为"拂意"场合。储泽祥（2006：46-56）指出，汉语方言被动式一般用于"拂意"场合。

一些被动标记由"遭受"义演化而来，像这样的标记强调拂意性更为明显。在四川大多数地方以及江西抚州方言中，"着"和少数单音节动词构成较为固定的结构，多指不利的事情，如：着杀、着关、着抓、着打、着整、着撵、着偷、着宰、着吓。例如：

四川筠连：王三儿抢东西着关了两年。王三抢劫被关了两年。（徐静，2018）

四川筠连：车子着划了好多条路路。车被划了很多条划痕。（徐静，2018）

四川成都：自行车着偷了。自行车被偷了。（张一舟，2001）

方言的被动标记"着"大多数表示拂意，但是比如有些事情经过努力由坏变好了，或者一个积极的目标经过努力实现了，也可以用"着"表示。例如：

湖南益阳：作业好着做掉了。作业都被做完了。（徐慧，2001）

其实积极目标经过努力实现了，与前边说的"难事的实现"是相通的。沿着这样一个思路继续发展，源于遭受义的被动标记"着"就增加了新的功能，出现了一些用于非"拂意"场合的新用法，例如：

昨晚夕她着老师表扬了一台。昨天晚上她被教师表扬了。（兰玉英等，2011）

除了"着"以外，被动标记"被、遭、捱、挨"等都是源于"遭受义"，在各地方言中，我们发现这些标记也一般多用于"拂意"场合。例如：

宁夏固原：两个队遭雨打了。两个队都淋雨了。（黄伯荣，1996）

湖北随县：他遭老师批评了一顿。他被老师批评了一顿。（郏远春，2012）

江西崇左江州蔗园话：佢屋口鸡挨抓鸡猫吃了。他家的鸡被黄鼠狼吃了。（李连进等，2009）

江苏宿迁：饭都挨他吃光了。饭都被他吃光了。（黄伯荣，1996）

江苏涟水：那碗挨他打得了。那个碗被他打碎了。（胡士云，2011）

广西南宁：佢冒名上研究生捱人哋识得咂。他冒名上研究生被人认出来了。（林亦等，2008）

这些来自"遭受义"的被动标记，虽然都有不幸色彩，但随着被动标记功能的加强，也出现了一些用于非拂意场合的新用法。例如：

广西南宁：佢捱老师表扬了。他被老师表扬了。（林亦等，2008）

"捱"有不幸色彩，但南宁白话开始接受这一类表达，说明"捱"作为被动标记的功能在加强。

储泽祥（2006）还指出，安徽岳西方言中的被动标记"让"除了极个别能表示"不在意料之中"的现象外，大多数"让字句"在岳西方言中都包含一个"拂意"的结果，而不会是如愿、合意的结果。例如：

a 衣服让雨淋湿着

b 衣服让太阳晒干着

这里 a 句是拂意的结果，而 b 句是合意的结果，在岳西方言中只有 a 句能说，b 句不能说。

湖北东部一些赣方言区还有一些非"遭受义"来源的被动标记，多数也可以表示拂意。祝敏（2018）指出湖北崇阳方言的"把得"大多数表示拂意效果。此外在湖南的益阳"把得"也表示拂意结果。如：

湖北崇阳：搁倒外底嘅鱼，昨夜把得猫叼起跑了。放在外面的鱼，昨晚被猫叼走了。（祝敏，2018）

湖南益阳：你就把得他骂几句算哒。你就被他骂几句。（徐慧，2001）

不过相对于"遭、着"这些，"把得"有时也可能表示如意，如在湖北崇阳方言中有：

伊把得学堂选去参加比赛了。他被学校选去参加比赛了。（祝敏，2018）

当然客观来说"被选去参加比赛"不一定是愉快的，不结合具体语境可能不好判断，因此为"把得"的出现提供了一定条件。

我们调查语料发现，无论是现代汉语还是各地方言，被动标记都同时会存在不强调拂意性的结果。在现代汉语中诸如"被授予博士学位""被领导表扬"都是非拂意的。在方言中，表示非拂意性的情况也会存在，集中于几个特定的被动标记中，而且标记间功能有着不同差别。

比如"着""叫""拿（给）"在四川方言中是有拂意程度差别的，其中"着"的拂意性最强，"拿"的拂意性最弱，很多时候出现在一些中性色彩的表达场合。比如四川西充方言的"拿"经常和"给""跟"

连用，在语用上不怎么强调拂意性。如：

四川西充：头等奖拿给他摸走了。头等奖被他摸走了。（王春玲，2011）

在成都方言中"着"只用于不愉快、不情愿的事，而"叫"既可以是积极色彩，也可以是消极色彩，"拿给"不愉快意味没有"着"和"叫"字句严重，也可以是中性。由此可见被动标记在方言中的拂意强调性是有差异的。左福光（2003）指出，同样是被动标记"着""得手""拿给"，在宜宾方言中大多数表示拂意，但并不是绝对不能表示合意，其中"拿给"表如意的出现概率要大于"着"和"得手"。而被动标记"等"在宜宾方言中是绝对不能表示合意的。例如：

他着张家招为女婿了。/他等张家招为女婿。*

他得手乡长表扬了一顿。/他等乡长表扬了一顿。*

头等奖拿给李大爷摸起去了。/头等奖等李大爷摸起去了*

以上三个例句"着""得手""拿给"换成被动标记"等"都不能说。

湖南宁远方言，被动标记"与"可以和"兜倒"互换，但"兜倒"只用于说话人认为是不幸或不愉快的场合，"与"则无此限制。例如：

湖南宁远：贼佬兜倒我逮倒呱了。/贼佬与我逮倒呱了。贼被我抓到了。（张晓勤，1999）

大奖与我得了。/大奖兜倒我得了。*

可见，在方言中，被动标记也可以不强调拂意性。但是在强调拂意性上，被动标记遵循一个强弱等级。大体上可以这样表示：

着类（遭受类）＞叫类（祈使类）＞给类（给予类）＞拿类（获得类）

我们根据现有语料统计了这些标记表达拂意性的频次，以及人工判断这些被动标记所引导被动式表达"拂意"义的出现概率。在我们收集的方言语料中，"着类"标记有152例，这些基本都含有"拂意"义，多半引导都是不愉快的事情。"叫类"标记180例，其中含有"拂意"义的有165例，除此之外还有15例不是引导不愉快或不希望发生的事情。如"鸡肉叫我吃了"。"给类"标记195例，其中含有"拂意"义的有162例，除此之外还有33例并不是引导不愉快或不希望发生的事情，如"事情最终给办好了"。"拿类"标记75例，其中含有"拂意"义的有48例,除此之外还有37例不是引导不愉快或不希望发生的事情,如"头等奖拿给李大爷摸起去了"。

在强调拂意性的被动标记中,一般源于遭受义的被动标记多表示拂意,除此之外不同方言被动标记在拂意性的选择上有所差异。不同的被动标记强调拂意性的能力有强弱之分,方言中有专门强调拂意的被动标记,但是没有一个被动标记是专门用来强调合意的。

当然除了拂意表达的差异决定被动式中被动标记的筛选规则外,被动式还会根据主语和谓语的生命度来选择是否用被动标记和不用被动标记。

例如"碗打破了"这句话在很多方言中都有类似表述,无论是什么方言,这句话在使用过程中,基本不会出现添加被动标记词的用法。理由是主语是无生命的,而无生命的是发不出有生命的动作的,所以只能是被动式。这种情况语义管辖上是非常明显的,不需要添加被动标记词强调。张延俊(2008)归纳出无标被动式的主语和谓语有四种形式,即为:

(甲)有生主语+有生谓语(吾不试)

(乙)无生主语+有生谓语(长幼之节不可废)

(丙)有生主语+无生谓语(楚师多冻)

(丁)无生主语+无生谓语(树木摧折)

其中最容易被看成被动式的是"(乙)",其次是"(丙)"、"(丁)",最不容易被看成被动式的是"(甲)"。他指出,相对于书面语,口语尤其是方言中在"(乙)"类句式中添加被动标记的概率很少。此外在以无生物作为写作对象的科技文体和写景散文中无标记被动式也有较多使用。这说明主语和谓语的生命度也影响了被动标记的使用。这是由语言的经济性决定的,因为方言很多源于口语,而在口语交际过程中,类似"(乙)"类这种强势被动表达是不需要借助被动标记词来强调的,所以往往就省略掉了被动标记。

此外被动式还会根据不同的地域色彩来选择相对应的被动标记。对于南北方某些地区来说,不同的地方在使用被动标记时会有倾向性。比如"教、着、拿给"这三类被动标记词虽然都表示被动,但是北方人倾向于用"教"而不用"着",湖南、贵州倾向于用"着"而不用

"教",四川又倾向于用"拿给"。

张延俊(2008)曾统计分析过一些不同地域作家的被动式用词情况差异。京味作家老舍在《骆驼祥子》文本中表达被动义,除了用专用被动标记"被"外(110次),在对话中出现较多的就是用"教"来表被动,有十余次,但是很少看到用"着"和"拿给"表示被动,可以说真实地反映了老北京的地域方言文化。而川味作家艾芜的小说中,在对话中经常使用"拿给"式来表达被动,如"有一天半夜后,石青嫂子突然拿给狗的凶猛声吵醒"(《艾芜短篇小说选》)。但是小说中"教"和"着"类的被动表达较少,这也符合四川方言的被动表达特点。不过在这些方言中,类似"教、着、拿"等被动标记当地的方言也时有出现,某些地方之所以只用某一个标记,这其中主要还是一种地方的使用习惯问题。这说明方言中某些被动标记的选用和地域习惯有着很强的关系,因此我们在选用被动标记词时要根据不同的地域色彩和当地的使用习惯。

综上,被动式内部在选用被动标记进行表达时会考虑主语和谓语的生命度差异,依据语言经济性规律来选择是否选用被动标记来表达。由于汉语方言的被动式一般用于"拂意"场合,而被动标记在"拂意"表达效果上会存在差异,因此大部分在选用被动式时往往会考虑被动标记词的"拂意"等级,再根据实际语境的需要来选择对应的被动标记词。此外,由于南北地域差异,在选用被动标记时还受到地方色彩的影响。

第七章　汉语方言被动式的否定和疑问

把被动范畴的否定和疑问放在一起进行探讨，主要是出于否定和疑问的特殊关系考虑确定的。沈家煊（1999）明确提出"否定和疑问是相通的"①，而且从情态上讲，否定和疑问都不是对现实的明确肯定。例如"张三哪里被我打了？"说话人的用意是表示"张三哪里也没有被我打"。从某种程度上讲，我们认为疑问也是一种否定，当你对某一事物产生了疑问，这也说明内心也在否定，起码不是那么肯定了。只不过从情态来讲，直接否定句的否定意义要强于一般疑问语气。虽然被动表达倾向于选择肯定陈述句式，但是在方言和被动表达中，否定和疑问这一关联性特征仍然值得我们考察，所以我们把这两种特殊形式的被动表达放在一个章节来进行讨论。

第一节　被动式的否定

首先，相对于肯定式来说，被动式的否定出现概率远不如肯定式高，沈家煊（1999）就指出了肯定和否定的这种不对称性。根据实际语料，并不是所有的肯定式都有否定式。陈芙（2013）指出："如果一个句子中的程度补语前加上了形容词性的修饰语，那么这个句子只有肯定式，而不能用否定式。"② 这一点对于被动式来说，也是如此，例如"这菜被他烧得好极了"这句话就不能直接变为否定式"这菜被他烧得

---

① 沈家煊.《不对称和标记论》，江西教育出版社1999年版，第43页。
② 陈芙：《汉语方言否定范畴比较研究》，博士学位论文，华中师范大学，2013年。

不（没有）好极了＊"，如果要变的话，普通话只能是把形容词前的程度副词换成副词，变成"这菜被他烧得一点儿也不好"；或者换一个形容词，说成"这菜被他烧得糟糕极了/透顶"。

同样，有些否定式则没有肯定的表达，比如石毓智（2001：202）的"他没往家里寄过半分钱"就不能说成"他往家里寄过半分钱"。这一点被动式中也存在这种情况，比如"饭他一口（都）没吃"无论在哪个方言中都没有"饭他一口都吃"的形式。这说明现代汉语中的肯定和否定表达的不对称性制约机制在方言中同样适用。

关于否定式的分类，游汝杰（2005：30-53）从否定词的语义类别将现代汉语方言否定式分为三类：不，没有（无），没有（未）。我们结合前人的观点，从功能出发，认为否定式分为四类：一般否定，存在否定，已然否定，禁止否定。对应的否定词一般为"不"，"没有（无）"，"没有（未）"，"别（勿、莫）"。如一般性否定（猪肉不吃了），存在性否定（猪肉没有了），已然性否定（猪肉还没吃），禁止性否定（猪肉别吃了）。

不过对于被动式来说，一般不会出现存在性否定的情况。

存在性否定指的是对事物存在与否的判断，有时用于存现句中：如"家里没有钱"，"钱没有在家里"。这里的"没有"是对"存在"的否定，不是对"拥有"的否定。之所以被动式中不会出现存在性否定情况，是因为存在性否定所涉及的语义关系是一种存现关系，其关涉的谓语动词只是表示存现，而不涉及行为动作，所关联的主语和宾语也就没有施受关系，自然不会存在被动表达。

当然，"有"除了表示存现，还可以表示拥有，这个时候的否定形式可以表示对拥有的否定，如"钱我没有""时间我也没有"。

在一些方言中，否定词多用"冇""冒""冇得""冒得"对应普通话中的"没有"如：

湖北黄石：钱佢有，我冇得。钱他有，我没有。

河南郑州：那个地方，俺冇去过。那个地方，我没有去过。

由于本书对被动的定义是从施受关系着眼的，而"拥有"类动词所表达的是一种领属关系，即使动作所接宾语可以前置（如"钱我有"），我们也不认为这类是被动式。而且否定存在并不是否定一般性行为动词，基于这个前提，我们认为在被动式中没有存在否定这一类型，被动式的否定只涉及一般否定、已然否定和禁止否定三种类型，主要是因为这三类否定都涉及行为动词，而且动词与所接名词之间能构成施受关系。如：

河南信阳：鸡子俺不吃了。鸡肉我不吃了。【一般否定】

湖北武汉：渠冒被狗咬。他没被狗咬。【已然否定】

湖北大冶：嗯莫被人惑了。你别被人骗了。【禁止否定】

以上三个例句中都是表达被动意义的否定句，它们的谓语动词都是行为动词，句中的两个名词不管是在普通话还是方言中，都和谓语动词构成的是施事和（或）受事的关系。

在普通话中，否定词较为单一，而且有交叉使用的情况，也就是一对多的情况，比如"没有"可以兼有已然性否定和存在性否定的用法，而方言的否定词也有一对多的现象，而且方言的否定表达相对于普通话来说，在否定标记词的使用上显得较为随意。比如"没"在有些方言中，可以表达一般性否定，有时相当于"不"。例如，广西柳州话中，"没大高兴"就是"不大高兴"，"没舒服"就是"不舒服"，不过有时柳州话的"没"有时候又可以表示已然否定，例如"他没来"和"他不来"在柳州话中就是两种意思，第一种是已然否定，第二种是一般否定。

方言中被动式的否定，与普通话中被动式的否定相比，最明显的区别就是方言被动式的否定标记词相对比较丰富，普通话能用于被动式的否定词主要就是"别""不要""不能""没"等有限的几个，而方言中能用于被动式的否定词有"无、唔爱、莫、冇、冒、孟、不得、休要、勿"，等等，而且在选择时也有不同程度的条件限制和倾向性。例如浙江宁波话中的"勿"与"弗"的意思相当于普通话中的"不"，可以理解为"不"在宁波话中的两个自由变体，但在使用过程中"勿"的频次比"弗"要高得多，"弗"在使用时会受到很多限制。这种差异性，主要体现在使用习惯上。也就是说，虽然方言中的否定标记词很多，但是在具体使用过程中，其适用范围和频率分布差异很大。

一　一般性否定

一般性否定和存在性否定是汉语否定句中两种最为常见的否定式。

一般性是对动作行为、性质状态的否定，而且否定词只单纯地表示逻辑上的否定，不包含有其他意思。所以一般性否定不分时态，或者说过去时、现在时和将来时都可以否定。表示一般性否定的否定词，一般用"不"。从语义上说，一般性否定主要是主观意愿上的否定。

如果否定词出现在形容词前，这种主观意愿有时可以理解为对事物客观性质的否定。

例如：这个香蕉不好了。（"不好"可以是觉得"不好"，也可以是香蕉本身变质变坏。）

一般性否定，也可以否定日常行为和客观事物。

烟不抽了。

这棵树不结果了。

一般性否定被动式在现代汉语普通话中以无标被动式居多，也就是被动标记常被省略。比如"这件事情被仇家晓得了"，这个被动式要改为否定，我们一般不说"这件事情不被仇家晓得了"，而是说"这件事仇家不晓得"，但如果要表示意愿的否定，则会说成"这件事情不能被仇家晓得了"。

方言中的一般性否定被动的被动标记也经常省略，和普通话不同的是，除了"不"以外，还有"勿、弗、唔"等。如：

江苏海门：酒我勿吃。我不喝酒。（黄伯荣，2001）

江苏崇明：衣裳多来着勿通。衣服多得穿不完。（张惠英，1998）

广东梅县客家：烟小王唔［m¹¹］食。烟小王不抽。（黄伯荣，2001）

其实在很多方言中，一个否定标记词可以跨类别使用，这是一个较为常见的现象。比如方言中"冇"表示没有，一般指的是已然否定，相当于"没有"，但是在广西宾阳方言中，"冇"可以表示一般否定，相当于"不"。柳州方言中"没"同样存在相同的情况。如：

广西宾阳：鱼我冇［mau²¹³］意吃。鱼我不喜欢吃（黄伯荣，2001）

在柳州话中，"没"还可以表示一般否定，类似"不"，如：

广西柳州：水挑没［mɐi²⁴］动。水挑不动（黄伯荣，2001）

从上面的例子可以看出，方言中的否定表达不像普通话那样有严格的否定标记区分，很多时候存在几种类型的否定词同形的现象。

另外，我们还可以看到一般性否定被动式中动作的施事可以省略，如上句的"水挑不动",再比如"这件事不晓得""这道菜不会做"中的施事都省略了。

有的肯定被动式加上一般否定词后不能成立。如"猪肉我吃了""猪肉被我吃了"都可以说,但是"猪肉不被我吃了*"不能说,而只能说"猪肉我不吃了"或者"猪肉没被我吃"。这里的"没"是一种已然否定,一般强调对动作实现的否定。当一般性否定词要出现在被动式时,其否定标记词一般要换成已然性否定词后才说得通,再或者省略被动标记也可以表达一般性否定被动。比如"我吃猪肉"的一般否定式为"我不吃猪肉",但是这句话如果要变为被动式时只能说"猪肉没被我吃"或者"猪肉我不吃"。不过"猪肉没被我吃"在语义上否定的是动作"吃"实现或完成,和一般"不"的否定功能不一样。严格意义来说,"我不吃猪肉"的被动形式为"猪肉我不吃"。

方言也有类似普通话的这种转换规则。例如在西南方言和赣方言话中,"猪肉我不吃""猪肉我冇吃""猪肉冇被我吃"都可以说,但是就是不能说"猪肉不被我吃"或者"猪肉被我不吃"。不过"猪肉我冇吃"和"猪肉冇被我吃"意思一样,表示的是对客观事实的已然否定。

需要注意的是,和普通话不同的是,其实有的方言对"不"和"没有"并没有区分很清楚,比如"冇"是"没有"的方言词汇,在一些方言中"冇"一般是表示已然否定词"没有",但是有时候可以和"不"或"没"混用,既可用于主观意愿,也可以用于客观陈述,例如:

湖南绥宁:咯件事冇能把其晓得哪。这件事不能被他知道了。(曾常红,2009)【表示主观意愿】

湖南绥宁:我真但其冇法子。我真拿他没办法。(曾常红,2009)【表示主观意愿客观陈述】

一般否定式不具有或者不凸显已然性特征,但是被动表达一般又都是带有已然性,所以两者要同时表达会存在一定的矛盾,而且一旦加上被动标记后,这种被动就更加强化,其已然性特征就更加凸显,因此一般否定式很少和被动的表达方式同现,一般否定式如果要用被动式表达,则会省略掉被动标记,通过淡化被动来淡化事件的已然性特征。比如类似"猪肉我不吃"这种无标记的被动表达,强调的不是谓语动词对受事主语的影响,而是对施动者主观态度的否定而已。而"猪肉没有被我吃"这类已然否定句,在选用被动标记时主要想强调谓语动词对受事主语的影响,这也是被动式的最典型的语用功能之一。

另外,如果一个否定句想强调谓语动词对受事主语的影响,同时又不想表达出已然性特征,则这个时候选用一般否定词的同时是可以添加被动标记词的,比如:"你要想不被敌人发现,就最好躲进垃圾桶里。"这句话的否定形式为一般否定,但是我们可以看到添加了被动标记,而且这个被动标记不能省略,同时能愿动词"想"也是不能省的,否则说不通。比如我们不能说"你要想不敌人发现",也不能说"你不被敌人发现",如果去掉能愿动词"想"还想表达被动义的话,只能改成"你没被敌人发现",这样一来就成为已然否定了。

这说明相对于已然否定,一般否定的适用范围较窄,受到的制约条件较多,因此其出现的频次也相对已然性要少。

二 已然性否定

已然性否定是否定动作或事件的实现或完成,最常见的否定词是"没有"、"冒(有)"。这些一般是对过去行为的否定。一般普通话中"不"表示的是一般否定,强调主观,而"没有"是表示已然否定,多强调过去时态,而主客观没有区分。例如:普通话中的"门没有换"和"饭没有吃",一个表示客观已然否定,一个表示主观已然否定,但都用的是否定词"没有";而如果改成"门不换"和"饭不吃",则表示了对现在或者将来的事实的否定,而且都是强调主观上的否定。

和普通话不同的是,有些方言的已然否定有主观和客观的区别,换句话说就是有些方言主观已然否定和客观已然否定是用两个不同否定词,而普通话一般没有这种区分。例如:

广西容县方言中表示客观的已然否定用"冇",而表示主观的已然否定时用了"冇",还需要借助助词"在"或"停"。如:

佢<u>冇</u>去着<u>停/在</u>。他没有去。(封红羽,2019)

门<u>冇</u>坏。门没坏。

这两个句子都表示的是已经发生的事情,都是已然否定,不同的是一个是主观,一个是客观。第一句表达的是主观的否定,一般用"冇……

停/在"连用，而第二句是客观的否定，一般只单用一个"冇"。

刘丹青（2019：144）指出在广东话中的已然否定常用"冇"和"未"。虽然同为已然否定词，但是也有用法的分工："冇"表示的客观已然否定，而"未"表示的是应该发生而到说话时尚未发生，含有一定预设。

已然性否定的被动式中，出现较多的是无标被动式。例如：

广西容县：饭煲好了，菜唔曾煮好。饭煮好了，菜还没有煮好。（封红羽，2019）

不过有时候也可以是有标的被动。例如：

湖北武汉：房子还冇被（城管的）拆。房子还没被城管拆。

另外需要注意的是，方言中有些被动式的肯定式变成否定式时，会优先选择特定的已然否定，而且很多一般性否定不能说的被动式，只要变成已然性否定就可以说了。这更加说明被动式的已然性制约了被动式否定表达的方式。

比如湖南洞口方言虽然经常用"嗯"表示"不"等一般的否定，用"冇"表示"没有"等已然的否定，但被动态的"自行车被我学会了"的否定形式只能是"自行车冇被我学会"；而主动态的"我学会自行车了"的否定形式有两种："我学嗯会自行车（我学不会自行车）"，"我冇学会自行车（没学会自行车）"。这主要是由于一般性否定和已然性否定所表达的时态限制了被动的否定表达。被动式表达的是一种已然发生，所以被动式的否定形式不能用表示将来和现在的一般性否定，而倾向于已然否定词。这也可以说被动式的已然性制约了被动式否定表达在选用时态上不是那么的自由。

再比如：

a. 这个苹果莫让他吃了。

这个句子虽然有"了"，但是整句不是表示已然而是表示将来时，"莫"是禁止性否定词，相当于"别"，而且"让"可以看作是被动标记，可替换为"被"。同时"让"也可以看作是使役动词。这句话作为被动式和使役式理解的话，两者意义近似，但是在语用功能上有些许差别。"让"做被动标记讲时，内在的意义是"他其实可以吃苹果，但是我们要看管好，防止他吃了"。而"让"作为使役动词讲时，强调"我们要采取行动不要让他吃苹果"。

b. 这个苹果莫让他吃。

这个句子也是表示将来时,"莫"是禁止性否定词,但是"让"不能作为被动标记,不可替换为"被",而应该看作使役动词。如果"让"要作为被动标记,这个句子后面必须要带"了"。

c. 这个苹果冇让他吃。

这个句子表示过去时,"冇"是已然性否定词,可以替换成"没有",但是"让"此时大多看作使役动词,理解为"(我)没让他吃苹果"。不过此时的"让"也可以看作被动标记,可用"被"替换,普通话可以说成"这个苹果没被他吃"或者说"这个苹果他没吃"。

d. 这个苹果不让他吃。

这个句子表示现在时,"不"是一般否定词,但是"让"不可以看作被动标记,不可用"被"替换,只能看作是使役动词。

从这四个句子中,我们可以看到被动式的否定式和时态的表达息息相关,容易受到时态的制约和影响,如果是将来时的话,被动表达的出现概率较少,如果是过去时态的话被动表达较为自由。另外已然否定对被动标记的容忍度要高,而禁止否定和一般否定对被动标记的容忍度要相对较低,比如 b 和 d 都不能把"让"替换为"被"。

另外需要注意的是,虽然类似"这个苹果不被他吃"这样的句子不能说,但是"这个苹果不是被他吃的"、"这个苹果不是被他吃了"都可以说,这主要因为"不"已经不是否定动词,而是否定一个判断事件。这说明否定式的被动表达还和否定的对象有关系。

三 禁止性否定

禁止性否定一般语义上倾向于表示禁止或劝阻,带着一定的祈使语气,一些汉语方言中常用"莫"等否定副词标记,常常表主观意愿,相当于普通话中的"别"。

湖北武汉:嗯莫被他骗了。你别被他骗了。【表主观意愿】

湖南绥宁:咯件事冇把其晓得哪。这件事别被他知道了。(曾常红,2009)【表主观意愿】

少部分方言可以用"冇"表禁止性否定,此时的禁止否定除了可以表示主观意愿外，还可以表示客观的陈述和评价，如：

湖南绥宁：你冇看其屋里有钱，其蛮会持家咧。你别看她家里有钱，她还挺会持家。（曾常红，2009）【客观评价】

湖南绥宁：坐倒，冇乱跑。坐着，别乱跑。（曾常红，2009）【客观评价】

和一般否定不同，禁止性否定的被动式一般表示告诫，所以从时间上看是否定将来，而一般否定没有时间性或者说三种时态都可以表达。

原则上只要表达施受关系的行为动词所连接的名词，都有主动态和被动态的区别。但是从使用习惯和频率上看，对于禁止性否定来说，被动式的出现频率远低于主动式，而且肯定式的被动表达和否定式的被动表达呈现出不对称性。比如"他喝酒了"的被动表达可以是"酒（被）他喝了"。但是很少出现"他喝酒"的禁止性否定表达，比如"他别喝酒了"很少出现，而换成已然性否定"他没喝酒"可以说。不过要是禁止性否定再转换成被动表达的话，我们可以说"酒别让（被）他喝了"，这时被动标记必须出现，而且否定标记位于被动标记前。而"你别喝酒"的被动式一般是"酒你别喝了"，这里的被动标记常常省略，否定标记词位于施事后动词前。"酒别被你喝了"这种句式很少出现。

在方言中，关于禁止性被动表达的不对称性基本和普通话类似，而且被动式的否定表达和人称有一定关系。比如大冶方言中，"莫"一般表示禁止性表达，"嗯莫喝酒"（你别喝酒）的被动式一般为"酒嗯莫喝了"，一般不说"酒莫被嗯喝了"。而"细伢莫喝酒"（小孩别喝酒）的被动式可以是"酒莫让细伢喝了"，还可以是"酒细伢莫喝"，只不过前者没有省略被动标记并有一定的遭受义，强调"酒"的损失，给人感觉说话的对象是第二者；而省略了被动标记的后者则没有遭受义的，只强调禁止小孩喝酒，说话的对象是小孩。因此被动式的禁止性否定表达和说话对象以及人称有关。

此外，需要注意的是。表示禁止性否定的被动句，还经常带有一种建议或告诫的意味。例如上文湖北武汉方言中的"嗯莫被他骗了"，还有湖南绥宁方言中的"咯件事冇把其晓得哪"，我们在考察时，其出现的场景都是说话人在对听话人告诫或者提建议。而一般性否定的被动句中没有建议或者告诫的功能。试比较：

酒细伢冇喝。<small>酒小孩没有喝。</small>（一般性否定，强调的是事实，没有喝酒）

酒莫让细伢喝了。<small>酒别让小孩喝了。</small>（禁止性否定，强调告诫听话人要小心不要让小孩喝酒）

之所以禁止性否定的被动句能够表达建议或者告诫，笔者认为这主要和禁止性否定的时间性有关。因为禁止性否定一般是表示否定将来，而建议多半是对将来事情的判断，所以禁止性否定是可以带有建议的功能。而且一般否定不是对将来的否定，所以一般否定没有表示对将来的建议。

一般来说无论是普通话还是方言禁止性否定词都会和一般性否定词相互区别，但是对于有些方言来说，禁止性否定词可以和其他类否定词共用。如在百色白话、罗城土拐平话、马山客家话中，一般性否定词有时用"莫"与其禁止性否定词基本相同：

厓爸莫会开车。<small>我爸不会开车。</small>

莫让特骗了。<small>别让他骗了。</small>

关于三种类型的被动式否定句的出现频率，王振来（2004）曾经统计过现代汉语中被动式中的否定词的使用情况，认为被动式的否定式使用频率远低于肯定式，而且被动式中的否定词使用频率大致是"没＞不＞别＞未"，我们考察手中的方言语料发现已然性的被动否定句最多，三种否定类型的出现频次大致可表达为：

已然否定＞一般否定＞禁止否定

这一结果大致对应王振来（2004）考察的现代汉语语料结果。说明无论是现代汉语还是汉语方言在否定式的运用上，一方面远低于肯定式，另一方面其内部存在显著使用差异。

被动否定出现概率不高，主要是因为被动表义的偏离性和意外性特征，因为偏离和意外本来就暗含有否定义。

另外之所以被动式中已然否定居多，主要是因为被动式就是强调已然，在句中多体现结果和原因。一般否定多表达将来和现在的否定，另外禁止否定实质是一种祈使语气，而被动式很少涉及祈使语气，所以一般否定和禁止否定的出现概率相对于已然否定要少得多。

四　羡余式被动否定

关于"羡余",《现代汉语词典》(第七版)解释为:"多余的意思。"这里的羡余否定,一般指在否定表达中,否定词没有发挥其否定功能,是羡余成分。这种现象在普通话中非常普遍,如"差点儿没被你气死""钱包没被偷之前",这里的否定词存在与否不影响意思的表达,也就是有没有否定词"没"表义都差不多。

在方言中,这种带有羡余否定词的被动式并不少见。如:

湖北大冶:佢差一揑(冇)被警察捉到。他差一点没被警察抓到。

湖北大冶:钱包(冇)被捞去之前。钱包被偷走之前。

这两句的否定词"冇"都可以省去,而且不影响原有语义。另外,在羡余否定被动式中,如果省略了施事,则一般在否定表达中还是要保留被动标记。比如"佢差一揑冇被警察捉到"可以说成"佢差一揑冇被捉到",但是不能说"佢差一揑冇捉到"。同样"钱包(冇)捞去之前"也不能说,而只能把被动标记加上,说"钱包(冇)被捞去之前"。

在我们考察的方言语料中,涉及羡余式否定句的,虽然采用不同的羡余否定词,但是如果要表达被动的话,不同方言会采用不同被动标记词,而且被动标记词一般不能省略,例如:

信阳方言:我差点没给你气死。我差点被你气死。

长沙方言:钱包(冇)叫人偷去之前。钱包被偷走之前。

这里的羡余否定被动句,不管是否有否定词,也不管是何种方言,其中的被动标记词都是不能省略的。按照常规思路,被动式可以有被动标记词省略的情况,但是以上说明羡余式被动否定对被动标记的要求较高,一般要求羡余式被动否定带被动标记词。另外我们观察到羡余否定的语境一般都是表达消极意义的句子,比如我们很少说"大学差点没被考上""他差点儿(没)被获奖之前"这些一般都不能说。

无论是方言还是普通话中被动标记词不能省略,主要原因就是在羡余式被动否定句中,需要强化对施事的强调,强调动作的发出对象对动作作用对象的影响。而之前那些能够省略被动标记的句子,其施事和受事的语义关系比较明显,不需要借助标记词,而且受事主语一般和施事主语存在较大的生命差异度。比如"鸡肉我不吃了""这个东西我不买了"等。这里的被动式都是无被动标记的，而且一般此时也不能添加被动标记词，如"鸡肉被我不吃了""这个东西被我不买了"都不能说。

五 被动式否定标记的句法位置

在我们所考察的方言中，被动式的否定表达都是依据否定标记，确切地说是根据否定词来进行判断。被动式的否定，一般不考虑跨层结构的否定形式，因此判定角度较为单一。

方言中有否定标记的被动式，其否定标记词位置较为灵活。比如湖南洞口、河北微山方言否定词既可以位于被动标记前，也可以位于被动标记之后，谓语动词之前。湖南洞口方言以位于谓语动词之前为常式。例如下面由"把乞""乞""讨""着"引导的被动式中，否定词位于谓语前面的居多：

湖南洞口：你冇把乞别人讲。你不要被别人说。（胡云晚，2010）

恁封信冇乞我烧呱。那封信没被我烧掉。

其想掬我讲话，讨我冇理其。她想和我说话，我没有理睬她。

其想到我侪屋底眠一夜，乞我冇准其。她想到我家里睡一晚上，我没允许。

其个事着我冇记倒哩。她的事情被我忘了。

而据殷相印（2006）对微山方言的研究，微山方言被动句中，否定副词在句中位置的游移是无规律可循的，例如：

你的头没叫柱子砸破呀。/你的头叫柱子没砸破呀。

你的东西没叫人着过动过。/你的东西叫人没着过。（殷相印，2006）

不过，在很多方言中其实一般否定标记比较普遍的是位于被动标记前。也就是"NP1 + Neg + K + NP3 + V + 其他"（Neg 是否定标记），如湖南沅陵乡话的否定标记基本都是位于被动标记前：

湖南沅陵乡：欸张台积弊不突你搬到室头去逆？这张桌子怎么没被你搬到家里去呢？（尹吉鹏，2020）

*欸张台积弊突你不搬到室头去逆？这张桌子怎么被你没搬到家里去呢？

我不突师傅斜一顿。我没被老师骂一顿。

*我突师傅不斜一顿。我被老师没骂一顿。

在普通话中，被动式的否定词一般位于被动标记前，不能直接后接动词，如"信没被我烧掉"可以说，但是"信被我没烧掉（*）"不能说。但是在有些方言中，否定词可以位于被动标记后动词前，也就是"NP1 + K + NP3 + Neg + V + 其他"，如：

山东枣庄：俺的锅叫张三没有砸破。<small>我的锅没有被张三砸破。</small>（黄伯荣，2001）

西安方言否定副词和能愿动词做状语时，可在前也可在后。如：

陕西西安：饲料没叫猪吃完/饲料叫猪没吃完。

另外在不少方言中，当被动式由肯定变成否定时，其被动标记也要发生相应的改变，这一点是普通话中所没有的。比如湖北安陆方言如果要表达否定，"着"字句就会改成"尽"字句。

而对于无标被动式来说，大部分否定词位于动词前，这一点方言和普通话相似。如湖北大冶方言：

酒细伢莫喝酒。<small>小孩子别喝。</small>

酒我有喝。<small>酒我没喝。</small>

酒我不喝。<small>酒我不喝。</small>

即使这些无标被动式中有的可以添加进被动标记，其添加被动标记后句法结构也有所变化，否定词位置有所移动，会移到否定标记前的位置，但总的还是在动词前。比如：

酒莫让细伢喝。<small>白酒别让小孩子喝。</small>

酒有被我喝。<small>酒没被我喝。</small>

不过，一些方言的否定词在无标被动式中是用于动词后，如在广东揭阳方言中：

块饭我食唔（得）了。<small>这些饭我吃不先。</small>

在一些汉语方言中，否定副词在有介词短语作状语的句子里一般位于介词短语后，这一点和普通话不一样，试比较：

苹果我没给你买。（普通话）

苹果我给你没买。（乌鲁木齐汉话）

由此可见，方言中的否定标记句法位置和普通话的语序并非一致，而是有着个性化的体现，这些个性化在不同的否定类型中也有内部差异。

综上，被动式的否定表达只有一般否定、已然否定和禁止否定三种，三种都有大致对应的被动标记。不过这三类否定在被动式的表现上呈现不均衡性，不是每种否定式都有对应的被动式，而且有的被动表达只可能是另一类否定的被动式。比如有可能一般性否定句的被动式只存在已然否定的被动。而之所以出现这种情况多半和被动句的已然特性以及方言中被动标记及否定标记的使用习惯相关。

方言的被动式中也存在羡余式否定表达用法。总的来说，方言被动式的否定表达较汉语普通话的复杂，主要体现在否定词的数量和类别方面。方言被动式的否定表达比普通话的否定标记多，大体上一个普通话否定标记对应多个方言中的否定标记。方言中的否定词不仅多，而且较普通话的否定词分工更细，并且呈现有主客观的表达差异。

方言被动式的否定表达的复杂性，还可以表现在否定标记的位置方面。方言被动式的否定表达中，否定标记的位置较普通话更为自由，可以置于动词前，也可置于动词后。

被动式的否定表达相对于肯定式、主动式来说表现出较强的不对称性。这种不对称性与受到人称、时态以及否定式类别的制约有关。

第二节 被动式的疑问

现代汉语疑问句一般分为是非问、特指问、选择问、正反问、反复问、反诘问等类型，这些类型的疑问句出现在汉语方言表示被动的句子里，总体来说会有更多的细节变化，显得更为复杂一些。

有些被动式如果改为否定形式则不能说，但是换成疑问句式就可以说了。例如："就这几个敌人被我灭了"的否定形式"就这几个敌人不被我灭了"不能说，但是"就这几个敌人还不被我给灭了？"可以说，这说明被动式的疑问和否定在某些方面具有互补性特征，因此我们将其放入一章并且分为两个小节来研究。

王振来（2004）通过对大量现实语料的考察，得出这样的结论："被动表述主要运用于陈述句，叙述已完成的事实，而且多用于肯定句；用于疑问句中的被动表述式的数量相对较少。"由此可见，被动式的疑问表达并非被动式的优势表达形式。而且他还指出在所考察的大量语料中，祈使句和感叹句中出现被动式的概率极低。也就是说被动式几乎很少选择祈使句和感叹句来进行表达。

不过王振来所考察的语料多为书面语且多为现代汉语普通话，而对于方言来说，我们发现，相对于肯定式而言被动式的疑问表达较少，但是与现代汉语普通话相比，还是有不少疑问式的被动表达。为了描述各自的特点，我们根据疑问的类型将被动式的疑问式分为五个类型：是非问被动式、特指问被动式、正反问被动式、选择问被动式、反诘问被动式。

一 是非问被动式

是非问，可以说是任何语言都存在的一种疑问形式，具有普遍语法范畴。是非问句，比较接近陈述句，一般是发问者就问题的是非真伪优劣向对方发出疑问，希望对方给以肯定或否定的解答。这一功能就决定了是非问的形式，一个是需要有真伪判断的标记，另一个是要有话语标记能够引起对方的注意，从而注重对问题的解答。在汉语普通话中，一般用"是不是？"格式表示是非问，其语调要变为升调，或者句末加上疑问语气词。如"你是不是老师啊？"而对方一般会作肯定回答（"是"）或否定回答（"不是"），这也是是非问对对方的一个预想。在是非问句中经常使用的疑问语气词有"吗、吧、啊"等，但不能使用"呢"。

对于汉语方言被动式的是非问来说，结尾的语气词要比普通话丰富得多。刘洋洋（2016）就指出河南驻马店方言中是非问的末尾语气词就有"呗[pæ]、吗[maŋ]、嚗[pɔ]、吧[pa]、啊[a]、哩[li]、啦[la]"等。

我们考察了湖南方言中的是非问句，湖南绥宁方言中的是非问句的句末语气词通常是语气词"吗、啵、啦、哦、哇"。

湖南绥宁：鸭婆要怎样炒，哇/哦？鸭子要这样炒，是吗？/对吗/是不是？（曾常红，2009）

在是非问被动式中，方言中的句尾疑问语气词一定要有，而被动标记非必有，可以出现也可以不出现，如"这次的蛋糕是不是被你妈买走的？"在驻马店方言中可以表达为"这回哩蛋糕是不是（被）恁妈买走哩唉?",这里的疑问语气词"哩唉"不可省,而被动标记"被"可省。

汉语方言中被动式的是非问句的表达形式,尤其是是非询问词的句法位置要比普通话灵活。比如湖北大冶方言中表达"蛋糕是不是被你妈买走的?"可以说成:

"蛋糕是不是(被)恩妈买走的啦?"【蛋糕是不是(被)你妈买走的?】

"蛋糕(被)恩妈买走的,是不啦?"【蛋糕(被)你妈买走的,是不是?】

"蛋糕是(被)恩妈买走的,是不是啦?"【蛋糕是(被)你妈买走的,是不是?】

"蛋糕是(被)恩妈买走的不啦?"【蛋糕是(被)你妈买走的不?】

"蛋糕是(被)恩妈买走的不是啦?(*)"【蛋糕是(被)你妈买走的不是?】

从这些例子中我们发现,被动是非问句末都会加疑问语气词,几无例外,因此方言学界对是非问的研究主要集中在疑问语气词上面。普通话中虽然"是不是"在是非问句的位置也较为灵活,但是一般没有"是不+语气词"的用法。在大冶方言中"是不是"可以变成"是不啦""是不是啦""是……不啦",但没有"是……不是啦"。普通话口语中有时会有"你是老师不是?"这种说法,但是在方言中由于疑问语气词是必须出现的,像这种"是A不是+疑问语气词"的格式很少说。比如"蛋糕是(被)恩妈买走的不是啦"这种问法在方言中很少见。

在河南一些方言中,直接用一些语气词就表示了是非问的形式,最典型的就是用"中呗"表示"是不是"。再比如还可以直接用"呗"表示是非问,如:

河南驻马店:盆里的水是被你倒了呗? 盆里的水是被你倒了,是不?

用语气词表示是非问,代替"是不是"这是普通话中所没有的。

而且"是不是"可以拆解、部分缺省和移位,如上例中的"是不啦""不是啦""是……不啦"都是是非问句的变体。

二 特指问被动式

特指问句在汉语各个方言和普通话中也是普遍存在的，是用疑问代词代替未知的部分进行提问，要求对方针对未知的部分作出回答的疑问句。特指问一般含有疑问代词，常见的疑问代词有"谁、哪、什么、怎么"等。特指问句既可以使用疑问调，也可以使用感叹调。特指问句只能使用"呢、啊"等语气词，不能使用"吗、吧"。陆俭明（1982）根据是否具有疑问代词或句尾能否带"吗""呢"等判断标准，认为特指问和选择问都归为一种与是非问对立的非是非问句。

对于被动式的特指问来说，可以被提问的部分有施事、受事等论元成分，定语、状语、补语的修饰成分也可以被疑问代词提问。如：

菜被谁买了？（施事状语）

谁被他骗了？（受事主语）

菜被他怎么买回来的？（方式状语）

菜被他炒的怎么样了？（补语）

什么样的菜被他买了？（定语）

郭淼（2020）通过考察山西和顺方言中的疑问句，认为在方言中特指问也能就上述句法成分提问，不过还指出特指问一般不能对谓语核心本身提问。不过，在被动表达框架下，特指问的被动式可对谓语核心提问，如在湖北大冶方言中有这种表述：

"自行车把佢是嘛子了啦"？——把佢卖了（湖北大冶方言：自行车被他怎么了？——被他卖了）

特指问句的疑问代词根据提问内容，在普通话中经常用"谁""什么时候""哪个""哪里""怎么样""为什么""多少"等。例如：

谁被你骗了？（问人）

哪个被你吃了？（问物）

什么时候被你骗过？（问时间）

哪里被他破坏过？（问处所）

为什么会被他骗了？（问原因）

你是怎么样被辞退的？（问原因）

这菜被我洗得怎么样？（问性状）

多少人被我军击毙了？（问数量）

据此，特指问的疑问代词的句法位置较其他问句位置要灵活得多，取决于提问内容的句法位置。在方言里，被动式的特指问疑问代词较普通话丰富，而且呈现出一对多的关系，也就是一个疑问代词可以问人、也可以问物、问其他。

山西和顺方言：你被甚咬了？（问施事物）

甚衣服被你穿破了？（问程度/性状）

你甚时被俺骗过？（问时间）

为甚你被开除了？（问原因）

但是不论方言的特指问句法位置多么灵活，词汇多么复杂，从以上例句中我们发现被动式中的特指问疑问代词基本都在谓语被动标记前，很少出现疑问代词在被动标记后的。如果疑问代词要出现在被动标记后，多是在一个陈述句式后用逗号隔开，外加一个特指疑问代词，而且对于特指问施事或者受事论元的时候，疑问代词都不能后移。如上面的例子，只有询问原因、时间等非动词论元的部分，才能通过后加逗号隔开，然后单独用疑问代词提问的方式，如：

你被开除了，为甚？（问原因）

你被俺骗过，甚时？（问时间）

另外，很多时候特指问也会出现多个疑问词，而且在方言中特指问后面还可以加个附加问的形式，比如在河南方言中，"弄啥嘞"等疑问词会高频地参与到特指问被动式中，而且句末会加一个"是"。如：

河南驻马店：弄啥嘞，那瓜被谁拿过来哩哎，是？干嘛，那瓜是被谁拿过来的？

这种特殊情况的出现，主要是为了焦点的凸显目的，在原本完整的意思上添加"是"是为了焦点化，再次强调听话者要关注的点是什么。

三 正反问被动式

正反问句也称反复问句，一般用谓语的正项加反项的形式提出疑问，要求听话人从正反两项中作出选择。正反问的形式有点接近是非问，在功能上和是非问类似，它基本可以看作用选择问的形式表达是非问功能的一种问句。只不过是非问针对的是关系动词"是不是"，而反复问的形式是针对一般动词，谓语由一般动词充当，将谓语动词的肯定形式和否定形式并列一起作为选择的项目提出疑问，一般动词反复出现两次（去不去），如果动词出现一次，则前面往往加"有没有"（有没有去），句尾可用语气词"啊""呢"（不用"吗"），而且必须有疑问语调。可以表达为"V 不 V？/有没有 V"，例如，"你去不去？/你有没有去？""你看没看这部电影呢？/你有没有看这部电影呢？"

普通话中被动反复问的格式有多种，主要是：

（1）有没有＋K＋V？（有没有被骗？）

（2）会不会＋K＋V？（你这样会不会被笑话？）

（3）NP1＋K＋（NP3）＋V＋没有？（你被他骗没有？）【简省式正反问】

这样的格式方言中也有，如：

河南信阳：嗯有没有叫人家骗唻？<small>你有没有被骗啊？</small>

河南信阳：椅子会不会给墥倒？<small>椅子会不会被推倒？</small>

河南信阳：窗户叫打破了没有？<small>窗户被打破了没有？</small>

方言中除了与普通话相同的句式，还多了一种普通话中不存在的正反问格式：

K＋不/没＋K＋（NP3）＋V？

普通话中一般不会用被动标记的反复来发问，很少说"被没被他骗"，而有些方言中的被动标记可以正反重叠，比如：

贵州遵义：你着不着罚款？<small>你有没有被罚款？</small>

湖北大冶：碗把没把佢打破啦？<small>碗有没有被他打破啊？</small>

回答的时候也可以用被动标记的重叠来回答，比如"着不着、着都着了"，此外，一些方言被动式中的简省式正反问还呈现出了一些特殊的现象，就是有时候在方言中否定副词和语气词合并，造成否定副词和省略的情况。

根据伍云姬（2006）的研究，湘方言里最常见的被动反复问句的结构是［NP1＋V＋否定副词＋语气助词］。

饭你吃冒啦？<small>饭你吃没吃？</small>

个事还有别人晓得不啰？<small>这事情别人知不知道？</small>

吴语区普遍使用的句末语气词"□伐"带有一定否定词的痕迹，

相当于"是不是啊"。湖北黄梅话"不"后如果附着语气词"哦",经常与"不"连读相拼为"啵"。如"这事情别人知不知道?":

苏州话:这事别个晓得□伐?这事别人知道吗?

黄梅话:这事别人晓得啵?这事别人知道吗?

如果动词是动补结构短语的,重复动词中间会有一些否定成分隔开,例如:

湖北大冶:这个问题嗯听得懂听不懂?

在反复问中,一般会有同一事物的肯定和否定形式,例如"这个蛋糕是被你妈买了还是没被你妈买?"对于方言中的被动式的反复问形式是多样的:"这个蛋糕是被你妈买了还是没被你妈买?"在河南驻马店方言中有如下三种表达:

a. 这回哩蛋糕,让恁妈买哩唉还是［mu］让恁妈买哩唉?

b. 这回哩蛋糕,恁妈买哩唉还是没［mu］买哩唉?

c. 这回哩蛋糕,恁妈买哩没［mu］唉?

从这里我们可以看到反复问不仅有多种表达,在形式上有所减省,反面论述中的否定标记词为已然否定标记,而且带有疑问语气词。

四 选择问被动式

选择问句是提出两种或两种以上的情况,让对方从中进行选择的疑问句。选择问句经常使用"A 还是 B"、"是 A 还是 B"等固有格式。有时选择问在形式上有点类似反复问,区别是反复问是在 A 事物与非 A 事物之间的选择,选择问是在 A 事物与 B 事物之间的选择。使用疑问词时,选择问句常用"呢",一般不用"吗、啊、吧"。比如"你是老师还是学生呢?",一般回答者选择其中的"A"或"B"进行回答"老师"或"学生",或者两者都不是。这点和是非问的提问方式和回答方式都有一定区别。在普通话中,我们常见的选择问被动式比较类似陈述句式,即是:

"NP1 +(是)+(K)+ A + 还是 + B"这里的 A 和 B 可以是两个不同动词,如"你是被打了还是被骂了?"也可以是由施事名词和动词组成的主谓短语结构。例如:"这次的蛋糕(是)(被)你妈买了还是(被)你姑买了?"这个句子中第一个"是"和被动标记省略了也说得通。

而在方言中，选择问被动表达形式多样，如"这次的蛋糕是被你妈买了还是被你姑买了？"在河南驻马店方言中有如下三种表达：

a. 这回哩蛋糕，恁妈买哩唉，恁姑买哩唉？
b. 这回哩蛋糕，是恁妈买哩唉，恁姑买哩唉？
c. 这回哩蛋糕，是恁妈买哩唉，是恁姑买哩唉？

通过以上例句我们可以看到，方言中的被动标记可以省略，选择问的关键词"是"在方言中是可选的，有时可以省略；而末尾的语气词"唉"是必有的，也就是说在驻马店方言中选择问是必须有语气词的，所加的语气词将原本一句话分成了两小句，可以说对原有选择问句进行了分段表达，而不是像普通话那样集中展现。

这其实也凸显了在汉语方言中，被动式选择问的几个特点：

一是选择连词"是……还是"在方言中是可选的，有方言变体甚至可以省略；二是一般会添加语气词，而且语气词较普通话丰富；三是一般被动标记可以省略，即使普通话中能够添加进被动标记，但在一些方言实际表达中常常不会出现被动标记。比如"这次的蛋糕是被你妈买了还是被你姑买了？"这句话在驻马店方言中，都是"这回哩蛋糕，是恁妈买走哩唉，是恁姑买走哩唉？"没有出现被动标记。

我们考察了湖南方言中的选择问句，湖南绥宁方言中的选择问句的句末语气词通常是语气词"么、啵、啦、哦、哇"，而且选择连词可以是"抑是"。

"这白酒嗯喝，抑是他喝哇？"_{这白酒你喝还是他喝？}（曾常红，2009）

从上面例句中，我们发现语气词在方言中一般都强制出现，而且选择连词其实没有必要非得出现，人们通过其间的停顿和语调基本能够表达出选择问的意图，没有必要像普通话那样形式单一，方言中的选择问句中的选择连词也可以是多个变体，而且被动标记在方言中的选择问句中往往会省略。

五　反诘问被动式

反诘问和其他疑问式有很大不同。反诘问疑问的句式是表示肯定的意思，这就叫"反诘"（disjunctive question）。"反诘"句不是要求听话的人回答什么，而是向听话的人说明结论。这一点和其他类型的问句有所不同。如"你难道不知道他是谁吗？"这句话不是要求别人回答"知道"或"不知道"，似乎从功能上更倾向于表达自己的观点，而不是疑问，只是从句子形式上是问句。因此学界也有人不把反诘问归入到疑问类型，而且对反诘的定义也存在不同意见。如吕叔湘（1990〔1942〕）认为："反诘实在是一种否定的方式：反诘句里没有否定词，这句话的用意就在否定；反诘句里有否定词，这句话的用意就在肯定。"比如"这句话我说过吗？"[①] 中没有否定词，其用意在于否定，其实是说"我没说过这句话"。

一般人认为反诘问句含有三个特征：无疑而问，不许回答，表示否定。

有时候反诘问和其他疑问句式有交叉的地方。如"你身上哪里被我伤着了？"这个"哪里"可以当作特指问中询问方位的疑问代词，表示询问"你身上哪些地方被我伤着了"；也可以当否定形式看待，表示的是"你没被我伤着"。张晓涛（2009）指出反诘问是否表达否定意义，有时并不是源于句子结构本身，而是源于所处的语境，是语境为我们传达了具体信息。比如上例中"你身上哪些地方被我伤着了？"到底如何理解，可以从回答者的话语语境中找到答案。如果回答"我的腿和手臂都被你伤了"则可以理解为是特指问，而如果回答"是没有伤着，但是吓着我了"，这时我们可以理解为一种否定的反诘问。

方言被动式的反诘问，一大特点就是常常采用其他疑问句的形式，而且会给足语境让听话人明白语义，其间有时候会补充采用陈述式表达。

采用反复问形式反诘，中间往往添加副词"还"或者添加加强语气的词，表示强调：

这活还叫不叫人干了？（河南获嘉方言）

你被我骗过没得？囊个不相信我？（重庆方言）

采用是非问形式的反诘，在方言中往往要增加陈述式表达来增加语境，如下面的河南获嘉方言：

[①] 吕叔湘：《吕叔湘文集（第1卷）》，商务印书馆1990年版，第290页。

恁是不是被老师批评过？这么怕老师！（你这分明是被老师批评过）

菜不是恁炒的来？赶快说说怎么做的这么好吃？（菜就是你炒的）

这贼非得让恁抓不中？其他人就不能抓？（贼不只你能抓）

采用选择问形式的反诘，一般会对列出的选择项目一概否认，往往接显性标记"莫非""难道""……不成"，借此来表达说话人要突出表达的意思，如以下河南获嘉方言（贺芳，2018）：

恁这良心莫非让狗吃哩唉还是让猫吃哩唉？怎么这么没心没肺。（你没良心）

采用特指问形式的反诘，一般需要根据语境来判断，不然会有歧义。如河南方言：

原囚谁知道是啥？（没人知道原因【表否定】/询问到底谁知道原因【表询问】）

啥时候好哩谁知道是？（没人知道啥时候好【表否定】）/（询问到底是谁个知道什么时候能够好【表询问】）

由于反诘可以表示否定，因此关于否定和疑问的关系，往往通过反诘问这一纽带来体现。张晓涛（2009）有过系统的讨论，指出否定和疑问有相通性。陈芙（2013）考察了方言中是非问、特指问等疑问类型同否定的相通性，提出否定是反复问构成的重要手段，反复问与否定关系密切。而且他们从历时的角度探讨了它们相通的原因。在他们所列举的否定和疑问相通例子中，尤论是是非问还是选择问、特指问，其实都是反诘和疑问交叉的嵌套格式。

第三节　被动式否定和疑问的相通性

本章开始，我们就提出疑问在某种程度上也是一种否定。例如"我被鲸鱼吃了"是肯定"鲸鱼吃了我"这个事实。而"我没被鲸鱼吃掉"是否定了"鲸鱼吃了我"这个事实。同时"我被鲸鱼吃了吗？""我是不是被鲸鱼吃了？""我是被鲸鱼吃了还是被老虎吃了？""我难道被鲸鱼吃了吗？"这四个句子几乎从情态上讲几乎都有表达对"鲸鱼吃了我"的否定，只不过它们都是用疑问句的形式来表达的。表被动的疑问句表示否定，情况又比较复杂，特别是特指疑问句。比如"谁被鲸鱼吃了?"这个句子就没有表达对"鲸鱼吃了我"这个事实的否定。然而并不是说特指问句都不能表达否定,比如"谁说鲸鱼吃了我?"这句话是特指问,却又是对"鲸鱼吃了我"这个事实的否定。

对于被动式来说,被动的否定表达和被动的疑问表达也有相通性,我们通过语料的考察,发现这种否定和疑问的相通性具体表现在:

(1) 是非问与否定的相通,往往是采用是非问形式的反诘

是非问和否定相通往往需要借助于词类、语调或语气等手段,比如一些方言中常用的是借助语气副词或能愿动词来转换,如:

这活还叫不叫人干了?(语气副词"还")

这件事不应该让我们警惕吗?(能愿动词"应该")

(2) 反复问与否定的相通,可以理解为采用反复问形式的反诘

反复问在表示不满、批评的语境下表示一定的否定意义,结合语境往往自带反诘。如:

你被这么耍恶不恶心啊?

脸你要不要啊?

(3) 特指问与否定的相通,可以理解为采用特指问形式的反诘类型,而不是单纯的询问。

特指问和否定具有天然的关联,因为特指问一般都需要有疑问代词,而否定的语义源于疑问代词本身。寿永明(2002)认为疑问代词除了有表示询问、任指和虚指的作用外,否定也是其重要用法之一。如:

A. 什么时候大人被小孩说过啦?(任何时候大人都不会被小孩说)

B. 什么时候大人被小孩说过啦?(询问具体时间)

这里只有第一种情况下特指问和否定挂钩相同,而且这时也可以理解为反诘句。但是第二句就不能,而且也不能表示否定。

(4) 选择问与否定的相通,需要语境和标记强化

选择问的被动式出现概率最低,而且询问语气最强,其要表达否定时,多借助语境作为引子,或者添加一些显性标记"莫非""难道""……不成"等,这样才能使得选择疑问表示否定变成可能。例如:

可是,说出来又有甚意思?难不成给人骂,还是给人笑?(不要说)

通过以上分析,我们可以看到其实无论是主动式还是被动式,其否

定和疑问形式都具有相通性，这种相通有的是天然带有否定，如反诘句；有些是需要通过语境或者标记词进行强化，如选择问表否定。只不过表否定的疑问句与一般否定句间的否定强度不同。

综上，本章考察了汉语方言的被动式的否定形式和疑问形式，发现汉语方言的否定和疑问表达较汉语普通话的复杂，普通话有的方言基本都有。方言中除了被动标记多以外，被动式的否定标记和疑问标记都要比普通话的多，大体上一个普通话否定或疑问标记对应多个方言中的否定或疑问标记。方言中的否定词和疑问词不仅多，而且较普通话的否定词分工更细，并呈现有主客观的表达差异。

在汉语方言被动式的否定表达和疑问表达过程中，否定标记和疑问标记的位置比普通话灵活和自由，可以置于动词前，也可置于动词后。被动式的否定和疑问式相对于肯定式、主动式来说表现出较强的不对称性。

另外，汉语方言中的被动式的否定和疑问形式也具有相通性，疑问是一种特殊的否定，只不过这种相通有的是天然带有否定，如反诘句；有些是需要通过语境或者标记词进行强化，如用选择问句表否定。用被动式进行疑问表达时，不同类型的疑问式，所表达的否定效果和否定强度是有着一定差别的。

第八章　结语

前面用七章的篇幅，从不同侧面对汉语方言被动范畴进行了论述、比较。下面以"本书的基本内容与认识""本书的不足与展望""几点思考"作为全书的结语。

第一节　本书的基本内容与认识

汉语方言被动式作为一种特殊的表达句式，一直以来都是汉语学界，尤其是方言研究者的研究热点之一。本书以类型学以及历史比较语言学为视角，依托"多边比较，多角考察"的思想，通过大量的方言调查以及实地考察，对汉语方言被动式进行了系统化的研究，试图通过方言与普通话之间、不同方言之间的比较研究，发现方言与普通话，方言与方言之间在被动式的表现形式、句法语义功能等方面所表现出的一些差异性特征。其目的一方面是通过这些差异来深入揭示方言被动式的内在特点；另一方面是通过这些差异来发现一些共性的特征，寻找被动式在普遍语法中的表征。

具体来说，本书的论述涉及以下这些方面。

1. 本书对汉语共同语和汉语方言的被动式研究历史及现状进行了大致梳理，发现了汉语方言被动式研究的不足：（1）目前汉语共同语被动式的研究，其范围、研究思路、研究方法以及研究成果，都优于汉语方言中被动式的研究。（2）对于汉语方言中的被动式研究来说，目前所涉及的面还不够广阔，采样较少，大多集中于词汇特别是被动标记，对句式的考察较少，而且方言间的横向比较也较少，对各方言间被动标记的关联性挖掘不够，同时也缺乏系统性的论述。

2. 本书在以往研究成果的基础上，对汉语被动式的界定、成因、语义特点等进行了论述。

其中对于被动式的判定，我们分为有标被动式判定和无标被动式判定两类，用形式和意义相互结合的方式来界定。

对于有标被动式，我们认为它的判定必须满足以下两个条件：

条件1：在形式上，有被动标记，且被动标记引介动作发出者。

条件2：谓语动词前后所关联的语法成分在语义关系上是受事和施事关系，且施事能被被动标记引介。

而无标被动式，我们认为它的判定必须遵守以下两个必要条件：

条件1：在形式上，谓语所支配的受事放于谓语动词前。

条件2：语义上，谓语动词所连接的语法成分是施受关系。

3. 在借鉴前人观点的基础上，我们认为汉语被动式的形成主要由于以下几种原因：

第一，遭受义的固定化表达。

第二，语义描述的精细化需求，要求出现凸显受事宾语的被动式。

第三，语义描述的缺失。

第四，情感因素的驱动。

4. 关于被动式的语义特点。我们认为，无论是汉语普通话还是汉语方言的被动式，的确有着较为明显的消极义的语义倾向，但还都可以表示积极意义和中性意义。随着语言交际场景丰富化、语体多样化的出现，被动式也随之得到新的发展；在当下一些新媒体语言中，被动式还呈现出强迫义和否定义等语义特点。

5. 关于被动式的形式特点。本书通过前人研究和调查，归纳出一般典型的被动式都具备的两个特点：

（1）一般典型被动式都会有被动标记。无论古代还是现代，被动式都会有相应的形式标志。

（2）句法格式上受事一般位于主语位置，且在动词前。

6. 关于被动式的句法结构。本书对汉语方言中被动式的句法结构进行了考察，通过众多的语料分析发现，汉语方言中的被动式句法结构虽然受到普通话的影响，但是从被动句式的句式表征上比普通话要相对简单，总体上可以粗略归纳为三类：（1）NP1 + NP2 + V +（其他）；

(2) NP1 + V +（其他）；(3) V + NP1。其中第三类较少，只存在于汉语某些方言中。此外，汉语方言中的被动式还存在被动套被动，被动套处置等多种套用法。

7. 在对汉语方言被动式的句法成分进行全面考察后发现，不同方言，其句法结构的制约条件有所不同。一般方言的被动式，对主语、谓语、宾语的制约具有大致的共性：被动式的主语为受事且可以省略，谓语一般不可能是光杆动词，宾语出现有特定的条件。但在少数方言中，句法结构的制约条件有个性差异，甚至在有的方言里并不存在某些制约条件。

8. 本书对被动标记的判断依据及出现条件进行探讨，并对汉语方言的被动标记的书写形式、分布地域、来源成因等进行了考察。考察结果显示，被动标记的判定可以从被动标记的语义特征、句法功能以及词性上来界定。一般带有"遭受""意外"等语义特征，且放在核心动词前。用来连接前后两个名词的虚词可以判定为被动标记。很多方言在被动标记的选择上有所差别，大多遵循音同或音近原则，而较少考虑被动标记的形态表征。这主要是由于汉语方言多半停留在口语层级。而方言间的语音差异，造成了即使同一个被动标记也会出现用不同读音的汉字来表示的现象。

9. 通过考察汉语方言被动标记的分布，我们发现，各汉语方言点使用最多的被动标记不是"被"，而是"叫"。汉语被动标记较为繁多复杂的省份主要有湖北、湖南、福建等地。

10. 被动标记的语义来源，不同方言会有不同来源，演变历程也会有差异，但总是存在着共性。本书通过纵向的历史考察，认为汉语方言的被动标记词主要源于三类动词：给予类动词、使役义动词、遭受义动词。但是由于在汉语方言被动标记的演变中还呈现地方性差异，所以即使同一个被动标记，在不同方言中其语义来源和演变路径也可能不同。这主要是由一些历史因素造成的地方方言发展不均衡现象引起的。考察发现，汉语方言的被动标记多半都是源于"遭受"和"给予"。"遭受"义演变为"被动"比较简单、直接和容易，而"给予"虽然有时候可以直接演变为"被动"，但更多的情况是经过"使役"义的阶段，然后才进一步虚化为被动标记；同是源于"给予"义的被动标记，有的方言中可能还进一步经由"持拿"义动词再演化为被动标记。不过，不管这些标记是源于给予类动词、使役义动词还是遭受义动词，它们其实有个共同点：这些词虚化为被动标记过程中都经历了"容让"义，这恰好反映了方言和民族共同语的关系：同宗同源，个性发展，既有所区别，又相互关联。被动标记语义来源的不同，反映了汉民族在不同历史时期和不同地域环境下对被动事件的认知差异。这种差异是由于时代的不同，以及所受客观条件不同的制约而产生的。对同一个事件，不仅不同民族的认知存在差异，同一民族在不同历史时期的认知视点也可能存在差异，这样就造成了对同一语法格式的不同解读和分化，而这种分化是基于同一母语的分化，因而又保留有一些共性和规律性的特征。

11. 本书从大量汉语方言被动式中，归纳出被动式最主要的四大语义特征：影响性，意外性，已然性，非控性。

12. 本书从语用功能的角度来探讨主动式和被动式的语用功能差异，以及被动式内部带有不同被动标记的被动式的语用功能差异。我们发现，被动式内部在选用被动标记进行表达时，会考虑主语和谓语的生命度差异，依据语言经济性规律来确定是否选用被动标记来表达被动意义，或者确定选择什么样的被动标记来表达被动意义。由于汉语方言的被动式一般用于"拂意"场合，而被动标记在"拂意"表达效果上会存在差异，因此大部分在选用被动式时往往会考虑被动标记词的"拂意"等级，再根据实际语境的需要来选择对应的被动标记词。此外，由于南北地方差异，在选用被动标记时还受到地方色彩的影响。

13. 除了对被动式惯常形式进行研究以外，本书还对被动式的否定形式、疑问形式等变体形式进行了考察和分析。我们认为：汉语方言的被动式否定和疑问表达较汉语普通话的复杂——普通话有的方言基本都有，普通话没有的方言也有；方言中除了被动标记多以外，被动式的否定标记和疑问标记也比普通话的多，大体上一个普通话否定或疑问标记对应多个方言否定或疑问标记。方言中的否定词和疑问词数量多，方言中的否定词较普通话的否定词分工更细，并且呈现有主客观的表达差异。在汉语方言被动式表达、否定表达和疑问表达过程中，否定标记和疑问标记的位置比普通话灵活和自由，可以置于动词前，也可置于动词后。被动式的否定和疑问式，相对于主动式和肯定式来说，表现出较强的不对称性。另外，汉语方言被动式的否定和疑问形式也具有相通性，疑问是一种特殊的否定。只不过这种相通，有的是天然带有否定，如反诘句；有些是需要通过语境或者标记词进行强化，如选择问表否定。被动式疑问表达中，不同类型的疑问式，其否定的效果和强度有着一定差别。

第二节　本书的不足与展望

限于时间、精力和作者的水平，本课题的研究也存在很多不足，有待进一步深入研究。

第一，没有真正做到穷尽性考察。本书的研究内容是汉语方言中的被动式，但对各方言所用被动标记还不能做到真正意义上的穷尽性考察。由于汉语方言众多，而且目前很多方言受到汉语共同语——普通话的影响越来越大，在实际考察中，方言区的一些人对于如何进行被动方式的表达没有一个明确的认识，在被动标记的使用上，因受普通话的严重影响，很多方言中的其他被动标记大都可以拿普通话的"被"来替换表达，这就给统计和分析汉语方言被动标记的多样性造成了障碍，增加了难度，因此本书在统计和描写各方言的被动式时，虽然查阅了众多方言志、地方志以及各类方言词典和相关学术论文，并且到过一些地方进行实地的田野调查，但还是难以做到对各方言所用被动标记作出准确的统计。

第二，研究深度远远不够，尤其缺少理论的升华。本书围绕被动式虽然作了多角度和多方位的调查研究和探讨，但仍有很多缺憾。如果说在研究的广度方面还算差强人意的话，那么在研究的深度方面则远远不足。比如在汉语方言中的被动式套用现象分析上，被动可以套用被动，这一点是被动式区别于处置式的一大特点，但是由于语料甚少，而且相关的研究文献也较少，前人少有提及，所以这部分只是略有涉足却并没有从理论上作深入探讨。此类问题在汉语被动式的否定和疑问表达上也同样存在。我们原本有意将这些问题纳入本书比较研究的范围之内，但在研究的过程中，由于实际语料的不足限制了我们对比分析的深度和广度，因而不得不忍痛割爱。

第三，缺乏语言现象背后的深层原因揭示，使得说服力难免打了折扣。汉语共同语和汉语方言之间、汉语各方言之间，以及方言区内部关于被动式相关的不同现象的共性和差异是如何形成的？一些汉语方言的被动标记词以及相关语义的演变的成因，是源自古代汉语的历时继承，或是受到其他语言的影响？抑或是受到诸如经济、文化等社会因素的影响？为时间和精力所囿，有的问题的回答较为肤浅，甚至有的问题还没有作出回答和分析。

所谓展望，其实只是说说笔者一些未能达成的预期。关于汉语方言间被动标记的关联度分析，汉语方言被动式的消亡原因研究，汉语方言被动标记在信息处理领域的识别和处理，等等，因受到能力和时间的限制，心向往之却未能如愿展开。这些只能寄望于未来的研究者进一步完善。

第三节　几点思考

本书主要从跨方言比较的视角来研究汉语的被动式，其目的是全方位审视汉语被动表达，除了找出各方言在被动表达中的差异外，更重要的是发现一些共性的、规律性的东西。在行文过程中，我们尽量注重多维度、多角度的比较和抽象，但仍有一些深深困扰着我们，而我们认为值得进一步深入思考探讨的理论问题。

一　关于被动句的判定标准

被动表达范畴是重要的句法语义范畴。本书的研究既针对被动句法之形，又针对被动语义之实的内容展开，对比考察不同方言里被动义在句法层面的具体表现形式，从而寻求不同方言表现形式之间的共性联系和个性差异。

但是事实上，句法和语义不一定完全对应。汉语中存在有一些只有被动之形却无被动之实的表达方式，这种情况不仅现代汉语有，一些方言中也有，其间的原因比较复杂。但学界一般不会把这些只有被动表达形式特征而没有被动语义特征的句子纳入被动句的研究范围。而与此不同，那些只有被动意义而没有被动表达形式的句子却往往会被人们看作被动句的研究对象。这说明,尽管被动句的判断有形式和意义两种标准,但是一般人更多的还是侧重语义标准。

反观与被动句并行同样受到学界重视的汉语"把"字句的研究,"把"字句的判别标准却有不同,"把"字句更加倾向于形式判断。这种形式和意义地位不对等的现象值得我们研究。为什么"被"字句的判定倾向于语义,而"把"字句却倾向于形式?

二 关于方言被动标记之间的关联

多方言之间的横向和纵向研究,是跨方言比较研究的重要手段。本书在研究被动标记时侧重的是横向地描写比较各方言使用被动标记的差异性问题。在纵向研究中,只是以普通话中的几类典型的被动标记作为依托,追溯它们的语义来源,再对照各方言中的相关标记进行历时考察,从而探究各方言被动句之间的相互关系。某些方言的被动标记词之间是有着一定的关联的,甚至一些少数民族的被动标记词也可能被汉语方言所借用。

探索各方言间被动标记之间的关联问题,能够很好地理清方言之间的关系以及自身发展脉络。如果不同方言区中某些被动标记差异不大,就说明这两个方言区的方言关系紧密,进而可以探讨背后的深层次原因。

因此,本书除了研究同一类标记在不同方言中的分布以外,还应该研究各方言被动标记之间的内部关系,建立各方言被动标记之间的关系图谱,寻找不同方言区间的共性特征。

三 关于方言中的语言融合

在方言调查过程中,我们发现其实很多地方都可以用"被"来表达被动,很显然这是一种语言融合的问题,是现代汉民族共同语进入到了各个方言的结果。但是并非所有的方言都受到现代汉民族共同语的强烈影响,也有部分地区仍然保留有一些古代语的常用被动表达。

此外,有些被动标记词在南北方言中存在有较为明显的差异,这些差异说明语言融合的过程是不均衡的,这种不均衡也体现在被动标记和被动表达方式的差异上。单就北方方言或者南方方言来说,某些被动表达的方式又有趋同性，例如北方喜欢用"叫、让"表达被动，南方方言也接受了这种特点。这说明地域、社会等因素会造成一些语言融合过程中的趋同。

本书对汉语各方言的被动句的考察，从某种程度上，能够反映各个地方方言的发展程度以及语言融合的生态特征。

因此汉语各方言被动表达的演变发展历程、融合情况及规律也应该值得关注。被动表达应该是考察各方言演变和融合的重要阵地。

以上问题都是在研究过程中发现的还未解决或者说还未拓展的问题，由于时间和篇幅所限没有进一步开展。汪国胜先生（2014）将方言语法研究的总思路概括为"多边比较，多角考察"，在未来考察和比较的角度和范围可以说是无止境的，无论是方—方，还是古—方，无论是表里值，还是普方古，如果不以关联性、共性特征的挖掘为导向，就无法揭示出语言中隐含的最本质特征和规律。研究被动标记是这样，研究方言是这样，研究任何语言现象也都是这样。

参考文献

一 著作

鲍厚星:《东安土话研究》,湖南教育出版社1998年版。

鲍明炜、顾黔、蔡华祥:《盐城方言研究》,中华书局2011年版。

北京大学中国语言文学系现代汉语教研室:《现代汉语》,商务印书馆1993年版。

曹延杰:《德州方言志》,语文出版社1991年版。

曹志耘:《汉语方言的地理语言学研究［A］:首届中国地理语言学国际学术研讨会论文集》,商务印书馆2013年版。

曹志耘:《汉语方言地图集·语法卷》,商务印书馆2008年版。

曹志耘:《金华汤溪方言的动词谓语句》,李如龙、张双庆《动词谓语句》,暨南大学出版社1997年版。

柴伟梁等:《海宁方言志》,浙江人民出版社2009年版。

陈晖:《涟源方言研究》,湖南教育出版社1999年版。

陈晖:《涟源桥头河方言的介词》,伍云姬《湖南方言的介词》,湖南师范大学出版社2009年版。

陈立中等:《太白方言会话语料集萃》,上海人民出版社2010年版。

陈晓锦:《东南亚华人社区汉语方言概要》,世界图书出版广东有限公司2014年版。

陈泽平:《福州方言研究》,福建人民出版社1998年版。

陈泽平:《福州话的动词谓语句》,李如龙、张双庆《动词谓语句》,暨南大学出版社1997年版。

陈章太、李行健:《普通话基础方言基本词汇集》,语文出版社1996年版。

储泽祥：《赣语岳西话表被动的"让"字句》，邢福义《汉语被动表述问题研究新拓展》，华中师范大学出版社 2006 年版。

崔振华：《益阳方言的介词》，伍云姬《湖南方言的介词》，湖南师范大学出版社 2009 年版。

戴耀晶：《赣语泰和方言的动词谓语句》，李如龙、张双庆《动词谓语句》，暨南大学出版社 1997 年版。

邓思颖：《汉语方言语法的参数理论》，北京大学出版社 2003 年版。

丁加勇：《隆回方言的介词》，伍云姬《湖南方言的介词》，湖南师范大学出版社 2009 年版。

丁全等：《南阳方言》，中州古籍出版社 2001 年版。

丁声树、吕叔湘、李荣：《现代汉语语法讲话》，商务印书馆 1961 年版。

董正谊：《攸县方言的介词》，伍云姬《湖南方言的介词》，湖南师范大学出版社 2009 年版。

范新干：《湖北通山方言"把得"被动句》，邢福义《汉语被动表述问题研究新拓展》，华中师范大学出版社 2006 年版。

方平权：《岳阳方言的介词"尽"与"驾"》，伍云姬《湖南方言的介词论现代汉语被动句》，湖南师范大学出版社 2009 年版。

符其武：《琼北闽语词汇研究》，四川大学出版社 2008 年版。

付欣晴：《抚州方言研究》，中国社会科学出版社、义化艺术出版社 2006 年版。

高晓虹：《章丘方言志》，齐鲁书社 2011 年版。

顾黔、鲍明炜：《江苏方言研究丛书泰兴方言研究》，中华书局 2015 年版。

何耿镛：《客家方言语法研究》，厦门大学出版社 1993 年版。

河北省昌黎县县志编纂委员会等：《昌黎方言志》，上海教育出版社 1984 年版。

贺凯林：《溆浦方言研究》，湖南教育出版社 1999 年版。

洪波：《汉语历史语法研究》，商务印书馆 2010 年版。

洪波、赵茗：《汉语给予动词的使役化及使役动词的被动介词化》，沈家煊、吴福祥、马贝加《语法化与语法研究》，商务印书馆 2005

年版。

胡光斌:《遵义方言语法研究》,巴蜀书社2010年版。

胡士云:《涟水方言研究》,中华书局2011年版。

胡松柏、胡德荣:《铅山太源畲话研究》,中国社会科学出版社2013年版。

胡松柏、林芝雅:《铅山方言研究》,文化艺术出版社2008年版。

胡裕树:《现代汉语》,上海教育出版社2011年版。

胡云晚:《湘西南洞口老湘语虚词研究》,江西人民出版社2010年版。

黄伯荣、廖序东:《现代汉语》增订二版,高等教育出版社1997年版。

黄伯荣、史冠新、孙林东等:《汉语方言语法类编》,青岛出版社1996年版。

黄伯荣、孙林东、陈汝立:《汉语方言语法调查手册》,广东人民出版社2001年版。

黄群建:《阳新方言研究》,华中师范大学出版社2016年版。

江蓝生:《近代汉语探源》,商务印书馆2000年版。

蒋绍愚:《"给"字句"教"字句表被动的来源——兼谈语法化、类推和功能扩展》,商务印书馆2002年版。

蒋绍愚:《近代汉语研究概要》,北京大学出版社2005年版。

康瑞琮:《古代汉语语法》,上海古籍出版社2008年版。

兰宾汉:《西安方言语法调查研究》,中华书局2011年版。

兰玉英:《攀枝花本土方言与习俗研究》,巴蜀书社2011年版。

兰玉英:《泰兴客家方言研究》,文化艺术出版社、中国社会科学出版社2007年版。

黎锦熙:《新著国语文法》,商务印书馆1956年版。

李滨:《闽东古田方言研究》,厦门大学出版社2014年版。

李崇兴:《宜都方言研究》,华中师范大学出版社2014年版。

李德林等:《三原方言》,中国文联出版社2015年版。

李连进等:《广西崇左江州蔗园话比较研究》,广西师范大学出版社2009年版。

李临定：《现代汉语句型》，商务印书馆 1986 年版。

李荣、梁德曼、黄尚军：《成都方言词典》，江苏教育出版社 1998 年版。

李荣：《现代汉语方言大词典》，江苏教育出版社 2002 年版。

李如龙等：《动词谓语句》，暨南大学出版社 1997 年版。

李如龙等：《客赣方言调查报告》，厦门大学出版社 1992 年版。

李如龙：《闽南方言语法研究》，福建人民出版社 2007 年版。

李如龙：《泉州方言的动词谓语句》，李如龙、张双庆《动词谓语句》，暨南大学出版社 1997 年版。

李小华：《印尼客家方言与文化》，华南理工大学出版社 2014 年版。

林立芳：《梅县方言的动词谓语句》，李如龙、张双庆《动词谓语句》，暨南大学出版社 1997 年版。

林连通等：《泉州市方言志》，社会科学文献出版社 1993 年版。

林连通等：《永春方言志》，语文出版社 1989 年版。

林亦等：《广西南宁白话研究》，广西师范大学出版社 2008 年版。

刘丹青：《语法调查研究手册》，上海教育出版社 2019 年版。

刘丹青：《苏州方言的动词谓语句》，李如龙、张双庆《动词谓语句》，暨南大学出版社 1997 年版。

刘林：《河北盐山方言研究》，苏州大学出版社 2015 年版。

刘伶：《敦煌方言志》，兰州大学出版社 1988 年版。

刘纶鑫：《贵溪樟坪畲话研究》，文化艺术出版社、中国社会科学出版社 2008 年版。

刘纶鑫：《江西客家方言概况》，江西人民出版社 2001 年版。

刘纶鑫：《芦溪方言研究》，文化艺术出版社、中国社会科学出版社 2008 年版。

卢小群：《湖南土话中表示给的字》，鲍厚星等《湘南土话论丛》，湖南师范大学出版社 2004 年版。

卢小群：《湘语语法研究》，中央民族大学出版社 2007 年版。

吕叔湘：《吕叔湘全集（第一卷）——中国文法要略》，辽宁教育出版社 2002 年版。

吕叔湘：《中国文法要略》，商务印书馆 1982 年版。

吕叔湘、朱德熙：《语法修辞讲话》，辽宁教育出版社2002年版。

吕文华：《"被"字句和无标志被动句的变换关系》，语文出版社1987年版。

罗康宁：《信宜方言志》，中山大学出版社1987年版。

罗昕如：《新化方言的介词》，伍云姬《湖南方言的介词》，湖南师范大学出版社2009年版。

罗自群：《现代汉语方言持续标记的比较研究》，中央民族大学出版社2006年版。

马建忠：《马氏文通》，商务印书馆1983年版。

马庆株：《天津方言研究与调查》，天津人民出版社2014年版。

马庆株：《自主动词与非自主动词》，商务印书馆1988年版。

明生荣：《毕节方言研究》，中国社会科学出版社2007年版。

宁廷德：《宁阳方言志》，齐鲁书社2013年版。

潘悟云：《温州方言的动词谓语句》，李如龙、张双庆《动词谓语句》，暨南大学出版社1997年版。

彭逢澎：《娄底方言的介词》，伍云姬《湖南方言的介词》，湖南师范大学出版社2009年版。

彭泽润等：《湖南方言》，湖南教育出版社2013年版。

彭泽润：《衡山方言研究》，湖南教育出版社1999年版。

［日］平田昌司：《休宁方言的动词谓语句》，李如龙、张双庆《动词谓语句》，暨南大学出版社1997年版。

钱奠香：《屯昌方言的处置式》，李如龙、张双庆《动词谓语句》，暨南大学出版社1997年版。

钱乃荣：《当代吴语研究》，上海教育出版社1992年版。

钱曾怡：《博山方言研究》，社会科学文献出版社1993年版。

钱曾怡：《山东方言研究》，齐鲁书社2001年版。

钱曾怡、太田斋：《莱州方言志》，齐鲁书社2005年版。

乔全生：《洪洞方言研究》，中央文献出版社1999年版。

乔全生：《晋方言语法研究》，商务印书馆2000年版。

桥本万太郎、余志鸿：《语言地理类型学》，北京大学出版社1985年版。

饶长溶：《把字句、被字句》，商务印书馆1961年版。

阮桂君：《宁波方言语法研究》，华中师范大学出版社2009年版。

阮桂君：《五峰方言研究》，华中师范大学出版社2014年版。

邵敬敏、彭小川、黎运汉：《汉语方言疑问范畴比较研究》，暨南大学出版社2010年版。

邵敬敏：《现代汉语通论》，上海教育出版社2001年版。

沈家煊：《不对称和标记论》，江西教育出版社1999年版。

沈家煊：《认知与汉语语法研究》，商务印书馆2006年版。

沈家煊、吴福祥、马贝加：《语法化与语法研究》，商务印书馆2005年版。

盛银花：《安陆方言研究》，华中师范大学出版社2015年版。

施其生：《汕头方言的动词谓语句》，李如龙、张双庆《动词谓语句》，暨南大学出版社1997年版。

石汝杰：《高淳方言的动词谓语句》，李如龙、张双庆《动词谓语句》，暨南大学出版社1997年版。

石毓智：《肯定和否定的对称与不对称》，北京语言文化大学出版社2001年版。

史锡尧、杨庆蕙：《现代汉语》，北京师范大学出版社1984年版。

孙占鳌等：《酒泉方言研究》，兰州大学出版社2013年版。

谭邦君等：《厦门方言志》，北京语言学院出版社1996年版。

唐爱华：《宿松方言研究》，文化艺术出版社、中国社会科学出版社2005年版。

万波：《安义方言的动词谓语句》，李如龙、张双庆《动词谓语句》，暨南大学出版社1997年版。

汪国胜：《大冶方言语法研究》，湖北教育出版社1994年版。

汪梦翔：《现代汉语对象格研究》，学苑出版社2018年版。

王春玲：《西充方言语法研究》，中华书局2011年版。

王芳：《湘乡方言的介词》，伍云姬《湖南方言的介词》，湖南师范大学出版社2009年版。

王宏佳：《咸宁方言词汇研究》，华中师范大学出版社2009年版。

王洪钟：《海门方言研究》，中华书局2011年版。

王力：《汉语被动式的发展》，商务印书馆1957年版。

王力：《汉语史稿》，中华书局1980年版。

王力：《汉语语法史》，《王力文集》第11卷，山东教育出版社1990年版。

王力：《中国现代语法》，商务印书馆1985年版。

王求是：《孝感方言研究》，华中师范大学出版社2014年版。

王晓军等：《苍山方言志》，齐鲁书社2012年版。

王颐：《定南方言》，江西人民出版社2015年版。

吴启主：《常宁方言的介词》，伍云姬《湖南方言的介词》，湖南师范大学出版社2009年版。

伍云姬：《湖南方言的动态助词》，湖南师范大学出版社2009年版。

伍云姬：《湖南方言的介词》，湖南师范大学出版社2009年版。

伍云姬：《湖南方言中表被动之介词所引起的思索》，伍云姬《湖南方言的介词》，湖南师范大学出版社2009年版。

郄远春：《成都客家话研究》，中国社会科学出版社2012年版。

夏剑钦：《浏阳方言研究》，湖南教育出版社1998年版。

项梦冰：《连城（新泉）方言的动词谓语句》，李如龙、张双庆《动词谓语句》，暨南大学出版社1997年版。

肖萍：《鄞州方言研究》，浙江大学出版社2014年版。

肖萍：《余姚方言志》，浙江大学出版社2011年版。

谢伯端：《辰溪方言的介词系统》，伍云姬《湖南方言的介词》，湖南师范大学出版社2009年版。

邢福义：《汉语复句研究》，商务印书馆2001年版。

邢福义：《汉语语法三百问》，商务印书馆2002年版。

邢向东等：《合阳方言调查研究》，中华书局2010年版。

熊正辉：《南昌方言研究》，二十一世纪出版社2020年版。

徐慧：《益阳方言语法研究》，湖南教育出版社2001年版。

许宝华、中国复旦大学、日本京都外国语大学：《汉语方言大词典第10卷》，中华书局1999年版。

杨西彬：《格位理论的发展及其解释力研究》，中国社会科学出版社2020年版。

杨晓红：《枣庄方言词汇研究》，山东人民出版社 2011 年版。

游汝杰：《温州话里带"起"的补语句》，李如龙、张双庆《动词谓语句》，暨南大学出版社 1997 年版。

曾常红、李建军：《绥宁方言的介词》，伍云姬《湖南方言的介词》，湖南师范大学出版社 2009 年版。

曾光平、张启焕、许留森：《洛阳方言志》，河南人民出版社 1987 年版。

曾毓美：《湘潭方言语法研究》，长沙湖南大学出版社 2001 年版。

张丙钊：《兴化方言志》，上海社会科学院出版社 1995 年版。

张惠英：《崇明方言研究》，中国社会科学出版社 2009 年版。

张双庆：《香港粤语的动词谓语句》，李如龙、张双庆《动词谓语句》，暨南大学出版社 1997 年版。

张晓勤：《宁远方言的介词》，伍云姬《湖南方言的介词》，湖南师范大学出版社 2009 年版。

张晓勤：《宁远平话研究》，湖南教育出版社 1999 年版。

张一舟、张清源、邓英树：《成都方言语法研究》，巴蜀书社 2001 年版。

张云秋：《现代汉语受事宾语句研究》，学林出版社 2004 年版。

张振兴：《从汉语方言的被动式谈起》，《著名中年语言学家自选集·张振兴卷》，安徽教育出版社 2002 年版。

赵葵欣：《武汉方言语法研究》，武汉大学出版社 2012 年版。

赵日新：《绩溪方言的介词》，暨南大学出版社 2000 年版。

郑庆君：《常德方言的介词》，伍云姬《湖南方言的介词》，湖南师范大学出版社 2009 年版。

郑张尚芳：《温州方言志》，中华书局 2008 年版。

周政：《平利方言调查研究》，中华书局 2009 年版。

朱卫国、高荣、唐援朝：《山丹方言志》，甘肃人民出版社 2007 年版。

庄初升：《19 世纪香港新界的客家方言》，广东人民出版社 2014 年版。

二 期刊论文

安丰存：《再论汉语"被"的句法地位及"被"字句》，《汉语学习》2007年第1期。

蔡宏炜：《绥中县方言研究》，《北方文学》2019年第5期。

蔡旺：《湖南湘阴话的双音节被动标记及其类型学价值》，《中南大学学报》（社会科学版）2018年第3期。

曹慧萍：《湘南宜章一六土话"等""俵"表被动的成因略论》，《牡丹江师范学院学报》（哲学社会科学版）2017年第1期。

曹祝兵、张晨露：《〈吕氏春秋〉被动句研究》，《佛山科学技术学院学报》（社会科学版）2015年第1期。

常博聪：《现代汉语"被"字句研究》，《青年文学家》2016年第6期。

巢宗祺：《粤闽湘赣客家等方言及书面材料中和普通话"给""和"相对应的词》，《华东师范大学学报》（哲学社会科学版）2000年第4期。

陈立中：《试论湖南汝城话的归属》，《方言》2002年第3期。

陈淑梅：《鄂东方言"把得"被动句》，《湖北师范学院学报》（哲学社会科学版）2005年第4期。

陈晓燕：《被字句中被字的隐现规律及其动因考察》，《现代语文（语言研究）》2009年第6期。

崔显军、张雁：《汉语方言中表被动的"着"论略》，《湛江师范学院学报》2006年第5期。

崔莹：《无标记受事主语句的题元角色》，《语文学刊》2009年第6期。

邓思颖：《汉语被动句句法分析的重新思考》，《当代语言学》2008年第4期。

邓思颖：《作格化和汉语被动句》，《中国语文》2004年第4期。

邓永红：《湘南土话的被动标记和处置标记》，《汉语学报》2005年第4期。

刁榴：《"无标"被动句的日汉对译研究》，《西安外国语大学学报》

2015年第第2期。

刁晏斌：《近代汉语中"被+施事+谓语"式"被"字句》，《青海师范大学学报》（哲学社会科学版）1995年第4期。

刁晏斌：《两岸四地"被"字句对比考察——两岸四地被动句对比研究之一》，《语文研究》2013年第2期。

刁晏斌：《论当代汉语积极被动句"获"字句》，《渭南师范学院学报》2016年第3期。

丁爱玲：《宜昌方言"尽（儘）"表被动探源》，《湖北第二师范学院学报》2019年第3期。

丁加勇：《隆回湘语被动句主语的语义角色——兼论句式配价的必要性》，《中国语文》2005年第6期。

方林刚：《新被字句的选择性继承与创新》，《重庆师范大学学报》（哲学社会科学版）2011年第3期。

高列过：《中古汉译佛经被动式研究概述》，《浙江教育学院学报》2010年第6期。

高然：《广东丰顺客方言语法特点述略》，《暨南学报》（哲学社会科学）1999年第1期。

高艳：《新兴被字句的语用功能及句法特点》，《吉林师范大学学报》（人文社会科学版）2012年第5期。

龚千炎：《现代汉语里的受事主语》，《中国语文》1980年第5期。

龚先美、周秀琼：《昭平方言的被动标记词》，《湖北科技学院学报》2017年第1期。

郭辉、郭迪迪：《皖北濉溪方言的"给"字句》，《淮北师范大学学报》（哲学社会科学版）2012年第5期。

韩芸：《昆明方言"挨"的语法化路径研究》，《语文学刊》2019年第2期。

郝力：《被字句谓语动词的语义特征》，《语文建设》2015年第18期。

何福魁：《古汉语中的被动句浅谈》，《语文教学与研究》1981年第2期。

何洪峰：《试论汉语被动标记产生的语法动因》，《语言研究》2004

年第 4 期。

何亮：《方言中"等"字表被动的成因探析》，《语言科学》2005年第 1 期。

洪力：《浅析被动句中"被"的隐现规律》，《现代语文（语言研究）（下旬刊）》2017 年第 21 期。

胡建华、杨萌萌：《"致使—被动"结构的句法》，《当代语言学》2015 年第 4 期。

胡静：《祁东方言被动句主语的语义角色考察》，《湘南学院学报》2017 年第 4 期。

胡齐放：《试论被动语态的语义特征》，《浙江工程学院学报》2003年第 1 期。

黄婧：《巴东方言中的被动标记研究》，《绵阳师范学院学报》2017年第 9 期。

黄磊：《邵东方言的"把"字句》，《邵阳学院学报》2004 年第6 期。

黄晓雪：《方言中"把"表处置和表被动的历史层次》，《孝感学院学报》2006 年第 4 期。

黄晓雪、贺学贵：《汉语方言与"给"义动词相关的受益格标记》，《语言研究》2018 年第 4 期。

黄行、唐黎明：《被动句的跨语言类型对比》，《汉语学报》2004 年第 1 期。

黄正德、柳娜：《新兴非典型被动式"被XX"的句法与语义结构》，《语言科学》2014 年第 3 期。

江蓝生：《被动关系词"吃"的来源初探》，《中国语文》1989 年第 5 期。

江莹：《都昌方言被动标记"驮"字语法化历程探析》，《江科学术研究》2019 年第 2 期。

姜琳：《被动结构的跨语言启动及其机制》，《现代外语》2012 年第1 期。

蒋绍愚：《受事主语句的发展与使役句到被动句的演变》，《汉语史学报》2012 年第 1 期。

焦继伟：《安徽颍东方言的"叫"字句研究》，《阜阳职业技术学院学报》2019 年第 2 期。

解正明：《把字句跨方言分析及其生成机制探讨》，《伊犁教育学院学报》2006 年第 2 期。

金桂桃：《19 世纪以来广州方言有标记被动句的发展》，《长江学术》2019 年第 1 期。

金琼贺、程立浩：《通城方言语法初探》，《中文信息》2016 年第 2 期。

金允经：《被字句中"被 + NP"的特点》，《汉语学习》1996 年第 3 期。

靳玮珊：《无标记被动句的认知分析》，《中国校外教育（理论）》2009 年第 8 期。

雷冬平：《江西安福话的"准"字被动句——兼论使役动词表被动的动因》，《萍乡高等专科学校学报》2009 年第 5 期。

李成陈、张高远：《"被 XX"构式与传统被动结构的三重背反》，《赤峰学院学报》（汉文哲学社会科学版）2014 年第 7 期。

李崇兴、石毓智：《被动标记"叫"语法化的语义基础和句法环境》，《古汉语研究》2006 年第 3 期。

李磊：《汉语被动句式比较》，《大同医学专科学校学报》2002 年第 3 期。

李娜：《扬中方言"把"字被动句刍议》，《现代语文（语言研究）》2016 年第 9 期。

李人鉴：《关于"被"字句》，《扬州大学学报》（人文社会科学版）1980 年第 2 期。

李晓钰：《湖南岳阳市区方言的"落"字被动句》，《城市学刊》2019 年第 1 期。

李肖婷：《"被"字句和被动范畴》，《绵阳师范学院学报》2010 年第 6 期。

李学军：《"鸡不吃了"类歧义句的语用认知阐释》，《河南师范大学学报》（哲学社会科学版）2015 年第 5 期。

李焱、孟繁杰：《论汉语使役形式向被动形式的转化》，《厦门大学学报》（哲学社会科学版）2012 年第 1 期。

李宇明、陈前瑞：《北京话"给"字被动句的地位及其历史发展》，《方言》2005 年第 4 期。

李云芬：《汉语被动句式在上古时期的发展概况》，《青海师范大学学报》（哲学社会科学版）1998 年第 2 期。

李允玉：《被动句对动词的选择》，《上海大学学报》（社会科学版）2007 年第 3 期。

李珠：《意义被动句的使用范围》，《世界汉语教学》1989 年第 3 期。

李宗江：《汉语被动句的语义特征及其认知解释》，《解放军外国语学院学报》2004 年第 6 期。

梁东汉：《现代汉语的被动式》，《内蒙古大学学报》（社会科学版）1960 年第 2 期。

林华勇、陈秀明：《北流粤方言"着"（阳入）的多功能性及其探源》，《语言科学》2019 年第 5 期。

林天送：《福建晋江闽南话的被动句》，《福建工程学院学报》2015 年第 2 期。

刘长庆：《现代汉语被动式的嬗变研究》，《咸宁学院学报》2007 年第 2 期。

刘承峰：《能进入"被/把"字句的光杆动词》，《中国语文》2003 年第 5 期。

刘海波：《现代汉语被动句中施事者隐现的历史原因探析——兼谈使役和被动兼用》，《云南师范大学学报》（对外汉语教学与研究版）2015 年第 6 期。

刘杰、邵敬敏：《析一种新兴的主观强加性贬义格式——"被XX"》，《语言与翻译》2010 年第 1 期。

刘世儒：《被动式的起源》，《语文学习》1956 年第 8 期。

刘世儒：《论汉语"被动式"的传统用法》，《北京师范大学学报》（社会科学版）1963 年第 1 期。

刘云：《北京话被动标记"给"的来源及历时演变》，《中国语文》2018 年第 4 期。

刘云：《北京话多功能标记"让"的历时演变》，《语言学论丛》2018年第2期。

刘宗开：《"被XX"构式和传统汉语被动结构的对比研究》，《高等函授学报》（哲学社会科学版）2011年第6期。

刘宗开：《对"被XX"构式表达违实概念的认知语言学阐释》，《四川教育学院学报》2011年第5期。

鲁素霞：《浅谈网络流行结构"被XX"》，《思茅师范高等专科学校学报》2011年第1期。

陆俭明：《汉语句子的特点》，《汉语学习》1993年第1期。

陆俭明：《由"非疑问形式+呢"造成的疑问句》，《中国语文》1982年第6期。

陆俭明：《有关被动句的几个问题》，《汉语学报》2004年第2期。

陆庆和：《"接受"和"施予"——也谈被动句的不同类别》，《语言教学与研究》2006年第1期。

吕景先：《古汉语的被动式》，《河南师大学报》（社会科学版）1982年第2期。

吕景先：《唐明之间汉语的被动式》，《河南师大学报》（社会科学版）1980年第2期。

吕叔湘：《被字句、把字句带宾语》，《中国语文》1965年第4期。

吕叔湘：《"被"字句、"把"字句动词带宾语》，《中国语文》1965年第4期。

吕叔湘、朱德熙：《语法修辞讲话》，《中国科技语》2014年第5期。

吕文华：《"被"字句中的几组语义关系》，《世界汉语教学》1990年第2期。

罗荣华：《赣语上高话的被动标记"讨"》，《方言》2018年第1期。

罗玉琪：《都匀方言被动标记"着"字的探究》，《汉字文化》2020年第12期。

马纯武：《也谈"被"字句的语义问题》，《汉语学习》1981年第6期。

马正玲：《析重庆（市区）方言中"着"的词类划分问题》，《语文学刊》2010 年第 17 期。

马志刚、宋雅丽：《基于语段理论的汉语长、短被动句统一分析》，《现代外语》2015 年第 4 期。

孟玉珍：《洪江（黔城）方言被动句的语义分析》，《湖南科技学院学报》2011 年第 6 期。

莫红霞：《"被"字句中"被"字宾语有无的制约条件》，《杭州师范学院学报》（社会科学版）2002 年第 2 期。

莫红霞：《汉语"被"字句的句式选择和表达功能》，《浙江工业大学学报》（社会科学版）2004 年第 2 期。

莫献鹏：《论古汉语两类被动式的特点》，《玉林师范学院学报》2002 年第 2 期。

聂小站：《益阳方言"把得"一词的用法》，《和田师范专科学校学报》2005 年第 3 期。

潘文：《"被"字句的语体差异考察》，《南京师大学报》（社会科学版）2006 年第 2 期。

裴锦隆：《无标记被动句的结构及用法探析》，《河北大学成人教育学院学报》2009 年第 3 期。

彭淑莉：《留学生习得"被"字句固定格式的偏误分析》，《广东工业大学学报》（社会科学版）2009 年第 2 期。

彭淑莉：《双音节光杆动词成活条件再考察》，《语言文字应用》2009 年第 2 期。

彭婷、彭姣娟：《祁东方言的被动标记"得"及其来源》，《湖南广播电视大学学报》2016 年第 2 期。

彭咏梅、甘于恩：《"被 V—双"：一种新兴的被动格式》，《中国语文》2010 年第 1 期。

皮德敏、邓云华：《被动句类型标记的语言共性研究》，《湖南师范大学社会科学学报》2013 年第 3 期。

朴乡兰：《汉语"教/叫"字句从使役到被动的演变》，《语言科学》2011 年第 6 期。

［日］桥本万太郎：《汉语被动式的历史区域发展》，《中国语文》

1987 年第 1 期。

邱贤、刘正光：《现代汉语受事主语句研究中的几个根本问题》，《外语学刊》2009 年第 6 期。

屈哨兵：《被动原型及其图式预测》，《广州大学学报》（社会科学版）2004 年第 11 期。

屈哨兵：《"着"与相关被动标记的共现数目、类型及成因》，《华南农业大学学报》（社会科学版）2004 年第 1 期。

阮桂君：《宁波方言非受事主语被动句考察》，《语言研究》2014 年第 3 期。

阮咏梅：《百余年来台州方言的处置式、被动式、致使式语法标记》，《语言研究》2018 年第 3 期。

［日］杉村博文：《从日语的角度看汉语被动句的特点》，《语言文字应用》2003 年第 2 期。

［日］杉村博文：《汉语第一人称施事被动句的类型学意义》，《世界汉语教学》2016 年第 1 期。

［日］杉村博文：《论现代汉语表"难事实现"的被动句》，《世界汉语教学》1998 年第 4 期。

邵桂珍：《汉语被动句功能研究述评》，《暨南大学华文学院学报》2002 年第 2 期。

邵敬敏、罗晓英：《"别"字句语法意义及其对否定项的选择》，《世界汉语教学》2004 年第 4 期。

邵敬敏、赵春利：《"致使把字句"和"省隐被字句"及其语用解释》，《汉语学习》2005 年第 4 期。

沈家煊：《如何处置"处置式"？——论把字句的主观性》，《中国语文》2002 年第 5 期。

沈双胜：《意义被动式与结构被动式的区别及其表达形式》，《乌鲁木齐成人教育学院学报》2004 年第 4 期。

师蕾：《试辨"被"字句、被动句和受事主语句》，《佳木斯教育学院学报》2013 年第 1 期。

施春宏：《新"被"字式的生成机制、予以理解及语用效应》，《外语与外语教学》2011 年第 2 期。

石毓智:《被动式标记语法化的认知基础》,《民族语文》2005 年第 3 期。

石毓智:《汉语方言中被动式和处置式的复合标记》,《广西师范大学学报》(哲学社会科学版) 2008 年第 2 期。

石毓智:《兼表被动和处置的"给"的语法化》,《世界汉语教学》2004 年第 3 期。

石毓智、刘春卉:《汉语方言处置式的代词回指现象及其历史来源》,《语文研究》2008 年第 3 期。

石毓智、王统尚:《方言中处置式和被动式拥有共同标记的原因》,《汉语学报》2009 年第 2 期。

史成周:《被动句多维思考》,《山东师大外国语学院学报》(基础英语教育) 2003 年第 3 期。

史国东:《近代汉语被字句结构的特点》,《安徽师范大学学报》(人文社会科学版) 2000 年第 2 期。

寿永明:《疑问代词的否定用法》,《上海师范大学学报》(哲学社会科学版) 2002 年第 2 期。

司罗红:《话题特征与被动句的生成机制》,《湖北民族学院学报》(哲学社会科学版) 2016 年第 1 期。

宋文辉、罗政静、于景超:《现代汉语被动句施事隐现的计量分析》,《中国语文》2007 年第 2 期。

孙叶林:《邵阳方言"把"字研究》,《衡阳师范学院学报》2005 年第 4 期。

孙英杰:《被动式与动词的及物性》,《北方论丛》2006 年第 2 期。

覃远雄:《南宁白话的"捱"字句》,《桂林师范高等专科学校学报》2011 年第 3 期。

汤敬安:《汉语无标记被动句与有标记被动句的认知辨析》,《云梦学刊》2016 年第 6 期。

汤青妹、黎超:《江淮官话与吴语交界地带方言研究——以江苏高淳为个案考察》,《文学教育(中)》2013 年第 4 期。

唐淑宏:《光杆动词"被"字句存活条件》,《沈阳师范大学学报》(社会科学版) 2010 年第 3 期。

唐钰明、周锡韦：《复论上古汉语被动式的起源》，《学术研究》1985 年第 5 期。

万琴、马贝加：《被动介词"让"的产生》，《温州大学学报》（社会科学版）2013 年第 3 期。

万群：《关于处置、被动同形标记"给"和"把"的相关问题》，《湖北工程学院学报》2013 年第 2 期。

汪国胜：《汉语"被"字式的历史演进》，《高师函授学刊》1994 年第 3 期。

汪国胜：《谈谈方言语法研究》，《华中师范大学学报》（人文社会科学版）2014 年第 5 期。

王丹荣：《襄樊方言被动句和处置句探析》，《孝感学院学报》2006 年第 5 期。

王冬成：《近代汉语"吃"字式被动句浅探》，《唐山文学》2017 年第 7 期。

王嘉天、彭爽：《汉语被动标记发展演变的路径考察》，《山东师范大学学报》（人文社会科学版）2018 年第 4 期。

王娟、周毕吉：《带保留宾语的被动句与抢偷类双宾句的深层句法联系》，《现代外语》2016 年第 1 期。

王琳：《清中叶琉球官话课本使役与被动范畴的考察》，《汉语学报》2013 年第 3 期。

王启俊：《〈论语〉"可""可谓"之被动语义及其他》，《安徽广播电视大学学报》2015 年第 2 期。

王琴、肖金芳：《皖北方言"给"及"给"字被动句研究》，《淮北职业技术学院学报》2016 年第 2 期。

王树瑛：《恩施方言的被动标记"着"》，《汉语学报》2017 年第 2 期。

王双成：《西宁方言与吴方言的一些语言现象之比较》，《语言科学》2009 年第 5 期。

王统尚：《汉语方言被动标记的复杂性与规律性》，《长江学术》2019 年第 4 期。

王卫琳：《从"三个平面"语法理论看现代汉语受事主语句》，《贵州工业大学学报》（社会科学版）2008 年第 2 期。

王新青、高立明、马群等：《"一带一路"新疆阿勒泰地区布尔津县布尔津镇汉语方言调查分析》，《语言与翻译》2017 年第 4 期。

王振来：《被动表述对自主动词和非自主动词的选择》，《汉语学习》2004 年第 6 期。

王振来：《被动表述式对能愿动词的选择及其认知解释》，《汉语学习》2003 年第 4 期。

王振来：《现代汉语被动标记的功能》，《辽宁师范大学学报》（社会科学版）2009 年第 3 期。

魏晓宇：《商丘方言被动标记"叫"的语法化》，《唐山文学》2017 年第 8 期。

吴宝安、邓葵：《涟源方言的"拿"字及其相关句式》，《湘潭师范学院学报》（社会科学版）2006 年第 6 期。

吴庚堂：《汉语被动式与动词被动化》，《现代外语》2000 年第 3 期。

吴继章：《河北方言"处置""被动"等常见句式的特点》，《河北师范大学学报》（哲学社会科学版）2017 年第 5 期。

吴门吉、周小兵：《意义被动句与"被"字句习得难度比较》，《汉语学习》2005 年第 1 期。

习晨、罗昕如：《论樟树方言被动标记"等"及其语法化》，《齐齐哈尔大学学报》（哲学社会科学版）2019 年第 6 期。

向柠、贝先明：《湖南武冈方言被动句研究》，《宁夏大学学报》（人文社会科学版）2010 年第 2 期。

向瑛：《长沙方言中表被动的"送"字句》，《湘南学院学报》2020 年第 1 期。

萧斧：《"被动式"杂谈（上）》，《语文学习》1952 年第 3 期。

萧斧：《"被动式"杂谈（下）》，《语文学习》1952 年第 4 期。

肖亚丽：《贵州黔东南方言特殊语法现象举要》，《凯里学院学报》2015 年第 1 期。

谢晓明：《"给"字句被动义实现的制约因素》，《语文研究》2010 年第 2 期。

邢福义：《承赐型"被"字句》，《语言研究》2004 年第 1 期。

邢福义：《从研究成果看方言学者笔下双宾语的描写》，《语言研究》2008 年第 3 期。

邢福义：《倒装成分和受事主语》，《语文教学与研究》1979 年第 4 期。

邢福义：《小句中枢说的方言续证》，《语言研究》2001 年第 1 期。

熊学亮、王志军：《被动句认知解读一二》，《外语教学与研究》2003 年第 3 期。

熊学亮、王志军：《被动句式的原型研究》，《外语研究》2002 年第 1 期。

熊颖：《保定方言与普通话语法差异的研究》，《青年文学家》2013 年第 7 期。

熊仲儒：《汉语的被动范畴"给"》，《外语学刊》2006 年第 2 期。

徐飞：《英汉语被动式之比较分析》，《重庆文理学院学报》（社会科学版）2013 年第 1 期。

徐英：《汉语方言"把"字被动标记词的地理分布特点研究》，《西藏大学学报》（社会科学版）2016 年第 4 期。

徐英：《汉语方言"驮"字被动句的特征及其生成机制——以罗田方言为例》，《武汉理工大学学报》（社会科学版）2016 年第 6 期。

徐英：《罗田方言的"尽"字被动句》，《华中学术》2017 年第 4 期。

徐英：《南北朝时期被动句的南北异同》，《湖北社会科学》2017 年第 6 期。

许芳：《被动概念与被动句式的生成与扩展》，《中南大学学报》（社会科学版）2012 年第 6 期。

杨春宇、樊琛琛：《山西阳城方言的"着"》，《长治学院学报》2019 年第 5 期。

杨国文：《汉语"被"字式在不同种类的过程中的使用情况考察》，《当代语言学》2002 年第 1 期。

杨海明：《被字句的层级与扩张》，《西南民族大学学报》（人文社科版）2007 年第 4 期。

杨合鸣、王金芳：《古代汉语多标被动句试论》，《武汉大学学报》（人文科学版）2003 年第 1 期。

杨吉风：《动词被动化与"被"字句生成的重新思考》，《鲁东大学学报》（哲学社会科学版）2011 年第 1 期。

杨凯荣：《论上海话的使役、被动标记》，《华东师范大学学报》（哲学社会科学版）2016 年第 1 期。

姚双云：《湖南邵阳城区方言的"请"字被动句》，《语言科学》2012 年第 4 期。

叶祖贵：《绍兴地区方言的被动标记》，《绍兴文理学院学报》（哲学社会科学）2017 年第 3 期。

［日］伊藤智美：《被字句的状语指向》，《当代语言学》2015 年第 3 期。

游汝杰：《吴语语法的历史层次叠置》，《语言研究集刊》2005 年第 00 期。

余园园：《江西南丰方言"得"字表被动考察》，《现代语文》（语言研究版）2013 年第 2 期。

俞光中：《零主语被字句》，《语言研究》1989 年第 2 期。

袁义林：《被动式发展琐议》，《山东师大学报》（社会科学版）1989 年第 1 期。

曾海清：《江西莲花赣语的"把得"》，《井冈山大学学报》（社会科学版）2016 年第 1 期。

詹伯慧、李元授：《鄂南蒲圻话的词汇语法特点》，《武汉大学学报》1987 年第 5 期。

张伯江：《被字句和把字句的对称与不对称》，《中国语文》2001 年第 6 期。

张敏：《汉语方言双及物结构南北差异的成因——类型学研究引发的新问题》，《中国语言学集刊》2011 年第 2 期。

张婷、陈保亚：《平罗方言"给"字句研究——从"给给给"说起》，《现代语文》2018 年第 4 期。

张万禾：《被动意义说略》，《语文建设》2007 年第 9 期。

张万禾：《汉语动词的意愿范畴及其句法表现——对自主范畴的再

认识》,《西北师大学报》(社会科学版) 2008 年第 1 期。

张万禾:《"叫、让"表被动的语义条件》,《海南大学学报》(人文社会科学版) 2008 年第 4 期。

张万禾:《零主语被动句的被动句地位及其性质研究》,《云南师范大学学报》(对外汉语教学与研究版) 2009 年第 3 期。

张小克:《长沙方言的介词》,《方言》2002 年第 4 期。

张兴旺:《现代汉语被动句的界定及其分类》,《阴山学刊》2008 年第 1 期。

张延俊:《试论"给"字被动式的方言背景》,《方言》2010 年第 4 期。

张延俊:《也论汉语"为"和"被"字被动式的形成机制》,《语言教学与研究》2005 年第 1 期。

张延俊:《一种特殊的被动形式——定中型被动式》,《湛江师范学院学报》2010 年第 1 期。

张延俊、张贤敏:《汉语被动式的语用价值》,《江汉大学学报》(人文科学版) 2008 年第 4 期。

赵焕改:《汉语无标记被动句相关研究综述》,《现代语文》(语言研究版) 2013 年第 3 期。

赵清永:《对被动句的再认识》,《北京师范大学学报》1993 年第 6 期。

郑宏:《近代汉语"与"字被动句考察》,《语文研究》2009 年第 3 期。

郑宏:《近代汉语"着(著)"字被动句及其在现代汉语方言中的分布》,《语文研究》2006 年第 2 期。

郑媛:《汉语被动式界定研究》,《安庆师范学院学报》(社会科学版) 2009 年第 10 期。

周晨磊:《从汉语方言被动句施事必现看形式库藏对语义范畴的制约》,《语言研究》2016 年第 1 期。

周崇谦:《近代汉语被动句的分类》,《张家口职业技术学院学报》2000 年第 2 期。

周乃刚:《现代汉语方言被动关系词语义类型与类型化层次》,《广西民族大学学报》(哲学社会科学版) 2007 年第 S1 期。

周士宏：《汉语被动句标志的类型学考察》，《语言与翻译》2004年第3期。

周晓辉：《被字句与无标记被动句的话题功能》，《河北科技师范学院学报》（社会科学版）2010年第4期。

周艳：《都匀方言本字小考》，《黔南民族师范学院学报》2010年第4期。

周艳：《试析都匀方言的存古特点》，《凯里学院学报》2010年第1期。

周莹萍：《近二十年来被字句研究述评》，《赤峰学院学报》（科学教育版）2011年第5期。

周芸：《句容方言的"把"字被动句》，《唐山师范学院学报》2007年第3期。

朱英贵：《汉语被动句形式标志纵横谈》，《西南民族大学学报》（人文社科版）2005年第9期。

朱玉宾：《汉语方言同形标志词的处置式和被动式》，《沈阳大学学报》（社会科学版）2016年第1期。

祝敏：《崇阳方言的"把得"被动句》，《华中学术》2018年第1期。

祝敏：《试析近代汉语中被动式和处置式套用句式的形成原因》，《现代语文：下旬·语言研究》2012年第4期。

祖人植：《"被"字句表义特性分析》，《汉语学习》1997年第3期。

左福光：《四川宜宾方言的被动句和处置句》，《方言》2005年第4期。

左林霞：《孝感方言的标记被动句》，《语言研究》2004年第2期。

三 学位论文

蔡旺：《类型学视野下的湖南湘阴话介词研究》，硕士学位论文，湖南师范大学，2016年。

陈芙：《汉语方言否定范畴比较研究》，博士学位论文，华中师范大学，2013年。

陈健：《汉语被动标记的语法化与贵阳方言被动标记"着"的研究》，硕士学位论文，贵州大学，2009 年。

陈晓云：《阳新方言被动句研究》，硕士学位论文，华中师范大学，2007 年。

樊琛琛：《阳城方言"着"字句、"跟"字句研究》，硕士学位论文，辽宁师范大学，2021 年。

封红羽：《广西汉壮方言否定词对比研究》，硕士学位论文，广西大学，2019 年。

冯芳：《汉英被动范畴的认知对比研究》，硕士学位论文，福建师范大学，2009 年。

甘于恩：《广东四邑方言语法研究》，博士学位论文，暨南大学，2002 年。

高杜：《新洲方言语法研究》，硕士学位论文，南京师范大学，2016 年。

郭淼：《山西和顺方言疑问句研究》，硕士学位论文，山西大学，2020 年。

贺芳：《河南获嘉县方言疑问范畴研究》，硕士学位论文，天津师范大学，2018 年。

胡芬芬：《南昌方言被动句研究》，硕士学位论文，南昌大学，2020 年。

胡培安：《时间词语的内部组构与表达功能研究》，博士学位论文，华东师范大学，2005 年。

胡勇：《从汉语被动结构的演变看汉语注重话题的语言类型特征》，硕士学位论文，北京语言文化大学，2002 年。

黄敏：《汉日被动语句比较及对外汉语教学》，硕士学位论文，南昌大学，2017 年。

贾磊：《功能与认知视阈下英汉语"被动结构"对比研究》，博士学位论文，东北师范大学，2016 年。

金御真：《汉语被动表示法研究》，博士学位论文，苏州大学，2010 年。

李丹：《定襄方言句法研究》，硕士学位论文，山西大学，2018 年。

李洁:《汉藏语系语言被动句研究》,博士学位论文,中央民族大学,2006年。

李金黛:《都匀话老中青三代的语音差异》,硕士学位论文,贵州大学,2009年。

李金莲:《基于平行语料库的中日被动句对比研究》,博士学位论文,山东大学,2010年。

李蓝:《"着"字式被动句的共时分布与类型差异［A］:全国汉语方言学会第十二届年会暨学术研讨会第三届官话方言国际学术研讨会》,贵阳,2003年。

李玲洁:《现代汉语"把"字句与无标记受事主语句的比较研究》,硕士学位论文,南京林业大学,2012年。

李万苹:《济宁方言有标记被动句型研究》,硕士学位论文,陕西师范大学,2012年。

林艳新:《现代汉语无标志被动句研究》,硕士学位论文,上海师范大学,2013年。

苏玲:《四川宜宾落润乡方言被动句式和使役句式研究》,硕士学位论文,陕西师范大学,2013年。

凌蓉:《关于日语被动句和汉语"被"字句的对比研究》,博士学位论文,上海外国语大学,2005年。

刘歌:《"被"字句与无标记受事主语句比较研究》,硕士学位论文,南京林业大学,2012年。

刘琳霞:《扶沟方言"叫"字句研究》,硕士学位论文,陕西师范大学,2016年。

刘雪美:《现代汉语受事主语句及相关问题研究》,博士学位论文,上海师范大学,2019年。

罗卫贤:《益阳方言介词及相关句式》,硕士学位论文,广西大学,2008年。

孟玉珍:《湖南黔阳方言被动句式研究》,硕士学位论文,湖南师范大学,2006年。

庞丽丽:《歧路灯被动句研究》,硕士学位论文,华侨大学,2011年。

朴顺姬：《现代韩国语被动表现研究》，博士学位论文，中央民族大学，2011年。

朴乡兰：《近代汉语表使役与表被动的"教/叫"字句研究》，博士学位论文，北京大学，2010年。

齐建涛：《从"三个平面"语法理论看现代汉语受事主语句》，硕士学位论文，陕西师范大学，2007年。

乔莎莎：《有标记被动句研究》，硕士学位论文，黑龙江大学，2015年。

邱贤：《现代汉语受事主语句的认知研究》，硕士学位论文，湖南大学，2009年。

屈哨兵：《现代汉语被动标记研究》，博士学位论文，华中师范大学，2004年。

阮桂君：《宁波方言的有标被动句》，硕士学位论文，华中师范大学，2004年。

阮文善：《汉语被动范畴的重新认识与比较研究》，硕士学位论文，华东师范大学，2004年。

盛明丽：《日汉被动句对比研究》，硕士学位论文，北京林业大学，2016年。

汤敬安：《现代汉语受事前置句的认知研究》，博士学位论文，湖南师范大学，2018年。

汪国胜：《大冶方言句法研究》，博士学位论文，华中师范大学，2000年。

王芳：《安阳方言语法研究》，博士学位论文，华中师范大学，2015年。

王亚楠：《中日被动表达的对比研究》，硕士学位论文，辽宁大学，2013年。

王志军：《英汉被动句认知对比研究》，博士学位论文，复旦大学，2003年。

王众兴：《平江城关方言的介词研究》，硕士学位论文，湖南师范大学，2008年。

吴燕：《宁国话中的被动标记及其虚化》，硕士学位论文，上海师范大学，2012 年。

向超：《西南官话花垣话中三个被动标记"等""遭""请"的语法化》，硕士学位论文，浙江大学，2017 年。

徐静：《筠连方言被动标记"着"、"拿跟"研究》，硕士学位论文，华东师范大学，2018 年。

许红花：《现代汉语受事主语句研究》，博士学位论文，吉林大学，2015 年。

颜力涛：《汉语被字句的"偏离义"研究》，博士学位论文，吉林大学，2014 年。

杨芳：《枞阳方言中的虚词"着"研究》，硕士学位论文，安徽大学，2014 年。

殷润林：《自贡方言语法研究》，硕士学位论文，云南师范大学，2005 年。

殷相印：《微山方言语法研究》，博士学位论文，南京师范大学，2006 年。

尹吉鹏：《湖南沅陵乡话语法研究》，硕士学位论文，湖南师范大学，2020 年。

游舒：《现代汉语被字句研究》，博士学位论文，武汉大学，2005 年。

袁芳：《现代汉语无标记受事主语句释析》，硕士学位论文，四川师范大学，2008 年。

张婷：《遵义方言特色语法研究》，硕士学位论文，贵州大学，2016 年。

张微：《富源方言句法研究》，硕士学位论文，云南师范大学，2017 年。

张晓涛：《现代汉语疑问范畴和否定范畴的相通性及构式整合》，博士学位论文，吉林大学，2009 年。

钟琰娉：《成都客家方言的被动句研究》，硕士学位论文，四川师范大学，2016 年。

周迪：《南城方言被动句及被动标记"着""得""畀"研究》，硕士学位论文，江西师范大学，2015 年。

四　外文著作

Haenisch E., *Grammatische Bemerkungen zur Chinesischen Literatur-*

sprache, Vol. IX. C. zum Ausdruckdes Passivs, 1933.

Heine, Kuteua. *World Lexicon of Grammaticalization*, Cambridge: Cambridge University Press, 2002.

后　　记

　　汉语被动式作为一种特殊句式，自古就已存在；但对这种重要的表达方式给予关注和研究，则是伴随着现代汉语语法研究体系的建立才出现的。关于汉语被动式的研究，其成果主要集中在汉民族共同语——普通话和古代汉语两个方面。要深入研究汉语的被动式，除了普通话和古汉语，人们已经看到方言被动式研究的重要价值。通过汉语方言之间的比较以及方言与普通话的比较，可以进一步显示汉语被动式的特点和发展脉络。目前关于方言被动式的研究，大多只停留在对个别方言语言事实的挖掘和比较上，缺少对汉语方言被动式较为全面的描述和概括，更没有形成一种系统性的理论认识，人们对汉语方言被动式的了解还不够全面，也欠深入。本书对汉语方言的被动式作了较为全面系统的梳理，不仅考察了方言与普通话的被动式的差异，还进行了方言与方言间的被动式的比较，以此来展现汉语被动式的多样性和差异性，为深入研究汉语的被动表达提供参考。同时，通过考察方言和普通话被动式的差异，揭示汉语被动式的发展轨迹，进而深化人们对语言演变规律的认识。

　　本书是在我博士学位论文的基础上形成的。论文从选题论证到写作修改都得到导师汪国胜先生的悉心指导。汪老师工作繁忙，可是在对我们论文的指导上却非常细致耐心。导师实事求是的治学态度、严谨踏实的工作作风，深深地感染和影响着我。在生活上，汪老师对我也非常关心，每当我面临困难的时候，在我面对论文有畏难情绪失落沮丧的时候，在我因为各种特殊情形影响论文进度的时候，汪老师给予我的更多的是温暖的鼓励和不同方式的支持。我的论文得以完成进而形成书稿，离不开汪老师的指导和支持。感谢汪老师的悉心指导和一直以来的帮助。同时还要感谢华中师范大学语言所的各位老师给论文提出的宝贵意见。

  这本小书虽然有着很多遗憾和不足，但是，也记载着我的研究与探索的过程与心迹，在这个过程中我也收获了不少经验教训。今后我将在这方面继续深入研究，期望能做出更有价值的东西。

  学无止境、教无止境、研无止境。我将孜孜不倦，不断前行。

贾迪扉

2022 年 7 月 8 日

《汉语方言语法研究丛书》书目

安陆方言语法研究
安阳方言语法研究
长阳方言语法研究
崇阳方言语法研究
大冶方言语法研究
丹江方言语法研究
高安方言语法研究
河洛方言语法研究
衡阳方言语法研究
辉县方言语法研究
吉安方言语法研究
浚县方言语法研究
罗田方言语法研究
宁波方言语法研究
武汉方言语法研究
宿松方言语法研究
汉语方言持续体比较研究
汉语方言完成体比较研究
汉语方言差比句比较研究
汉语方言物量词比较研究
汉语方言被动范畴比较研究
汉语方言处置范畴比较研究
汉语方言否定范畴比较研究
汉语方言可能范畴比较研究
汉语方言小称范畴比较研究
汉语方言疑问范畴比较研究

石城方言语法研究
山西方言语法研究
固始方言语法研究
海盐方言语法研究
临夏方言语法研究
祁门方言语法研究
宁都方言语法研究
上高方言语法研究
襄阳方言语法研究
苏皖方言处置式比较研究